Essentials of the Adjudication Methodology
of Similar Cases

类案裁判方法精要

第一辑

黄祥青　主编

人民法院出版社

图书在版编目（CIP）数据

类案裁判方法精要. 第一辑 / 黄祥青主编.-- 北京：人民法院出版社，2020.6

ISBN 978-7-5109-2840-6

Ⅰ.①类… Ⅱ.①黄… Ⅲ.①审判-案例-中国 Ⅳ.①D925.05

中国版本图书馆CIP数据核字（2020）第080072号

类案裁判方法精要（第一辑）

黄祥青　主编

责任编辑	周利航
出版发行	人民法院出版社
地　　址	北京市东城区东交民巷27号（100745）
电　　话	（010）67550691（责任编辑）　67550558（发行部查询）
	65223677（读者服务部）
客　服QQ	2092078039
网　　址	http://www.courtbook.com.cn
E － mail	courtpress@sohu.com
印　　刷	天津嘉恒印务有限公司
经　　销	新华书店
开　　本	787毫米×1092毫米　1/16
字　　数	312千字
印　　张	22.25
版　　次	2020年6月第1版　2024年5月第4次印刷
书　　号	ISBN 978-7-5109-2840-6
定　　价	72.00元

版权所有　侵权必究

类案裁判方法精要丛书
编委会

主　任　黄祥青
副主任　汤黎明　澹台仁毅　陈　昌
委　员　汤兵生　赵卫平　施　杨　周　强
　　　　　徐　瑛　匡沪明　郑天衣　唐春雷
　　　　　余　剑　郭海云　陈福才　庞闻淙
　　　　　周　峰　王启扬　金　辉　姚伟钟

类案裁判方法精要（第一辑）
编委会

主　编　黄祥青
副主编　汤黎明　赵卫平　郑天衣
编　辑　徐文进　郭　磊　侯文静　吴亚安

执笔人（以姓氏笔画为序）

丁杏文	马姗姗	王启扬	王剑平	王晓翔	叶　佳
叶煜楠	乔　林	刘　力	刘天翔	吉顺祥	孙少君
孙春蓉	汤兵生	闫伟伟	阮国平	宋　虹	宋　赟
张弘毅	张亚男	张家伟	李长坤	李　兴	汪　菲
沈俊翔	陆文芳	陈福才	陈　曦	周　峰	岳婷婷
庞闻淙	郑军欢	侯卫清	俞　悦	姚夏海	施　杨
胡洪春	胡　哲	赵卫平	钟嫣然	须海波	凌　捷
唐春雷	徐林祥宇	徐　凌	郭海云	郭　葭	钱　滢
康邓承	曹　沁	黄　英	黄思嘉	琚　璐	程勇跃
董礼洁	董　健	蒋　静	詹志雄	熊　洋	潘静波

序

习近平总书记指出,司法工作的根本目标是努力让人民群众在每一个司法案件中感受到公平正义。实现社会公平正义,其核心要义是人人平等、法制统一,在司法实践层面就是要统一法律适用标准,促进类案同判,从而实现实体公正和程序公正的有机统一。2020年3月,中央办公厅印发《关于深化司法责任制综合配套改革的意见》进一步明确统一法律适用机制问题,强调要充分发挥审判委员会和专业法官会议功能,完善关联案件和类案强制检索制度,健全指导性案例工作机制等,有效规范法官自由裁量权行使,促进裁判标准统一,确保法官依法公正高效行使审判权。

近年来,各级人民法院全面贯彻习近平总书记重要指示精神,围绕"深化司法体制综合配套改革,全面落实司法责任制"主线,完善审判监督管理机制和法律统一适用机制,全面提升司法能力、司法效能和司法公信。最高人民法院严格按照中央部署要求,先后制定出台《关于完善人民法院司法责任制的若干意见》《关于健全完善人民法院主审法官会议工作机制的指导意见(试行)》《关于健全完善人民法院审判委员会工作机制的意见》《关于建立法律适用分歧解决机制的实施办法》等一系列改革文件,构建保障统一法律适用的制度体系。通过健全完善案例指导制度,持续发布具有规则确立意义的权威性指导性案例,不断促进法律适用和裁判标准统一,促进"类案同判"。各级人民法院结合自身工作实际,强化落实审判监督管理制度机制,通过强制检索初步过滤、专业法官会议研究咨询、审判委员会讨论决定,有效解决审判组织内部、不同审判组织以及院庭长与审判组织之间的分歧,促进裁判规则及法律适用标准统一，取得了良好效果。

当前，审判实践中还存在影响统一法律适用的问题，例如个别法院法官自由裁量权行使不够规范，类案强制检索情形、标准不够明确，专业法官会议功能发挥不充分等。对此，要更加重视统一裁判尺度对于审判体系和审判能力现代化建设的重要作用，将统一法律适用制度机制建设纳入深化司法责任制综合配套改革总体部署，让配套举措更加系统集成、协同高效。重点需要把握好几种关系：一是把握好案例指导与自由裁量的关系。在坚持依法独立公正行使审判权的基础上，健全指导性案例工作机制，规范高级法院办案指导文件、参考性案例发布程序，强化案例指导制度总结审判经验、统一裁判尺度的功能作用，让抽象的法律规则和概念更加具有操作性，为法官正确行使自由裁量权提供指导和参照。二是把握好类案检索与工作负担平衡的关系。完善关联案件和类案强制检索制度，提高类案检索效率和针对性，在合理界定类案和关联案件标准的基础上，针对案由、要件事实、争议焦点等方面进行集中高效检索，确保既帮助法官理清办案思路，又避免不合理增加法官工作负担，切实提升类案检索效能。三是把握好审理思路标准化与个案审理灵活性之间的关系。加强审判经验归纳、总结和提炼，推动标准化"集体经验"发挥审判实践指导作用。同时，根据经济社会发展和法律规范调整形势不断优化审理思路，在个案审理中正确践行思路、标准背后所蕴含司法精神，更好统一法律适用，杜绝不同地区办案标准的不合理差异。

上海市第一中级人民法院结合审判实际，创新建立审判委员会类案裁判方法梳理总结机制，通过强化审判委员会总结审判经验、讨论重大疑难复杂案件法律适用等宏观指导职能，提炼形成系统化裁判方法和裁判规则，形成了可复制推广的有益经验。首先，推动审判实践经验与司法理论有机结合。全面归纳审判实践中常见案件类型并与典型案例相结合，结合实际运用法律方法和法学理论进行总结提炼，为系统总结审判实践经验奠定良好基础。其次，注重裁判规则和裁判方法有机结合。将裁判规则与裁判方法适度区分，重视对办案思路、方法的提炼总结，注重发挥裁判价值引领作用。特别是对于疑难复杂案件,通过明确价值取向和审判理念统一法律适用,确保类案同判,推动规则建设与审判实践相互促进。最后,实现专项工作与机制建设有机结合。将类案裁判方法总结工作纳入该院总体部署,专门制定三年工作规划,通过100期左右系列类案报告,实现刑事、民事、商事、行政和执行等条线主要案件类型全覆盖,通过制度建设提升整体裁判水平和能力。

现在,上海市第一中级人民法院将先行完成的32期类案裁判方法总结汇编成册,形成《类案裁判方法精要(第一辑)》,每篇类案总结包括裁判理念与原则阐述、裁判要点难点梳理和裁判步骤归纳三个部分,推动形成传承审判经验、促进统一法律适用的系统机制和科学方法,我认为,对其他地方法院探索此项改革具有非常好的借鉴价值。希望上海一中院的有益探索能够为人民法院建立健全案例工作机制、优化统一法律适用方式开拓思路、提供示范。其他地方法院也要按照中央司法体制改革的决策部署和最高人民法院的总体要求,以问题为导向,积极谋划、大胆实践、稳中求进、善作善成,为全面落实司法体制综合配套改革的各项任务,建设中国特色社会主义司法制度作出新的更大的贡献。

是为序。

最高人民法院党组成员、副院长 李少平

2020年6月5日

Contents 目录

1 刑事、行政篇

❶ 非法集资类案件的审理思路和裁判要点
　　　　　　　　　　　　　李长坤　张亚男 / 3

❷ 证券内幕交易犯罪案件的审理思路和裁判要点
　　　　　　　　　　　　　胡洪春　黄思嘉 / 17

❸ 政府信息公开行政案件的审理思路和裁判要点
　　　　　　　　　　　　　周　峰　刘天翔 / 31

❹ 拆除违法建筑行政案件的审理思路和裁判要点
　　　　　　　　　　　　　岳婷婷　刘天翔 / 39

❺ 治安行政处罚案件的审理思路和裁判要点
　　　　　　　　　　　　　周　峰　汪　菲 / 48

2 民事篇

❶ 业主撤销权案件的审理思路和裁判要点
　　　　　　　　　　　　　李　兴　丁杏文 / 61

❷ 自然人之间民间借贷案件的审理思路和裁判要点
　　　　　　　　　　　　　唐春雷　王晓翔 / 73

❸ 房屋租赁合同效力认定的审理思路和裁判要点
庞闻淙　熊　洋 / 83

❹ 无效房屋租赁合同案件的审理思路和裁判要点
凌　捷　熊　洋 / 92

❺ 人格权纠纷案件的审理思路和裁判要点
潘静波　郭　葭 / 103

❻ 继承纠纷中涉宅基地房屋拆迁案件的审理思路和裁判要点
侯卫清　张家伟 / 117

❼ 未成年人校园人身伤害类案件审理思路和裁判要点
郭海云　张家伟 / 125

❽ 医疗损害责任纠纷案件的审理思路和裁判要点
孙春蓉　曹　沁 / 136

❾ 确认劳动关系纠纷案件的审理思路和裁判要点
刘　力　钟嫣然 / 149

❿ 劳务派遣合同纠纷案件的审理思路和裁判要点
王剑平　宋　虹 / 160

⓫ 事业单位人事争议案件的审理思路和裁判要点
陈福才　孙少君 / 173

⓬ 竞业限制纠纷案件的审理思路和裁判要点
王启扬　叶　佳 / 183

⓭ 申请撤销劳动争议仲裁裁决案件的审理思路和裁判要点
唐春雷　蒋　静 / 191

⑭ 劳动合同解除纠纷案件的审理思路和裁判要点

　　　　　　　　　　　　　　　　　王剑平　徐　凌 / 200

3 商事篇

❶ 股东资格确认纠纷案件的审理思路和裁判要点

　　　　　　　　　　　　　　　　　郑军欢　俞　悦 / 213

❷ 股东出资纠纷案件的审理思路和裁判要点

　　　　　　　　　　　　　　　　　陆文芳　程勇跃 / 226

❸ 股东知情权纠纷案件的审理思路和裁判要点

　　　　　　　　　　　　　　　　　黄　英　钱　滢 / 237

❹ 股权转让纠纷案件的再审审理思路和裁判要点

　　　　　　　　　　　　　　　　　赵卫平　张弘毅 / 247

❺ 公司解散纠纷案件的审理思路和裁判要点

　　　　　　　　　　　　　　　　　施　杨　闫伟伟 / 255

❻ 有限责任公司清算清偿责任纠纷案件的审理思路和裁判要点

　　　　　　　　　　　　　　　　　赵卫平　须海波 / 263

4 执行、程序篇

❶ 涉租赁房产拍卖执行案件的办理思路和执行要点
　　　　　　　　　　　　　　　康邓承　琚　璐 / 275

❷ 涉有限责任公司股权执行案件的办理思路和执行要点
　　　　　　　　　　　　　　　汤兵生　叶煜楠 / 284

❸ 变更、追加执行当事人案件的审理思路和裁判要点
　　　　　　　　　　　　　　　吉顺祥　徐林祥宇 / 295

❹ 仲裁裁决执行案件的司法审查要点和裁判思路
　　　　　　　　　　　　　　　阮国平　马姗姗 / 306

❺ 民商事管辖权异议案件的审理思路和裁判要点
　　　　　　　　　　　　　　　乔　林　胡　哲 / 316

❻ 第三人撤销之诉中虚假诉讼认定的审理思路和裁判要点
　　　　　　　　　　　　　　　宋　赟　董　健 / 324

❼ 民商事申请再审案件要素式审查要点
　　姚夏海　董礼洁　陈　曦　詹志雄　沈俊翔 / 331

1 刑事、行政篇

非法集资类案件的审理思路和裁判要点

李长坤　张亚男[*]

近年来,非法集资类案件持续高发,严重扰乱了金融管理秩序,侵害了人民群众的合法财产权益,影响社会稳定。此类案件审理过程中,各种新情况、新问题不断出现,法律、政策界限不易把握。为依法惩治非法集资犯罪、提高办案质量与效率、最大限度追赃挽损、促进适法统一,我们以典型案件为基础,对该类案件的审理思路、审判经验进行梳理、提炼和总结。

⊙ 典型案例

案例一：涉及违法性认识、非法占有目的等判断

自2013年7月起,被告人马某成立了由A集团实际控制、管理,以B公司为销售端的系列企业,通过销售各类理财产品的方式非法集资。2013年9月至2015年12月,B公司及其下属公司推出众多盈利能力不能保障或明显虚假的"投资"项目,包装成理财产品对外发售,共招揽7万余名投资人,募集资金144亿余元。集资钱款中,用于兑付投资人到期本息、办公费用及薪酬支出近110亿元,用于项目支出仅20余亿元,其余用于个人挥霍等。集资过程中,陈某、单某、胡某、徐某、汤某、李某、刘某负责各级层面的销售工作,张某、曾某负责财务工作,高甲、高乙负责项目引进及理财产品包装工作。至案发,尚有6万余名被害人未兑付本金共计64亿余元。公诉机关

---

[*] 李长坤,刑事庭副庭长,法学博士;张亚男,刑事庭法官助理,法学硕士。(如无特别说明,本书作者单位均为上海市第一中级人民法院)

指控马某、A集团构成集资诈骗罪，B公司与其余被告人构成非法吸收公众存款罪。

案例二：涉及"长险短做"业务行政违法性的判断

2010年至2013年间，C公司先后与多家保险公司签订保险代理协议，代理销售20年期人寿保险为主的长期保险产品。之后，C公司多支销售团队以推销上述保险产品为名，将长期寿险产品拆分成1~3年期理财产品（"长险短做"），吸引社会公众认购。被告人程某在担任销售团队负责人期间，向300余名投资人销售上述理财产品共计9700余万元。公诉机关指控程某构成非法吸收公众存款罪。

案例三：涉及社会公众的认定

2010年年底，被告人芦某、刘某与马某、邱某、陈某商定，以D公司作为融资平台，由马某、邱某、陈某具体负责对外融资。2011年4月至2012年6月间，D公司制作虚假宣传资料，约定支付投资者3%至6%的高额月息，由马某、邱某、陈某直接招揽或分别通过刘某、李某、陈某、江某等层层招募投资人，共集资5.3亿余元，其中用于项目投资的仅0.7亿余元，共造成1200余名投资人损失3亿余元。公诉机关指控各名被告人分别构成集资诈骗罪、非法吸收公众存款罪。

案例四：涉及非法集资过程中的犯意转化及罪数判断

2012年9月，E公司实际控制人赵某指使张某成立E公司上海分公司用于融资。2013年2月至2015年8月，E公司上海分公司以对外售卖理财产品的方式吸收资金2亿元。2015年9月，张某明知E公司已无力支付投资人本息并明确不再为分公司提供资金用于偿付的情况下，仍诱骗80余人参与投资，并将投资款用于归还已到期的借款本息及支付员工工资等；至案发时尚有本金2300余万元未兑付。公诉机关指控张某作为公司其他直接责任人员，其行为先后构成非法吸收公众存款罪、集资诈骗罪，应两罪并罚。

案例五：涉及被告人离职后非法吸收资金数额的认定

2014年年初，被告人张某等人以F公司团队负责人的身份，招揽业务员，并通过宣介会等方式向投资人介绍公司多个投资项目，后签订借款合同，并承诺保本付息。2015年1月，张某从公司离职；同年6月案发。从张某离职到案发，其招揽的下线业务员在其离职后仍吸收资金100余万元，公诉机关指控张某的犯罪数额包括此金额。

整体要求与基本原则

目前，非法集资类案件呈集中爆发的态势，今后一段时间此类案件的占比仍会增加。法院审理过程中，应当充分认识到非法集资类案件审理的复杂性与重要性，并遵循以下原则与要求：

（一）实现常态审理，加强沟通协调

对非法集资类案件的审理应从整体上把握以下四点：（1）实现常态审理，坚持司法公开。要以常态化审理为基调，节约使用司法资源；以公开审判为原则，实现庭审公开、判决文书公开、涉案财物处置公开，力求最佳司法效果，展示法院良好形象。（2）认真耐心沟通，注重释明疏导。要正确对待被害人、集资参与人的合理诉求与关切，统一接访答复口径，耐心细致地做好解释工作，以换取被害人、集资参与人对法院工作的理解，避免人为形成对立。（3）仔细研判案情，强化文书说理。针对审理过程中存在的事实认定、法律适用等方面的争议，应当认真研判，判决文书要全面回应争议问题，敢于说理、善于说理，展现法院依法公开、公正裁判的决心与信心。（4）加强沟通协调，形成工作合力。对于分别在不同法院审理的同一系列非法集资案件，不同法院之间要加强沟通协调，确保法律适用统一与量刑均衡。法院还应加强与其他办案机关、党政相关部门的协调配合，并做好涉案财物的处置工作。

（二）注重区别对待，突出打击重点

涉众型非法集资案件中，参与集资的被告人往往较多。对此，需要查明

各被告人所处层级、岗位职责，并综合考虑被告人参与犯罪数额、个人违法所得、主观过错等事实、情节，在定罪量刑时予以区别对待，突出打击重点，做到罚当其罪。对于非法集资活动中的组织、策划、指挥者、主要实施者和主要获利者，应当重点打击，从严惩处；对于前述人员以外的被告人，虽然参与犯罪数额巨大或者特别巨大，但到案后积极退缴违法所得，尽力弥补本人行为所造成财产损失的，可依法从轻、减轻或者免除处罚。

（三）强化追赃挽损，着力化解矛盾

非法集资类案件中违法所得的追缴、退赔工作是处理该类案件的重中之重，关乎每一个投资者的切身利益，处理不当就会引发群访事件，形成社会不稳定因素。因此，最大限度追赃挽损是办理非法集资案件的重要目标，也是预防不稳定因素的关键所在。审理过程中，法院应当强化追赃挽损意识，将此项工作放在与定罪量刑同等重要的位置，做好涉案财物的续封、续冻工作，重视涉案财物去向线索的搜集固定，做好继续追缴、退赔工作，在打击犯罪的同时充分保障集资参与人及被害人的合法利益。

⊙ 审理思路与裁判方法

（一）做好续封、续冻以及继续追缴、退赔工作

非法集资类案件通常涉案财物众多，查封、扣押、冻结工作非常繁重，需要法院与其他办案机关特别是侦查机关积极协作，做好续封、续冻与继续追缴、退赔工作，夯实案件审理的基础。

1.做好续封、续冻工作

案件在法院立案后，涉案财物的查封、扣押、冻结工作一般即移交至法院。非法集资类案件查扣任务繁重，侦查机关对查扣情况较为熟悉，故法院受理该类案件后应立即与侦查机关沟通，详细了解查扣财物的种类、数量、特征、权属情况、查封与冻结的起止时间等，要求侦查机关继续配合做好审

理阶段涉案财物的续封、续冻工作；如果侦查机关无法继续该项工作，则由合议庭出具裁定文书交由法院保全部门做好续封、续冻工作，防止因案件流转中的疏漏导致涉案财物脱封、脱冻。

如案例一中，侦查机关查扣、冻结了大量银行账户、支付宝账户、房产、土地、股权等，审理前期法院与侦查机关协调做好续封、续冻工作，审理后期移送法院保全部门做好该项工作，较好地保证了案件的顺利审理和追赃挽损。

2. 及时处理特殊财物

对于查封、扣押、冻结的易贬值及保管、养护成本较高的涉案财物，可以在审理结束前依照有关规定及时变卖、拍卖。非法集资类案件中，需要提前处理的通常为查扣的汽车等交通工具。

3. 做好继续追缴、退赔工作

对于审理过程中发现的财产线索，法院可出具查封、冻结裁定并予移送保全。同时，法院应就退赔工作与被告人及其家属、辩护人积极沟通，明确被告人不仅应当对个人违法所得承担退赔责任，而且对其参与集资所造成的被害人损失也负有退赔义务；告知退赔会对量刑产生影响、积极退赔会对量刑产生明显影响。

（二）罪与非罪的界定

确定各被告人的行为是否构成犯罪是非法集资类案件审理的重点，主要涉及以下三个方面：

1. 行政违法性的判断

非法集资犯罪作为法定犯，首先应当受到行政法、经济法、金融法等部门法的规制，本身具有"二次违法性"。而实践中，相关行政主管部门较少对集资行为的行政违法性作出前置认定。对非法集资行为违法性的判断，可以区分情况分别处理：（1）依职权直接认定。对于法律规定较为明确、行为性质并无明显争议的非法集资活动，办案机关可以依职权直接认定行为是否构成犯罪。这也是实践中最常见的情形。（2）行政主管部门出具认定意见。对于案情复杂、性质认定疑难及新类型案件，一般应要求行政主管部门出具涉案行为行政违法性的认定意见。主要是指行政主管部门出具的认定函、批复、情况说明等书面意见，也包括侦查人员根据行政主管部门口头答复制作的详细工作记录。行政主管部门对同类型集资行为作出行政处罚的材料，可以作为集资活动行政违法性判断的辅助性证据。

如案例二中，针对辩护人提出"长险短做"业务是否行政违法的问题，原中国保监会上海监管局出具情况说明，明确"长险短做"业务违法。

2. 违法性认识的判断

在确定集资行为违法后，需要判断被告人对非法集资行为是否具有违法性认识。认定被告人对非法集资行为具有违法性认识，并不以明知法律的禁止性规定为要件，满足下列情形之一的，一般即可予以认定：（1）明知公司虚构经营业务或者故意夸大宣传的；（2）明知集资参与人返利过高，或者招揽业务提成比例过高，不符合一般市场行情的；（3）本人或任职单位曾因从事非法集资活动被查处的；（4）曾在金融机构工作，具有一定金融专业知识的；（5）故意规避法律以逃避监管的；等等。

如案例一中，针对被告人曾某所提出的主观上不具有违法性认识，其行为不构成犯罪的辩护意见，法院认为，曾某长期担任 A 集团财务人员且在后期担任财务总监，明知公司宣传情况与实际经营情况并不一致、刻意夸大公司兑付能力等，故应依法认定曾某具有违法性认识，构成非法集资共犯。

3. 社会公众的判断

禁止非法集资的重要目的在于保护公众投资者的利益，故社会性是非法集资的本质特征。根据相关规定，在向亲友或者单位内部人员吸收资金过程中，明知亲友或者单位内部人员向不特定对象吸收资金而予以放任的，应当认定为向社会公众吸收资金。

如案例三中，被告人江某提出了其未向不特定对象吸收资金的辩解。法院在审理中查明江某在向其亲友吸收资金的过程中，明知亲友向其他不特定人员发布D公司的相关信息、吸收资金而予以放任，并从中收取相应佣金，应当依法认定江某系向社会公众吸收资金，构成非法吸收公众存款罪。

（三）非法占有目的的认定以及罪数判断

确认被告人的行为构成非法集资犯罪后，应当根据被告人主观上是否具有非法占有目的，分别认定构成非法吸收公众存款罪或集资诈骗罪。

1. 非法占有目的的认定

认定被告人是否具有非法占有目的，应当坚持主客观相统一的原则，既要避免以欺骗方法的认定替代非法占有目的的认定，又要避免单纯根据损失结果客观归罪，同时也不能仅凭被告人自己的供述，而应当根据案件具体情况加以分析。实践中，应当重点围绕融资项目的真实性、实际经营情况、资金去向、归还能力等事实进行综合判断。被告人具有以下情形之一的，一般可以认定具有非法占有目的：（1）大部分资金未用于生产经营活动，或名义上投入生产经营但又通过各种方式抽逃、转移资金的；（2）资金使用成本过高，不具有支付全部本息的现实可能性的；（3）资金使用决策极度不负责任，造成资金缺口较大的；（4）归还本息主要通过借新还旧来实现的；（5）其他依照有关司法解释可以认定为非法占有目的的情形。

如案例一中，被告人马某否认其主观上具有非法占有目的。法院经审理认为，马某的行为符合集资诈骗罪的构成要件，具有非法占有目的，主要理由是：（1）马某作为A集团、B公司的实际控制人，在非法集资过程中使用了欺骗方法；（2）从投资项目情况看，马某仅将所谓投资项目作为对外宣传、吸收资金的手段，未考虑项目本身的真实回报；（3）从资金去向看，用于生产经营活动的资金与筹集资金规模明显不成比例，大部分资金用于兑付投资人本息、办公费用与员工薪酬支出、个人使用及挥霍等；（4）归还本息主要通过借新还旧方式来实现。

2. 关注犯罪目的发生转变的时间节点

被告人在初始阶段仅具有非法吸收公众存款的故意，但在发生经营失败、资金链断裂等问题后,明知没有归还能力仍然继续吸收公众存款的,应当区分前后两个阶段分别认定非法吸收公众存款罪与集资诈骗罪,两罪并罚。

如案例四中,被告人张某作为 E 公司上海分公司负责人,除参与前期集资外,在 2015 年 9 月明知 E 公司已无力支付投资人本息并明确不再为分公司提供资金偿付时,仍诱骗投资人参与投资,尚有本金 2300 余万元未兑付,足以认定张某的犯意在 2015 年 9 月已发生转化,故对其以非法吸收公众存款罪、集资诈骗罪两罪并罚是妥当的。

3.区分不同被告人之间的犯罪目的

在共同犯罪或单位犯罪中,各被告人由于所处的层级、职责分工、获取收益方式、参与公司投资情况以及对全部犯罪事实的知情程度存有差异,其犯罪目的也存在不同。对此,应当根据各被告人的实际情况分别认定,其中应重点审查各被告人所处的层级与职责情况。

如案例一中,公诉机关指控除马某外的其余十一名被告人均构成非法吸收公众存款罪。审理过程中,法院综合考虑该十一名被告人在公司所处层级和具体任职岗位,是否参与虚假项目的引进、包装,对公司经营情况及资金去向的了解程度,在公司投资情况等因素,认定单某等四名被告人具有非法占有目的,故改变指控的非法吸收公众存款罪名,认定该四名被告人的行为构成集资诈骗罪。具体理由是:(1)从各名被告人所处层级看,四名被告人曾分别担任 B 公司法定代表人、首席执行官、A 集团投行部负责人等职,在被告单位中层级高,参与被告单位的决策、管理;(2)从对投资项目的了解程度看,四名被告人或者对相关投资项目没有收益、收益本身难以覆盖投资本息有概括认识,知道公司发展模式不具有可持续性,或者直接参与投资项目引进,明知针对项目所做尽职调查缺乏实质内容,盈利能力无法保障,甚至参与引进虚假项目;(3)从对集资钱款去向的了解程度看,四名被告人知道公司通过借新还旧方式归还投资人本息;(4)从参与投资情况看,四名被告人本人或其近亲属在被告单位并不存在参与巨额投资且未归还的情形。

值得注意的是,应注意区别总公司与分(子)公司人员的犯罪目的。一般而言，因分（子）公司人员对融资项目情况、公司经营情况、钱款实际去向等均不太清楚，故即使总公司实际控制人与直接负责的主管人员认定为集资诈骗罪，分（子）公司的负责人一般也认定为非法吸收公众存款罪。但是，在总公司实际控制人被认定构成非法吸收公众存款罪的情况下，如果有证据证明分（子）公司负责人存在犯意上的转化，则对分（子）公司人员在犯意转化后实施的集资行为仍可认定构成集资诈骗罪，该情形并不属于同案异判。

如案例四中，虽然E公司实际控制人赵某仅认定构成非法吸收公众存款罪，但张某作为E公司上海分公司负责人，其犯意于2015年9月已发生转化，故对张某之后的行为以集资诈骗罪论处，对其两罪并罚。

4. 注意不同被告单位之间的罪名协调

非法集资犯罪往往所涉单位数量众多、层级复杂，应当全面查清涉案单位中上级单位和下属单位的主体资格、层级、关系、地位、作用、资金流向等，区分情况依法作出处理。同时，应注意不同被告单位之间罪名认定的协调性。如案例一中，公诉机关指控A集团、B公司分别构成集资诈骗、非法吸收公众存款罪。法院经审理认为，对两家被告单位分别定罪并不妥当，故改定A集团与B公司均构成集资诈骗罪。主要理由是：（1）单位与单位实际控制人的主观故意具有一致性。被告单位的主观故意应依据单位实际控制人及其他直接负责的主管人员的主观故意加以认定，罪名认定上也应保持一致。该案认定B公司实际控制人马某，其他主要负责人员单某等主观上均具有非法占有目的，构成集资诈骗罪，B公司的主观故意及罪名认定应与前述人员保持一致。（2）同一行为人控制的多个单位在罪名认定上具有逻辑性。鉴于A集团与B公司均由马某直接控制，在认定马某、A集团均构成集资诈骗罪的情况下，认定B公司构成非法吸收公众存款罪存在逻辑冲突。

需要指出的是，鉴于该案改变部分被告单位、被告人的指控罪名，且系由轻罪名非法吸收公众存款罪改为重罪名集资诈骗罪，为充分保障相关被告单位与被告人的合法诉讼权利，本案再次开庭，听取了控辩双方的相关意见。

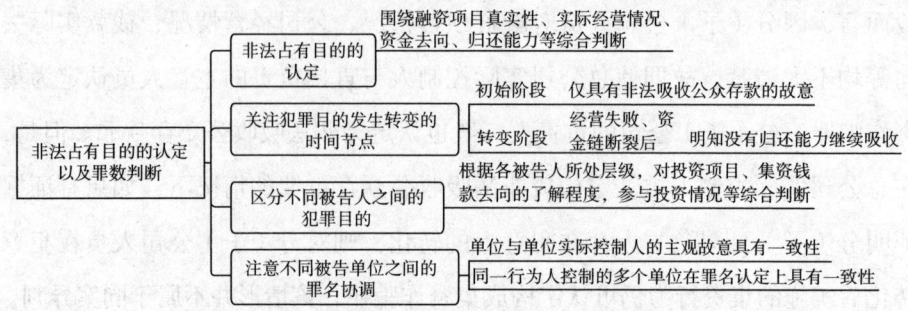

思维导图1：非法占有目的的认定以及罪数判断

（四）区分单位犯罪与自然人犯罪

基本确定行为性质后，还应界定全案属单位犯罪还是自然人犯罪。根据相关规范性文件的规定，单位实施非法集资犯罪活动，全部或者大部分违法所得归单位所有的，应当认定为单位犯罪。个人为进行非法集资犯罪活动而设立的单位实施犯罪的，或者单位设立后，以实施非法集资犯罪活动为主要活动的，不以单位犯罪论处，单位中组织、策划、实施非法集资犯罪活动的人员应当以自然人犯罪依法追究刑事责任。

判断单位是否以实施非法集资犯罪活动为主要活动，应当根据单位实施非法集资的次数、频度、持续时间、资金规模、资金流向、投入人力物力情况、单位进行正当经营的状况以及犯罪活动的影响、后果等因素综合认定。

（五）查证被告人参与犯罪数额

犯罪数额的认定是准确界定各被告人刑事责任的重要依据，需要结合被告人参与犯罪的时间、所任职位与所涉具体项目等方面综合判断。

1.亲友或者单位内部人员投资金额的认定

非法吸收或者变相吸收公众存款构成犯罪的，具有下列情形之一的，向亲友或者单位内部人员吸收的资金应当计入犯罪数额：（1）在向亲友或者单位内部人员吸收资金的过程中，明知他们向不特定对象吸收资金而予以放任的;(2)以吸收资金为目的,将社会人员吸收为单位内部人员,并向其吸收资金的;(3)向社会公开宣传,同时向不特定对象、亲友或者单位内部人员吸收资金的。

需要注意的是,对于以被告人妻子、丈夫或未成年子女名义投入的资金,一般应从吸收数额中扣除,因为前述投入钱款通常为家庭共有财产或被告人以家庭成员名义投入。如果被告人先向亲友、单位内部人员吸收资金,之后再向其他不特定对象吸收资金的,鉴于被告人前一阶段吸收资金的行为尚难认定具有社会性,在认定吸收资金数额时一般应予扣除。

2.下线人员独立吸收资金数额的扣除

非法集资人员离开单位后,其发展的下线人员独立实施的非法集资金额,不应计入其吸收资金数额。如案例五中,在案证据证明张某2015年1月从公司离职后,其之前招揽的业务员仍继续吸收资金100余万元。对于该100余万元,张某既不知情,也未提取任何报酬,系下线业务员独立实施,故应从张某的吸收资金数额中予以扣除。

3.滚动投资金额的认定

非法吸收或者变相吸收公众存款的数额,以行为人所吸收的资金全额计算。对于一次性投入资金未作提取,其间利用到期本息滚动投入的,一般将一次性投入的本金计入犯罪数额即可。

4.参与部分时段集资被告人的诈骗数额认定

通常情况下,集资诈骗数额应以案发时未实际兑付的本金数额计算。对于仅参与部分时段集资的被告人,如果以案发时被告人所募集资金中未归还的金额认定诈骗数额,则可能存在部分被告人因所募集资金已通过借新还旧的方式全部归还,无法认定其诈骗数额的情形。但相关被告人的行为与全案造成的损失具有因果关系,单纯以案发时未实际兑付的本金来认定部分时段参与型集资人的犯罪数额并不妥当。从整体上看,各被告人所募集资金中未归还的数额,只能体现不同时段被害人损失之间转移填补后的损失金额;各被告人参与非法集资的时间存在先后长短之分,通过借新还旧,前期参与犯罪的被告人所募集资金可能已全部或大部分归还，而后期参与犯罪的被告人所募集资金可能未归还或大部分未归还。

因此，对于仅参与部分时段集资的被告人，可通过以下方法认定诈骗数额：（1）以被告人离职时参与募集资金中未归还的金额认定诈骗数额。被告人离职时参与募集资金中未归还的金额，一般能够较为准确地反映出其行为的社会危害性与造成的损失。（2）如果以前述方法认定的诈骗数额明显偏低甚至归零时，为了对行为人的行为作出充分合理的评价，可依据被告人参与募集资金的数额并结合全案未兑付本金比例确立其法定量刑幅度。

如案例一中，除马某作为被告单位的实际控制人，按照案发时全案未兑付的本金数额认定集资诈骗数额外，对于改认定集资诈骗罪的单某等四名被告人，由于依据案发时未兑付金额认定各行为人的犯罪数额存在不合理之处，故未认定具体诈骗数额，而是依据四人参与募集资金的数额并结合全案未兑付本金比例，依法认定为集资诈骗数额特别巨大，适用十年以上有期徒刑或无期徒刑的法定刑幅度。

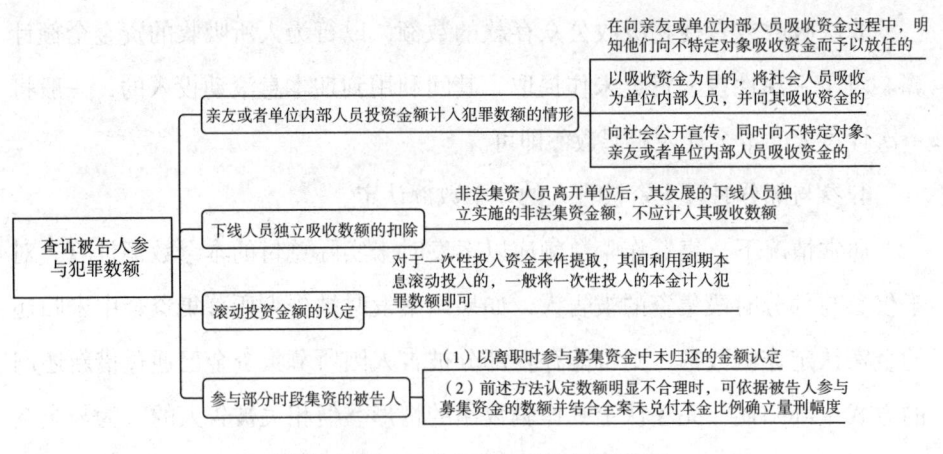

思维导图2：查证被告人参与犯罪数额

（六）厘清主从犯、自首等法定情节及追缴、退赔等酌定情节

通过前述步骤，已经可以对指控犯罪事实进行基本的法律评判。在此基

础上，还需要结合其他一些法定、酌定情节，来确定各被告单位、被告人的刑罚，主要涉及主从犯、自首、立功、坦白等法定情节及追缴、退赔等酌定情节的认定。

1. 主从犯的认定

对于实施非法集资的个人和单位，应依法区分主从犯：（1）对于多人参与、分工实施的非法集资犯罪，原则上应当区分主从犯。非法集资犯罪活动的组织、策划、指挥者，主要实施者及主要获利者，应当认定为主犯；对于接受他人安排、指使而实施非法集资行为的次要实行者，或仅提供后台支持行为的帮助者，或受利益驱动帮助非法集资而从中收取代理费、佣金等费用的"集资中间人"，可依法认定为从犯。（2）单位犯罪中，直接负责的主管人员与其他直接责任人员的地位、作用存在明显差别的，可以区分主从犯。（3）对于多个单位共同实施的非法集资犯罪，应当根据各自在共同犯罪中的地位、作用，决定是否区分主从犯。主犯单位内部人员的地位、作用确有差别的，仍可区分主从犯；从犯单位的内部人员，应一律认定为从犯。

如案例一中，对于认定构成集资诈骗罪的马某等五名被告人，根据他们在单位中的不同层级、在犯罪活动中发挥的具体作用等因素，认定马某等四人为集资诈骗主犯，高甲为从犯。对于认定构成非法吸收公众存款罪的张某等七名被告人，均系被告单位的高层、中层管理人员，且积极主动地参与了非法吸收公众存款活动，故未区分主从犯。

2. 自首等法定情节的认定

在自首、立功、坦白等法定情节的认定上，应重点审查侦查机关出具的能反映全案侦破情况及各被告人到案的时间、地点和过程的"案发经过"。同时，因侦查机关出具的案发与到案经过的表述有时较为简单，被告人的实际到案情况并不完整、全面，故需要结合被告人的供述、证人证言等进一步查明，必要时向侦查人员核实具体情况。

非法集资类案件中，被告人的到案情形往往较为复杂，能否认定自首应区分情况对待：（1）被告人被抓获前，明知公安机关会前来处置仍在特定地点等候的,可视为自动投案,到案后能如实供述犯罪事实的,可认定构成自首。如案例一中,案发经过反映徐某、曾某系在公司办公地点被抓获,公诉人、被告人、辩护人均未提出构成自首的问题。经法院审理查明,徐某、曾某在被抓获之前,已明知侦查人员会来公司带走管理人员调查,但仍在公司等候,应当视为自动到案,且到案后如实供述了犯罪事实,可认定具有自首情节。(2)公安机关抓获被告人后,责令被告人随传随到、听候处置,未采取其他强制措施的。鉴于此系针对非法集资犯罪的特殊情况而对被告人采取的一种管控方式,不再存在被告人自动投案的空间,故不能认定构成自首。(3)被告人因非法集资行为自动到案配合调查后被取保候审,在取保候审期间继续从事非法集资活动后又自动投案、如实供述犯罪事实的,整体上仍符合自首的成立要件,可认定构成自首。如案例一中,张某的到案过程属于上述情形,故认定其具有自首情节,但对其从宽处罚的幅度予以从严把握。

3.注意区分追缴、退赔对量刑的不同影响

实践中,应当区分办案机关追缴赃款、赃物与被告人及其亲友主动退赔对量刑的不同影响,在量刑时充分考虑各被告人到案后的主动退赔情节。对于积极筹措大额资金退赃的被告人,可以大幅从宽处罚。如案例一中,汤某个人违法所得17万余元,但审理过程中汤某在家属配合下退赔480万元,且提供第三人名下的股权及账户等财产线索供查封、冻结,故对其大幅从宽处罚。

证券内幕交易犯罪案件的审理思路和裁判要点

胡洪春　黄思嘉*

证券内幕交易犯罪案件单指《刑法》第180条第1~3款所规定的发生在证券市场领域的内幕交易、泄露内幕信息犯罪案件。由于该类案件涉及大量证券专业知识，相关法律规定未臻完善，实践中频发争议问题。为确保审判质量，现以典型案例为基础，对该类案件的审理思路和裁判方法进行梳理总结。

⊙ 典型案例

案例一：涉及内幕信息敏感期的认定

2013年8月15日，A公司（系上市公司）董事长胡某提出收购B公司的构想，并征求总经理陈某等人意见。陈某当即表示收购有利于公司发展，并负责起草预案。同年9月18日，A公司通过了收购预案并开展谈判工作；11月1日，A公司和B公司签署收购协议，并于次日对外公告。经查，同年8月16日至11月1日间，陈某陆续买入大量A公司股票。

案例二：涉及犯罪主体的认定

黄某系C公司（系上市公司）总经理。李某与杨某分别为黄某的专职司机和保姆，黄某从未向两人透露过自己的工作单位或职务等情况。李某通过长期接送黄某上下班及参加应酬等判断出黄某系C公司的高级管理人员，而杨某对黄某的身份和职务等并不知情。李某和杨某偶然听到黄某打电话时谈

---

* 胡洪春，刑事庭审判长，法学博士；黄思嘉，刑事庭法官助理，法律硕士。

及 C 公司重大资产重组的信息，随后二人在该内幕信息敏感期内分别买入 C 公司股票。

案例三：涉及犯罪行为的认定

汪某系某公司高管，在工作中获知本公司将被 D 公司（系上市公司）并购的内幕信息，后与其表兄彭某多次电话联系。彭某于某次深夜通话的次日亏本卖出全部股票，全仓买入 D 公司股票，并用手机向他人发送"D 公司股票有封盘可能，建议满盘杀入"的信息。案发后，汪某辩称没有向彭某泄露内幕信息，彭某辩称系根据个人分析从事相关交易。经查，彭某此前从未进行过满仓操作、重仓单只股票或亏本卖出等行为。

案例四：涉及利益共同体责任的认定

吴某之妻丁某用夫妻共同财产购买了 E 公司（系上市公司）股票，吴某对此知情。吴某在获知 E 公司拟发布业绩预亏公告的内幕信息后，向丁某发送短信"E 公司业绩预亏"，丁某随即卖出上述股票，不久后 E 公司股价大幅下滑。

⊙ 审理难点

（一）内幕信息的敏感期界定难

内幕信息敏感期是内幕信息自形成到公开的时间段，在实践中对该期间的认定存在难点：一是内幕信息的形成往往具有过程性、持续性的特点，确定初始时间的难度较大。二是内幕信息公开时间的认定是否受非官方指定媒体提前传播的影响存在争议。

（二）拒不认罪型案件的犯罪行为认定难

交易行为与内幕信息之间的关联性是认定内幕交易行为的关键。当行为人对内幕信息的泄露、获取和内幕交易等情况均拒不供认时，裁判中需综合各项证据充分论证交易行为与内幕信息的关联性。

（三）违法所得的计算方法选择难

相关法律法规对内幕交易违法所得数额计算方法的规定较为笼统，导致司法机关对相关规则的认识不一，做法不尽相同。

（四）不同内幕交易行为的罪名认定难

内幕交易犯罪和泄露内幕信息犯罪，在实践中的表现方式复杂多样，既可能构成上下游犯罪，又可能构成共同犯罪，在定罪方面争议较大，适法不统一的情况时有发生。

⊙ 审理思路与裁判方法

内幕交易、泄露内幕信息犯罪的对象是"内幕信息"。行为人通过对内幕信息的不当泄露、获取、交易等行为，取得了证券市场中的不正当竞争优势，破坏了证券市场的公平秩序，侵害了其他投资者的合法权益。因此，审理该类案件时，应当紧扣内幕信息这一核心要素，依序展开审理思路：

（一）审查内幕信息

我国《证券法》第52条对内幕信息作了明确规定，载明内幕信息具有"非公开性"和"重大性"的双重特征，审查时应予重点把握。

1. 审查信息是否具有"非公开性"

内幕信息的"非公开性"表现为信息在敏感期内禁止对外公开。根据《最高人民法院、最高人民检察院关于办理内幕交易、泄露内幕信息刑事案件具体应用法律若干问题的解释》（以下简称《解释》）第5条的规定，敏感期的起点通常为影响内幕信息形成的动议、筹划、决策或者执行的初始时间，即使此时内幕信息尚不确定，也应认定为在敏感期内。如案例一中，收购项目的内幕信息敏感期起点不是A、B公司签署收购协议或A公司通过收购预案的时间点，而是胡某向陈某征询收购意见之时。在明确表达赞成意见并开始预案起草工作的情况下，陈某能够凭借工作经验和职权便利判断出该项目具有实现可能性,此时正是影响该内幕信息形成的动议、筹划的初始时间。敏感期的结束时间是内幕信息在国务院证券监督管理机构指定的报刊、网站等媒体上披露的时间。现实中,有些内幕信息会被非指定媒体或其他非正式渠道提前泄露,但这并不意味着敏感期提前结束。因为非指定媒体或其他非正式渠道不具有权威性,广大投资者无法据此判断信息的真伪和实现可能性。

2. 审查信息是否具有"重大性"

内幕信息的"重大性"特征表现为信息公开后会对交易价格产生重大影响。由于证券市场的价格影响因素众多,最终价格走势及幅度并不必然与内幕信息所蕴含的价值相符。因此"重大性"特征的判断应采用经验标准,即历史同类信息是否一般均对价格有重大影响作用。

法院在审查涉案信息是否属于内幕信息时,符合《证券法》第80条、第81条所列涉及经营、财务、人事、担保、诉讼等可能对上市公司股票交易价格产生重大影响的事项,可径直认定为内幕信息;不符合列举情形的,可审查是否适用兜底条款认定为内幕信息。

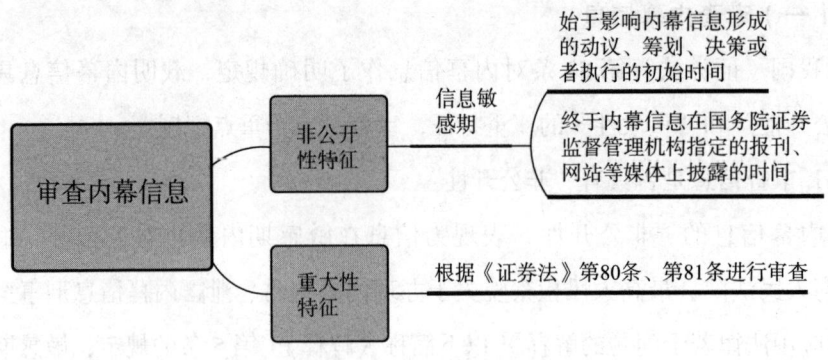

思维导图1:审查内幕信息

(二)审查犯罪主体

本罪主体包括内幕信息的知情人员和非法获取内幕信息的人员,审查主体是否适格可根据具体情形分别处理。

1. 审查内幕信息的知情人员

内幕信息知情人员一般是基于职务便利或者其他工作便利有权获取内幕信息的人员，如具备特定条件的董事、监事、高级管理人员以及相关证券机构的人员等，法院可依据《证券法》第51条的规定审查涉案人员是否属于本罪适格主体。

2. 审查非法获取内幕信息的人员

非法获取内幕信息的人员是指原本无权获取但通过非法途径获取内幕信息的人员，《解释》第2条规定了三种情形：

（1）非法手段获取型。法院应当根据在案证据查明行为人使用了何种手段，例如窃听设备、利益输送证明等。

（2）特定身份获取型。即内幕信息知情人员的近亲属或者其他与内幕信息知情人员关系密切的人员。近亲属是指内幕信息知情人员的"夫、妻、父、母、子、女、同胞兄弟姐妹"，其他关系密切人员系兜底性条款，应当审查其能否基于密切关系判断出信息真伪和实现可能性。如案例二中，专职司机李某和保姆杨某均与内幕信息知情人员黄某有密切关系，但李某通过黄某的工作单位和职务级别，能够据此判断出黄某谈及的项目内容具有真实性和实现可能性，可以认定其产生了内幕交易的犯罪故意，属于非法获取内幕信息的人员。杨某则对黄某的工作、身份一无所知，抱着"试试看"的心态从事相关交易，因此不具有犯罪故意，不能认定为本罪的适格主体。

（3）积极联系获取型。即在内幕信息敏感期内，与内幕信息知情人员有

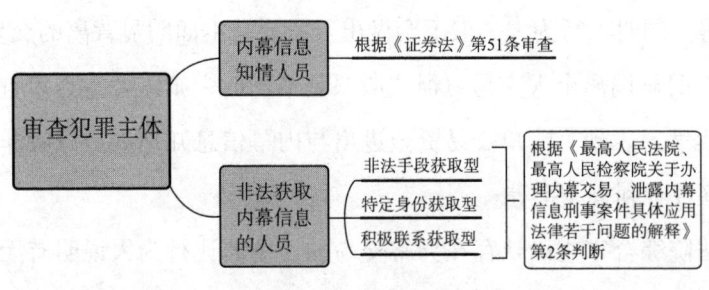

思维导图2：审查犯罪主体

过联络、接触的人员。实践中，如行为人拒不供认联络、接触情况，则应重点查明通话记录、信息往来、监控视频等证据，结合交易异常程度等情形进行综合判断。

（三）审查犯罪行为

本罪实行行为包括内幕交易行为和泄露内幕信息行为。具体审查时应先确定是否存在内幕交易行为，然后查明是否存在对应的泄露内幕信息行为，具体步骤如下：

1.审查内幕交易行为

审查内幕交易行为，可以遵循以下步骤分别进行：

（1）审查交易行为的时间是否在内幕信息敏感期内。

先根据前述方法判断内幕信息的敏感期，再审查交易时间是否与该期间相吻合。与内幕信息利好利空性质相反的交易行为不符合内幕交易趋利避害的动机，所以对于利好内幕信息只审查买入行为的时间，对于利空内幕信息只审查卖出行为的时间。

（2）审查交易行为与内幕信息之间是否存在关联性。

从司法实践情况看，通常审查以下要点：一是时间吻合程度。如账户变动、资金变化、买卖行为的时间与内幕信息的形成、变化、公开时间基本一致，或者买卖行为的时间与获悉内幕信息的时间基本一致等。吻合方面越多、程度越高，交易行为与内幕信息的关联性越大。二是交易背离程度。通常行为人的交易习惯具有相对稳定性，如风格上偏保守或者偏激进，偏大盘股或偏小盘股等。同时，行为人一般不会做出与股票基本面明显背离的交易行为。如交易行为明显偏离个人交易习惯或股票基本面时，则需要重点审查。三是利益关联程度。表现为账户交易资金进出与内幕信息知情人员或者非法获取人员有关联或者利害关系等。

如果法院综合审查确认存在异常交易的，则需让行为人说明有无正当理由或者信息来源，若不符合《解释》第4条规定的正当性标准，应认定交易行为与内幕信息之间存在关联性。

以案例三为例,彭某交易行为的异常性表现在:其一,时间吻合程度方面,在与汪某电话联系的次日即买入涉案股票;其二,交易背离程度方面,亏本卖出全部股票后全仓买入涉案股票,明显违背其交易习惯;其三,利益关联程度方面,彭某与汪某系表兄弟关系,汪某是涉案股票的内幕信息知情人员;其四,彭某发消息告诉朋友该只股票有封盘可能,明显超出一般投资者的认知水平和预测能力。彭某虽辩称依靠个人分析进行交易,但无法提供证明材料,不具有法定正当理由,据此足以认定彭某的交易行为和汪某所知的内幕信息之间具有关联性,彭某的行为属于内幕交易行为。

(3)审查交易行为的情节严重程度。

《刑法》对内幕交易行为规定了"情节严重"和"情节特别严重"两档法定刑。《解释》第6条、第7条以"列举+兜底"的方式规定了具体标准,主要审查交易成交数额、违法所得数额和交易次数三项要素。在同一案件中,成交数额和违法所得数额如果分别构成情节严重、情节特别严重的,应按照处罚较重的数额适用情节特别严重的法定刑。

2. 审查泄露内幕信息行为

确认内幕交易行为后,再审查有无对应的泄露内幕信息行为,具体可以遵循以下思路:

(1)从犯罪主体判断是否存在泄露内幕信息行为。

部分内幕交易案件中不存在泄露内幕信息行为,如内幕信息知情人员自己从事内幕交易。在非法获取内幕信息的人员从事内幕交易案件中,被告人通过窃取、骗取、套取、窃听等手段获取信息,也不存在对应的泄露内幕信息行为;但是,在通过利诱、刺探或者私下交易等手段或者利用特定身份或通过积极联系获取内幕信息的案件中,均存在对应的泄露内幕信息行为。

(2)审查泄露内幕信息嫌疑人是否具有主观故意。

通过内幕交易行为人的信息来源确定泄露内幕信息嫌疑人,审查其主观是否具有泄露的犯罪故意。对主观故意的判断应当结合在案证据,从行为人之间的关系、联络情况、内幕交易行为与信息的关联程度等综合把握。如案例三中，彭某与汪某具有亲属关系，在内幕信息敏感期内有过联络，异常交易的股票与汪某所在公司存在关联性。因此，即使汪某拒不供认也足以认定其具有泄露内幕信息的故意。

（3）审查泄露的内幕信息是否达到足以使对方领会的程度。

内幕信息的内容包括对象、时间、行为、走势等多种要素，内幕信息的泄露行为并不要求行为人将所有内容和要素完整、详细、直接地表达出来，

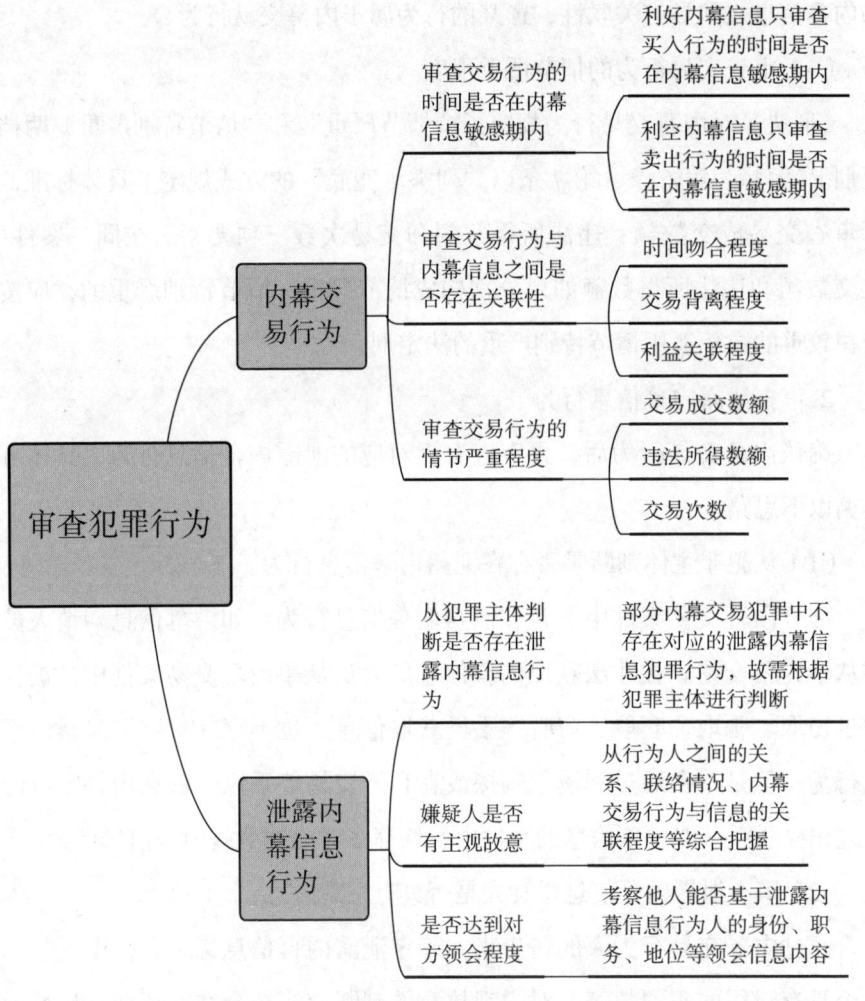

思维导图3：审查犯罪行为

即使仅泄露部分要素,只要对方可以基于其身份、职务、地位或其他信息等领会信息内容即可。

如某证券监管机构工作人员泄露"某地某行业上市公司要资产重组"的信息,虽然该行为没有直接表达对象要素,但通过简单查询就可发现该地该行业只有一家上市公司,此时的泄露行为即达到足以使对方领会的程度;某证券公司经理泄露"买某某股票",虽然该行为只表达了对象要素,但隐含了走势要素,不影响对方领会。

(四)审查违法所得的计算方法

违法所得是内幕信息的价值反映,表现为行为人通过内幕交易行为的获利数额或避损数额。由于证券市场错综复杂,行情走势受诸多因素影响,故违法所得的计算方法需分情形把握:

1. 获利型内幕交易违法所得的计算方法

获利型证券内幕交易已平仓的,如账户内有实际收益则以实际收益认定违法所得。虽然行为人的平仓时间与市场对内幕信息披露后的反应时间不一定同步,实际收益难以准确反映内幕信息价值,但实际收益与内幕信息存在直接关联性,以实际收益认定为违法所得比较直观、便捷,也与公众的一般认知相符。

获利型证券内幕交易未平仓的,以账面收益认定违法所得,计算公式为:[复牌日(若复牌即涨停的,则以首个涨停板打开日)的收盘价 - 买入价] × 未平仓股票股数 - 交易费用。选择复牌日是因为证券市场中内幕信息自形成到披露所涉股票都要经过停牌和复牌的过程,在内幕信息披露且股票复牌后,所有投资者拥有了平等的信息地位和决策权利;但如果复牌日即涨停的,则应选择首个涨停板打开日的价格,因为涨停说明内幕信息对市场的影响作用相当巨大且尚在持续,而且投资者受封盘影响被限制了抢筹能力。选择收盘价是因为开盘价不足以反映市场博弈情况;最高价或者最低价是股价波动的极端值;平均价是一种测算价,在首个涨停板打开日会受封盘因素影响计算精度；而收盘价是一个交易日内市场博弈的最终结果，相比其他价格更能准确反映内幕信息对股价的影响程度。

通常认为，交易费用作为一种犯罪成本不应从犯罪数额中扣除，但内幕交易犯罪案件中交易费用是所有证券交易的必缴费用，所占比例很小，在内幕交易行政处罚及实际收益数额认定中一般都予以扣除，在刑事案件中认定账面收益时可参照这一做法。

2. 避损型内幕交易违法所得的计算方法

避损型证券内幕交易行为只计算平仓部分的违法所得，未平仓部分不作为内幕交易犯罪处理。违法所得的计算方法可以参考前述获利型证券内幕交易未平仓的账面收益认定方法，公式为：［卖出价－股票复牌日（复牌后即跌停的，则以首个跌停板的打开日）的收盘价］×平仓股票股数－交易费用。

3. 股票分红是否计入违法所得

实践中，内幕交易行为人的利益增值中可能包含股票分红。在其他犯罪领域一般不将股票分红等具有孳息属性的经济利益认定为犯罪数额，但对内幕交易犯罪中涉及的股票分红能否计入违法所得，应分情形讨论：如果该分红直接派生于内幕信息的内容和价值，即行为人是因为股票分红的内幕信息从事交易的，则分红理应计入违法所得；如果该分红与内幕信息的内容和价值无关，则不计入违法所得，而应作为犯罪孳息予以追缴。

4. 内幕交易失败时不计算违法所得

内幕交易失败是指行为人的内幕交易行为违背预期，没有成功获利或避损，违法所得为负值。此种情形不必计算具体违法所得数额，在裁判文书中客观表述亏损即可。主要原因如下：一是负值的违法所得对确定法定刑档次和罚金数额没有任何意义。在同一案件中，成交数额和违法所得数额如果分别构成情节严重、情节特别严重的，应按照处罚较重的数额定罪量刑。二是证券监管机构对于行为人控制多个账户进行内幕交易，其中部分盈利、部分亏损时一般不实行盈亏相抵，而是累计计算盈利数额作为违法所得数额。刑事处罚可参考此种方式。控制多个账户进行内幕交易的行为实质上属于数个犯罪行为，均可单独评价,违法所得亦应分别计算,如果进行盈亏相抵则相当于用亏损的违法行为去抵销、减轻另外一个盈利的违法所得,有违罪刑相适应原则。

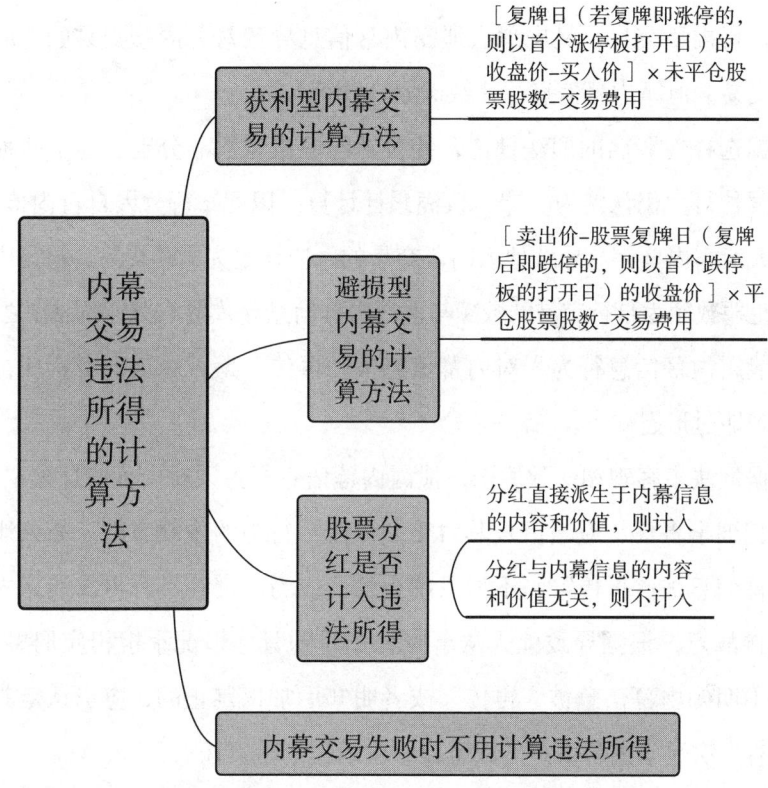

思维导图4:内幕交易违法所得的计算方法

(五)罪名的确定

《刑法》规定的内幕交易、泄露内幕信息罪属于选择性罪名,是对行为方式的选择。前者表现为从事与内幕信息有关的交易,后者表现为将内幕信息泄露给他人。现结合行为人的主观故意和客观行为,对实践中常见行为的罪名选择作分别说明。

1. 向他人泄露内幕信息后又伙同对方内幕交易的,应认定为内幕交易、泄露内幕信息罪,数额不累计计算

依据选择性罪名的刑法理论,针对同一笔数额分别实施了两种行为的,

对两种行为认定为一罪，数额不累计计算。因此，行为人向他人泄露内幕信息后又伙同对方从事内幕交易的，应认定为内幕交易、泄露内幕信息罪，犯罪数额不累计计算。

2. 自行内幕交易，又向他人泄露内幕信息导致对方内幕交易的，应认定为内幕交易、泄露内幕信息罪，数额累计计算

依据选择性罪名的刑法理论，针对不同笔犯罪数额分别实施了两种行为的，对两种行为仍认定为一罪，数额累计计算。因此，行为人自行内幕交易，又向他人泄露内幕信息导致他人内幕交易的，应认定为内幕交易、泄露内幕信息罪，犯罪数额为自行交易的数额与泄露内幕信息导致他人交易的数额之和。

3. 泄露内幕信息行为人对内幕信息被"再传"是否承担刑事责任，应审查其主观罪过形态

根据刑法主客观相一致原则，泄露内幕信息行为人对内幕信息被"再传"是否承担刑事责任，应当审查其对于"再传"行为的主观态度。如果泄露人明知内幕信息被"再传"而不加以制止的，应当认定其具有再次泄露内幕信息的间接故意，根据导致他人从事内幕交易的具体情况承担相应刑事责任；如果其不明知内幕信息被"再传"或者明知后加以制止的，应当认定其主观上不具有再次泄露内幕信息的故意，不应承担刑事责任。

4. 仅用内幕信息换取报酬不参与交易的，一般应认定为泄露内幕信息罪

行为人用内幕信息换取报酬的情形与常见的内幕交易共同犯罪情形具有相似性，表现为行为人均主观追求通过内幕信息获得经济利益。但前者行为人并不关心对方的交易活动，客观上也没有实际参与对方的内幕交易行为，属于罪状表述中的"在对证券交易价格有重大影响的信息尚未公开前，明示他人从事交易活动的行为"，应认定为泄露内幕信息罪。

5. 利益共同体中泄露内幕信息的一方，应审查其主观罪过形态确定责任

配偶关系或者其他基于法定、约定形成的利益共同体中各方均有维护共同经济利益的动机，且相互之间具有较高的熟悉度和默契度，有能力掌握对方的交易情况以及判断对方的内心想法。对利益共同体中泄露内幕信息一方

如何定罪，应审查其主观罪过。如果利益共同体中泄露信息的行为人主观上确实没有认识对方账户情况的可能性或者要求对方进行内幕交易的意图，则应认定为泄露内幕信息罪。如果行为人主观上明知对方账户情况，并且出于共同财产利益考虑泄露内幕信息的，可推定泄露方具有希望或放任对方从事内幕交易的意志，应认定双方构成内幕交易罪的共同犯罪。

如案例四中，吴某在知道妻子丁某已用夫妻共同财产大量买入E公司股票的情况下，将该公司利空信息泄露给丁某，即使没有明说尽快抛售，吴某也可基于夫妻共同财产的利益考量进行避损交易，因此吴某对丁某的交易行为具有主观故意，应认定为内幕交易罪。

6. 利用内幕信息优势操纵证券市场的，从一重罪处罚

行为人利用内幕信息优势操纵证券市场的，可能同时符合内幕交易罪和操纵证券市场罪的构成要件，应从一重罪处罚。需注意的是，如某一案件事实适用两罪的主刑量刑档次相同，则因操纵证券市场罪对罚金并未规定上限，而应认定为操纵证券市场罪。

（六）刑罚适用问题

内幕交易、泄露内幕信息罪的刑罚包括自由刑、罚金、追缴违法所得三个方面。

1. 自由刑

《刑法》对本罪规定了"情节严重"和"情节特别严重"两档法定刑。实践中，对同一事实、同一数额的内幕交易行为人和泄露内幕信息行为人之间是否应当区别量刑存在争议。有观点认为应区别量刑，原因在于单纯的泄露内幕信息行为并没有直接侵害证券市场秩序和广大投资者合法权益。我们认为，实践中大多数案件的泄露内幕信息行为是内幕交易行为的主要原因，特别是内幕信息知情人员负有保密义务，理应认识到内幕信息的价值性、诱惑性和泄露的危害性。泄露内幕信息行为的危害性并不比内幕交易行为低，因此对二者的量刑不应明显区别对待，法院应当综合考量自首、退赃、认罪悔

罪态度等情节作出判罚。

2. 罚金刑

《刑法》对本罪规定了违法所得一倍到五倍的罚金刑，且可单处罚金。对于内幕交易失败时是否应判处罚金、泄露内幕信息与内幕交易罚金金额的衡平处理问题，在理论和实践中分歧较为突出。

（1）内幕交易失败时是否应当判处罚金。

法律对此并未明确规定，我们认为以判处罚金为宜。理由如下：一是《最高人民法院关于适用财产刑若干问题的规定》对判处罚金的条件和下限作了原则性规定，本罪可参考适用相关规则。二是《证券法》第191条对内幕交易失败的情形已规定相应罚款，刑罚的适用应与行政处罚具有衔接性和协调性。三是本罪系经济犯罪，应给予行为人一定的经济处罚。罚金数额的确定可参照《证券法》的相关规定。

（2）泄露内幕信息与内幕交易罚金金额的衡平处理。

根据《解释》第9条第2款、第10条的规定，内幕交易共同犯罪中对各被告人判处罚金的总额，需在违法所得的一倍到五倍的区间内加以确定，泄露内幕信息人的罚金按照内幕交易人违法所得数额的一倍到五倍来确定。若形而上地依据该规则判决，则会导致行为人单纯泄露内幕信息的罚金刑反而重于行为人既泄露内幕信息又伙同对方共同内幕交易的罚金刑。为避免上述责任倒挂的问题，法院宜对前者处以较低倍数的罚金刑，对后者处以较高倍数的罚金刑。

3. 追缴违法所得

犯罪行为人如有内幕交易违法所得或者报酬、分红等非法所得的应予追缴。如果获利型内幕交易尚未平仓的，则应将未平仓的股票全部予以平仓变现后追缴，而不应以判决所认定的账面收益作为追缴的数额标准。

政府信息公开行政案件的审理思路和裁判要点

周 峰　刘天翔[*]

政府信息公开行政案件是集中反映信息公开制度落实情况的窗口。申请人或第三方认为权利受到公开或者不公开信息行为侵害时,通过诉讼寻求救济而引发对行政行为的司法审查,形成政府信息公开行政案件。现立足于审判实践中的突出性、普遍性问题,总结审判经验,对审理思路、裁判要点等进行梳理、提炼和归纳。

⊙ 典型案例

案例一：涉及信息是否存在的判断

朱某于3月1日向A市地税局提出政府信息公开申请,要求书面获取某地铁公司税务登记信息。地税局收到申请后,在税收征管系统和档案中均未查询到登记信息,在注销档案中查到地铁公司已注销税务登记。3月17日,地税局作出答复书,告知朱某其申请信息不存在。朱某不服诉至法院,称地铁公司税务登记号可以证明登记信息存在,故请求撤销A市地税局作出的答复书。

案例二：涉及商业秘密的认定

6月11日,刘某向H区建交委提出政府信息公开申请,要求获取"某地块征收基地的配套商品房供应协议"。建交委认为该协议涉及商业秘密,向某镇政府发送权利人意见征询单,镇政府不同意公开。7月10日,H区建交委作出告知书,称该信息涉及商业秘密,因权利人不同意决定不予公开。刘某

---

[*] 周峰,行政庭庭长,法律硕士;刘天翔,行政庭法官助理,法学硕士。

不服诉至法院，称其申请公开的房源为该基地用于安置的配套商品房，并非商业秘密，故请求撤销上述告知书并责令限期公开。

案例三：涉及公开职责范围的审查

3月11日，沈某向B区就业促进中心申请公开"办理退工申请登记手续的法律、法规或者规章和必须携带的材料名称"的政府信息。该中心收到沈某申请后于3月20日作出告知书，告知沈某的申请不属于其职责权限范围，可以自行向市人社局了解情况。沈某不服诉至法院，请求确认上述告知行为不符合其申请的形式，并责令限期公开相关政府信息。

⊙ 审理难点

根据当事人诉讼请求和行政机关作出答复行为的区别，政府信息公开案件可以分为怠于履行的不作为诉讼、给付诉讼、私人信息保护诉讼、行政赔偿诉讼等类型。

（一）案件主要类型

1. 怠于履行提供或者答复义务的不作为诉讼

行政机关具有主动公开和依申请公开政府信息的义务。申请获取政府信息但被拒绝提供或者逾期不予答复的，申请人可以提起行政诉讼，诉讼请求一般为要求提供政府信息或者履行答复职责。

2. 要求适当履行的给付诉讼

行政机关依申请公开政府信息原则上应当按照申请人要求的形式提供，无法按照申请人要求形式提供的可以通过其他适当形式提供。申请人认为行政机关提供的政府信息不符合其申请要求或者法律、法规规定的适当形式，亦可以提起诉讼。

3. 私人信息保护诉讼

当事人认为行政机关提供的与其自身相关的政府信息记录不准确，要求该行政机关予以更正，行政机关拒绝更正、逾期不予答复或者不予转送有权机关处理的，当事人可以起诉要求更正信息。第三方权利人认为行政机关主动公开或者依他人申请公开的政府信息侵犯其商业秘密、个人隐私的，可以提起诉讼。

4. 行政赔偿诉讼

公民、法人或者其他组织认为政府信息公开工作中的具体行政行为侵害其合法权益造成损害的，可以一并或者单独提起行政赔偿诉讼，依照法定程序解决行政赔偿争议。

（二）类案审理难点

1. 政府信息的范围界定相对宽泛

《政府信息公开条例》第 2 条规定，政府信息是指行政机关在履行行政管理职能过程中制作或者获取的，以一定形式记录、保存的信息。该规定对"政府信息"的界定依然过于宽泛，如由行政机关临时保管的材料、涉及投诉信访的材料等是否属于政府信息存在争议。

2. 不予公开事由审查标准有待明确

根据《政府信息公开条例》的规定，属于国家秘密、商业秘密、个人隐私的政府信息不予公开。目前行政法律规范对上述三项内容的认定标准未作明确规定，司法审查标准存在争议。

3. 滥用申请权行为的认定存在争议

在政府信息公开案件中，部分涉及征收补偿利益的当事人相互串联、互为代理，一人提出多项申请、多人就同一信息提出申请的现象较为普遍。司法实践中往往出现反复不间断申请公开、部分内容重复或高度类似的情形，人民法院在判断当事人是否因此丧失诉权、如何适用司法审查标准等方面存在较大分歧。

⊙ 审理思路与裁判方法

政府信息公开行政案件的审理采取全面审查的方式，主要审查行政机关的职权依据、执法程序、认定事实和适用法律等。

（一）判断是否属于政府信息公开案件受案范围

《最高人民法院关于审理政府信息公开行政案件若干问题的规定》第1条对受案范围通过正面列举加以规定，第2条对不予受理的范围也作了排除规定。人民法院收到当事人的诉讼材料后应当对照上述两条规定，着重审查当事人申请信息公开的情况和诉讼请求内容，综合判断是否属于政府信息公开案件受案范围。

（二）确定当事人的主体资格

1.适格原告的确定

适格原告，是指认为行政机关在政府信息公开工作中的具体行政行为侵犯其合法权益的公民、法人或者其他组织。在依申请的政府信息公开案件中，申请人因向行政机关提出申请成为政府信息公开行为的相对人，具有原告主体资格。在反向诉讼中，相关权利人需举证证明行政机关所公开信息涉及商业秘密或者个人隐私，并导致其利益受损。

原告起诉行政机关不予答复的应证明其提出申请的事实；原告起诉行政机关不予更正信息记录，需举证证明其已提出更正申请、政府信息与其相关且信息记录不准确。在行政赔偿诉讼中，原告应证明其因政府信息公开行为的侵害遭受损失。

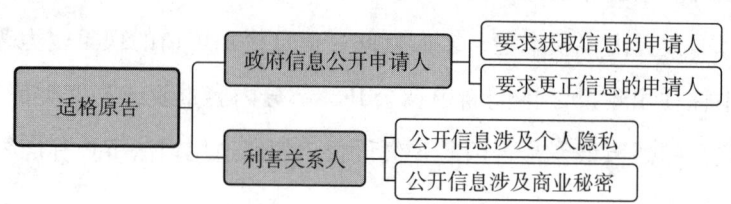

思维导图1：适格原告的确定

2.适格被告的确定

在未经复议的案件中，被告包括作出答复的行政机关、被申请的行政机关以及派出机构和内设机构，其中被申请的行政机关作为被告主要针对其作出的不予答复行为，派出机构和内设机构作为被告需要基于授权履职。在经过复议的案件中，当复议决定维持或者仅确认原答复行为违法时，答复机关和复议机关作为共同被告；当复议对原答复作出撤销、确认违法、变更、履行决定时，仅以复议机关作为被告。

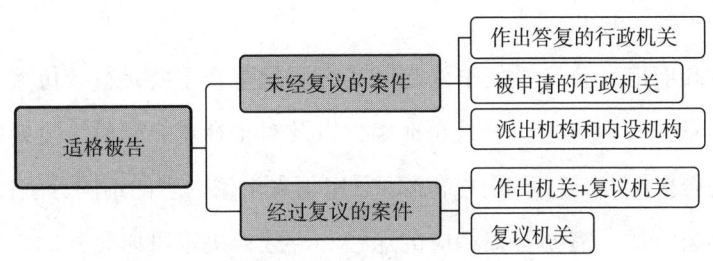

思维导图2：适格被告的确定

（三）审查政府信息公开答复行为是否合法

对政府信息公开答复行为的合法性需要从四个方面进行审查。

1. 行政职权的审查

行政机关、内设机构和派出机构以及高校、行业协会等社会组织都具有答复职权，而后两者作为答复机关的前提是基于法律、法规、规章的授权。

2. 答复程序的审查

政府信息公开的答复程序主要涉及补正告知程序、征询第三方意见的程序、作出答复程序以及延长答复期限程序等，其中每一项程序都有相应的时限要求，分别涉及7个工作日、15个工作日以及20个工作日等。当事人申请公开的信息可能涉及第三方商业秘密、个人隐私等权益，行政机关需要征询第三方权利人意见，上述意见征询期限不计入答复期限内。此外，如果申请人申请信息公开的数量和频次明显超过合理需求但能够说明理由，行政机关可能无法在规定的期限内作出答复，此时需要确定迟延答复的合理期限，告知申请人并作出答复。

《政府信息公开条例》第30条规定，政府信息公开申请内容不明确的，答复期限自行政机关收到补正申请之日起计算。关于补正的内容，一般不宜作严格要求，尤其申请某一文件时不能以未准确表述该文件名称为由拒绝提供，应以一般人的理解程度为限。关于补正的效力，申请人按照要求补正且符合要求的信息公开程序继续进行，申请人以明示或者默示方式拒绝补正的视为其放弃申请。补正后行政机关仍无法处理的，应遵循"补正以一次为原则"终结补正程序。

3.认定事实的审查

针对政府信息公开答复中认定事实方面的审查主要是行政机关对于申请人申请信息公开内容的记录是否准确，以及对于补正、延长答复期限等环节的记载是否全面等。行政机关需要区分申请人申请内容的不同分别作出答复。对于已经公开的，需要告知相应的途径和方式；决定可以公开的，则提供相应的信息或者告知获取方法；对于决定不予公开的，予以告知并说明理由；没有查询到相应信息的，则告知信息不存在；不属于本机关公开范围的，予以告知并说明理由或者告知相应的机关；对于重复申请的，告知不予重复处理；如果涉及工商、不动产登记资料等信息，需要根据特别规定办理。

4.适用法律的审查

该类案件适用法律主要是2019年新修订的《政府信息公开条例》以及《上海市政府信息公开规定》等地方性法规。

⊙ 裁判要点

在立案和诉讼阶段发现不符合起诉条件，分别应裁定不予立案和裁定驳回起诉。经实体审理后，政府信息公开行政案件主要采用判决履行、判决撤销、判决确认和判决驳回诉讼请求。

（一）判决履行信息公开法定职责

申请人申请政府信息公开，行政机关拒绝公开或者无正当理由逾期不予答复，经审查认定行政机关拒绝理由不成立或者不作为违法，可以判决行政机关履行政府信息公开职责，要求被告在一定期限内答复。对于判决责令履行已无实际意义的可作出确认违法判决。由于司法不能侵犯行政机关的首次判断权，在判决中除要求行政机关履行职责外一般不指明行政机关如何履行职责，仅判决其重新予以答复，而非直接判决公开特定信息。

（二）撤销政府信息公开告知行为

撤销判决主要适用于被诉告知行为事实认定不清、说理不适当、违反法定程序或者法律适用错误等情形。根据《最高人民法院关于审理政府信息公开行政案件若干问题的规定》第9条的规定，行政机关对依法应当公开的政府信息拒绝或者部分拒绝公开的，应当撤销或者部分撤销被诉不予公开决定，并判决其在一定期限内公开。尚需调查、裁量的，可以判决行政机关在一定期限内重新答复。行政机关提供的政府信息不符合申请人要求的内容或者法律、法规规定的形式，可以判决其按照申请人要求或法律规定的适当形式提供。

如案例一中，A市地税局以朱某申请公开的信息不存在为由不予公开，但朱某提供的《注销税务登记申请表》载明的地铁公司税务登记号可以证明上述信息存在，地税局作出的不当告知行为应予撤销。

（三）确认信息公开告知行为违法

行政机关作出的信息公开告知内容错误、程序不当或者无正当理由逾期不予答复，可以判决确认公开或不公开政府信息的行为违法。如行政机关公开信息涉及商业秘密、个人隐私且不存在公共利益等法定事由，应确认公开行为违法并责令采取相应补救措施。

（四）判决驳回原告诉讼请求

根据《最高人民法院关于审理政府信息公开行政案件若干问题的规定》第12条的规定，被告已经履行法定告知或者说明理由义务的，应判决驳回原告的诉讼请求。

如案例三中，B区就业促进中心收到申请后经审查不属于其职责范围，并告知沈某至户籍所在地就业促进中心获取信息，应判定该中心已履行告知义务，答复内容和行政程序符合法律规定，故应判决驳回原告诉讼请求。

⊙ 其他问题

在审理政府信息公开行政案件过程中，除审查行政机关的职权依据、执法程序、事实认定和法律适用外，还应考虑部分特殊情形。

（一）关于个人隐私和商业秘密信息的认定

根据法律规定，行政机关不得公开涉及个人隐私、商业秘密的信息。关于隐私的判断标准应从主客观两方面进行把握，主观上指个人不愿意被公众知悉的事项，客观上指公开后会对个人产生明显不当影响的事项。对于政府信息涉及的内容是否属于商业秘密的判断，可以适用《反不正当竞争法》关于商业秘密的界定标准。如案例二中，H区建交委向某镇政府发出意见征询单本身不足以证明配套商品房供应协议信息涉及商业秘密的事实，无法据此认定该信息具有商业价值并采取保密措施，主要证据不足，H区建交委作出的告知行为应予撤销。

（二）滥用政府信息公开申请权行为的判断

法律对于可能构成滥用诉权的情形并未明确规定制裁措施，司法实践中亦尚未建立有效防范机制。在涉及可能滥用政府信息公开申请权和行政诉讼起诉权的案件中，行政机关可能并未答复，亦未告知公开机关。针对部分当事人长期不间断提出内容相似的申请，无论行政机关是否提供信息当事人均坚持诉讼的，起诉目的显然不当，已丧失诉权行使的必要性和正当性，故应予裁定驳回。

拆除违法建筑行政案件的审理思路和裁判要点

岳婷婷　刘天翔[*]

违法建筑，是指未取得建设工程规划许可证或者未按照建设工程规划许可证的规定进行建设的建筑物或者构筑物，行政相对人对行政机关拆除违法建筑的行政行为不服的，可以向人民法院提起行政诉讼，由此形成的案件即为拆除违法建筑行政案件。随着违法建筑整治工作持续推进，该类案件数量明显增多。拆违行政执法涉及的法律、政策规定相对复杂，也关系到行政相对人的重要利益，在审理中确实存在不少难点。为正确平衡依法拆违与高效整治之间的关系，强化司法审查和促进适法统一，现结合典型案例对该类案件的审理思路和裁判要点进行梳理总结。

⊙ 典型案例

案例一：涉及拆除违法建筑行政职权的认定

陈某在A镇租赁土地用于畜禽养殖，租期自2005年1月至2019年1月。2015年6月，A镇某村村委会、不规范畜禽养殖治理办、农发办、"三违"整治办向陈某发送《告知书》，告知其于同年6月12日前办理签约整改，逾期将组织力量代为强制整改并拆除违法建筑。后因陈某并未整改，A镇政府于同年6月19日组织拆除，将其饲养的家禽、家畜及蛋品变卖，建筑物内物品予以搬离并登记。陈某不服，以A镇政府组织强制拆除的行为侵犯其合法权益为由诉至法院，请求确认A镇政府强制拆除行为违法并赔偿其相应损失。

---

[*] 岳婷婷，行政庭副庭长，法律硕士；刘天翔，行政庭法官助理，法学硕士。

案例二：涉及限期拆除行政执法程序的审查

2014年7月15日，B区城管局作出《限期拆除违法建筑决定书》，认定张某于2005年2月新建的砖混及彩钢结构建筑物未取得建设工程规划许可证，系违法建筑。B区城管局于2014年8月12日制作公告，告知自公告发布之日起经过60日即视为送达。后B区城管局将公告在张某所在村委会公示栏、社区宣传栏张贴，并在城管局官网发布。直至2015年3月，张某方才知晓上述内容。张某不服诉至法院，请求撤销B区城管局作出的《限期拆除违法建筑决定书》。

案例三：涉及违法拆除行政赔偿范围的判断

2015年，C区政府对D公司建造的建筑物实施强制拆除，该强拆行为已被确认违法。D公司提出行政赔偿请求，认为房屋及相关设施由D公司实际占有和使用，已支付相应对价，并进行建造、添附、修缮和装潢，C区政府拆除行为剥夺其对可搬迁的建筑材料、装潢材料以及附属设施回收利用的可能，故C区政府应对其强制拆除行为引起的建筑材料、装潢材料等损失与D公司自行妥善拆除引起损失的差额进行赔偿，请求赔偿房屋损失60万元及附属设施损失20万元。

○ 审理难点

拆除违法建筑行政案件所涉争议量大面广，区域性、群体性诉讼现象突出，争议处理效果事关区域环境综合整治大局，社会影响较为广泛，且部分建筑的形成具有特殊历史背景或牵涉特定政策因素，对建筑违法性的认定及赔偿口径的把握存在一定复杂性。

（一）拆违机关职权划分不够明确

规划管理部门、房屋管理部门、城市管理行政执法部门和乡镇人民政府对拆除违法建筑的职责分工存在交叉，职权不清的问题相对突出。例如，对同种性质的违建，各辖区的拆违主管机关也不相同，这为司法审查带来不少困难。实施强制拆除的主体通常为城建方面的行政机关，但在部分案件中也会涉及村委会、拆迁公司、物业公司或个人等主体，行政相对人认为行政机关系实际上的组织者，但往往无法提供充分的证据予以证明。

（二）违法行为主体认定相对复杂

在拆除违法建筑行政案件中，行政相对人可能涉及房屋所有人、违法建筑搭建人或实际使用人等主体。部分建筑可能经历不同主体违法搭建、拆除重建、翻建后才形成查处时的违法建筑状态，甚至部分违法建筑存在多手买卖和出租的情形，这都增加了违法主体的认定难度。

（三）行政相对人损失数额难以确定

部分强制拆除行为被确认违法后，当事人就其损失主张赔偿。根据举证责任分配规则，当事人请求行政赔偿应对行政行为造成的损害加以举证，但行政相对人主观上缺乏取证意识，客观上难以提供充分有效的证据。在行政机关实施拆除行为前未作必要保全时，难以认定行政相对人的实际损失。如案例三中，D公司虽提出多项行政赔偿请求，但由于缺乏充分有效的证据，对其实际损失数额难以精确认定。

（四）强制拆除程序审查标准存在争议

《行政强制法》对违法建筑拆除行为规定了较为严格的特别程序。在行政执法过程中，行政机关通常适用《城乡规划法》《上海市拆除违法建筑若干规定》等，但这些规定的内容与《行政强制法》的内容并不完全一致，行政相对人有时据此对强制拆除程序的合法性提出质疑。

⊙ 审理思路与裁判方法

拆除违法建筑行政案件中，当事人的主要争议集中于行政机关作出的责令限期拆除违法建筑决定、强制拆除违法建筑决定或行政强制拆除行为的合法性，当事人可以单独或一并提出行政赔偿请求。一般的审理思路主要围绕被诉行政行为的职权依据、执法程序、认定事实和适用法律四个方面进行审查和认定。

（一）明确拆除违法建筑案件的基本要素

1.违法建筑物的性质认定

涉案建筑物、构筑物是否属于违法建筑，应根据违法建筑的法定要件进行判断。首先，违法建筑是行为人违反《城乡规划法》《土地管理法》等关于建设许可相关规定擅自搭建的建筑物、构筑物或其他设施，是否违法是界定建筑性质的首要标准。其次，违法建筑客观上表现为未依法取得建设工程规划审批手续或未按照规划许可要求进行建设，以及未取得临时建设规划许可建设临时建筑或超过批准期限逾期未拆除临时建筑等。最后，违法建筑以存在建筑物、构筑物为前提。该要件的认定只要求行为人已经投入资金、设备进行实际建设而不要求已经竣工。根据是否竣工可将违法建筑区分为存量的违法建筑和在建的违法建筑。如案例二中，可根据上述标准对张某于2005年2月新建的砖混及彩钢结构建筑进行认定，由于并未取得建设工程规划许可证等审批手续，该建筑确属违法建筑。

2.拆违行政机关的职权判断

对违法建筑具有行政执法权的主体较为多样，一般可根据行政机关提供的职权依据判断相关主体是否具有相应的行政职权。强制拆违必须由拆违决定作出部门向区县人民政府提出申请，由区县人民政府责成有关部门强制拆除。责成行为的作出主体是区县人民政府，而强制拆违行为的实施主体是拆违实施部门。拆违实施一般由不同部门按照职责分工分别负责，房管部门负责建筑物本体内违法建筑的拆除，包括屋顶、阳台、天井内违法建筑；城管部门负责公共绿化、道路或者其他场地违法建筑的拆除；规划部门负责原有房屋未经批准重建的违法建筑拆除；乡镇人民政府负责在乡、村庄规划区内未依法取得乡村建设规划许可证或未按许可进行建设的违法建筑的整改和拆除。

目前,上海市的拆违行政执法权存在下沉趋势,各区已基本形成由区政府作为主管机关、城市管理行政执法部门及乡镇人民政府作为实施机关的违建治理格局。部分区也出台了相对集中行使行政处罚权的配套规定。如《关于扩大浦东新区城市管理领域相对集中行政处罚权范围的决定》,规定浦东新区城市管理综合执法部门负责浦东新区(浦东国际机场地区除外)城市管理综合执法工作,行使对城镇、集镇规划、建设、市容环卫、环保、河道管理等相关违法行为的行政处罚权。

3. 拆除违法建筑行政相对人的查明

违法建筑的权利人可能包括房屋所有人、出资人、违法建筑搭建人和实际承租人等不同主体,部分违法建筑还经历多手买卖和出租。实践中,法院主要根据违法建筑查明时的状态认定其权利主体,一般不认可建筑承租人具有相应利害关系,应将违法建筑的建造人、买受人作为拆除违法建筑中的行政相对人。行政相对人对行政机关拆除违法建筑的行政行为不服的,可向人民法院提起行政诉讼。如案例二中,根据查明的事实,涉案违法建筑物由张某建造并实际使用,应将张某作为拆除违法建筑行为的行政相对人。

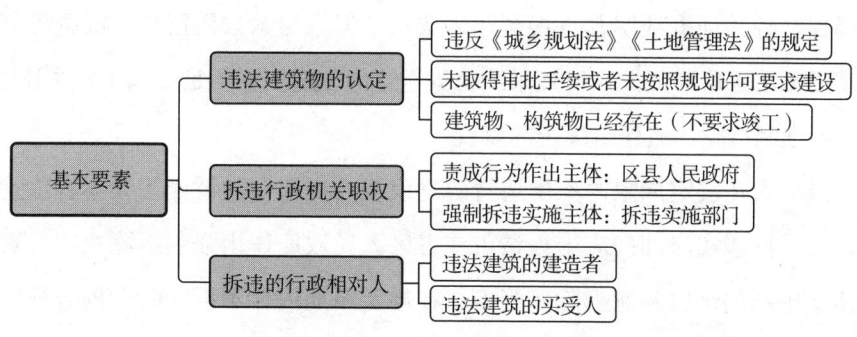

思维导图1:拆除违法建筑案件的基本要素

(二)审查拆违行政争议涉及的具体内容

1. 限期拆除违法建筑决定的审查

对经查证确属违法建筑需要拆除的,拆违实施部门应当作出责令限期拆除的书面决定。限期拆除违法建筑决定是作出强制拆除决定的基础和前提，确定强制执行的具体内容，亦是争议的关键所在。审查责令限期拆除决定是否合法，关键在于判断行政机关认定违法建筑的事实依据是否充分。实践中，存在两种常见的违法情形需引起注意：一是部分行政机关在进行违法建筑认定时存在事实认定错误。如将合法行为错误认定为违法建设行为，将合法建筑错误认定为拆除对象，错误拆除第三人的房产等。二是部分行政机关对违法建筑认定不够清晰。如未明确涉案房屋的建造主体，仅列明房屋的门牌号码，甚至将承租人直接认定为房屋建造主体，这些情形往往会引起当事人对限期拆除决定合法性的质疑。

实践中，法院需注重对行政程序的审查，重点把握以下几个方面：行政机关是否作出书面决定并依法送达，是否履行告知义务，是否保障当事人陈述、申辩权利，是否对其提出的事实、理由和证据进行复核等。拆违实施部门应当依法将责令限期拆除决定送达当事人并予以公告。当事人难以确定或者难以送达的，可以采用通告形式，告示期限自通告发布之日起不少于10日。

如案例二中，B区城管局采取公告送达被诉限期拆除决定，其前提条件是张某作为受送达人下落不明或者采用其他方式无法送达。诉讼中，B区城管局提交视频证据证明其直接送达未成功，但未出示采用留置、邮寄等其他方式仍无法送达的证据，直接采用公告送达的方式依据不足，属于程序违法。

2.强制拆除违法建筑决定的审查

当事人在法定期限内不申请行政复议或者提起行政诉讼，又不拆除违法建筑的，拆违实施部门应当报请市或者区人民政府作出强制拆除决定，责成拆违实施部门予以强制拆除。当事人在规定限期内拒不拆除时，催告程序是作出强制拆除决定的前置程序，也是作出强制拆除决定的必要条件，缺少该环节将直接导致强制拆除决定违法。行政机关应当以书面形式作出催告并直接送达相对人，明确告知其履行义务的期限和内容。除此之外，听取陈述和申辩程序也是作出强制拆除决定的必经程序和前提条件，亦是保障当事人合法权益的基础程序。

3. 强制拆除违法建筑行为的审查

强制拆除行为是对强制拆除决定的具体执行。只有在行政机关作出限期拆除决定后,明确违法建筑权利人负有拆除违法建筑的义务,并在作出强制决定之后当事人未在规定期限内自行拆除,方可实施强制拆除。对强制拆除行为合法性的审查,可从以下两个方面进行:

首先,审查行政机关是否具有实施强制拆除行为的职权依据。拆违实施部门对正在搭建的建筑物、构筑物可以采取强制措施,行政相对人在规定期限内无正当理由拒不履行拆除义务的,拆违实施部门无权自行强制拆除,只能申请区县人民政府组织实施强制拆除。拆违决定确定的拆除期限和拆除义务具有强制性,强制拆除行为应当以当事人在规定的期限内无正当理由逾期未履行拆除义务为前提。

其次,审查强制拆除执法行为是否遵循法定程序和采取适当方式。重点审查以下内容:一是除非存在紧急情况行政机关不得在夜间或者法定节假日实施行政强制执行。二是行政机关不得对居民生活采取停止供水、供电、供热、供燃气等方式迫使当事人履行相关行政决定。三是对正在搭建的违法建筑,应当根据快速拆违程序及时清除不法状态。四是在拆违时行政机关应当尽到合理注意义务,如依法通知行政相对人取走违法建筑内的财物。在行政相对人未取走的情况下制作财物清单,妥善保管财物并通知领取。五是在实施拆违执法过程中,执法机关应当根据规定进行拍照、录像,保证取证完整性等。行政机关未按上述规定进行拆除的,既可能会导致拆除行为被确认违法,也可能引发后续的行政赔偿纠纷。

4. 强制拆除行政赔偿请求的审查

当事人对于拆违决定或者拆违行为不服,往往一并提出行政赔偿诉讼,请求行政机关对拆违行为造成其合法权益的损失予以赔偿。根据《最高人民法院关于行政诉讼证据若干问题的规定》第5条的规定,当事人应当对强制拆除违法建筑造成损害的事实提供证据。当事人如果不能提供证明损害事实的有效证据,则应承担败诉风险。实践中,行政相对人在主观上往往缺乏取证意识，客观上难以靠近拆除现场，致使其举证能力较弱。对此可合理运用《行政诉讼法》第38条第2款关于举证责任倒置的规定，在行政赔偿、补偿的案件中，因被告的原因导致原告无法举证，由被告承担举证责任。实践中，行政机关负责对损失进行举证的情形，主要包括因违法造成证据灭失或取证困难等。

强制拆除会导致建筑材料在某种程度上的毁损，影响其重复利用价值，对此行政相对人往往要求赔偿损失。实践中，首先应肯定违法建筑的搭建人对建筑材料的所有权，行政机关在拆除过程中应负有必要的审慎义务，采用适当方式拆除。若强制执行实施前行政机关已经进行催告、公告等程序，相对人无正当理由逾期拒不自行拆除的，应对强制拆除造成的建筑材料毁损承担相应责任。只要行政机关没有严重不合理的毁损行为，则对建筑材料的毁损一般不予赔偿。对于拆除的建筑材料，应告知相对人自行处理。如相对人在合理期间内不及时清理导致建筑材料灭失，行政机关不承担赔偿责任。若行政机关未尽合理注意义务造成损失的，应予以赔偿。行政赔偿数额的认定方法包括评估、鉴定或者参照生活经验酌定等，还可参照补偿标准确定具体赔偿数额。如案例一中，A镇政府违法行使职权作出被诉行政强制拆除行为造成陈某财产损失，应当承担赔偿责任。对具体赔偿数额的认定需要充分考量有关证据情况，结合一般的生活经验进行认定。

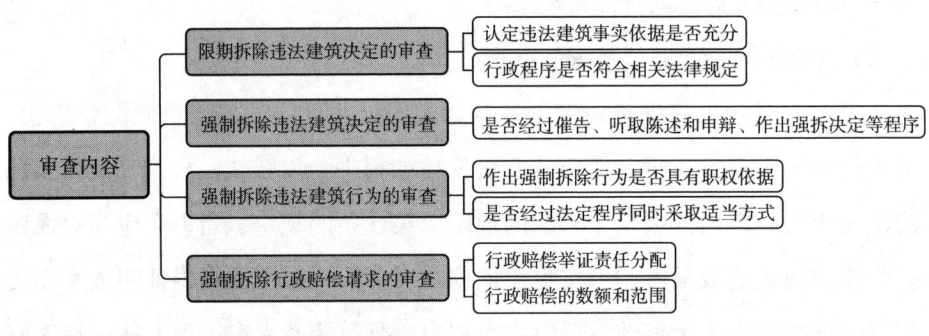

思维导图2：审查拆违行政争议涉及的具体内容

⊙ 其他问题

（一）注重对行政相对人信赖利益的合理保护

有些违法建筑是在特定历史条件下产生的，如为开展招商引资、解决住房紧张、改善旧区居住条件以及解决下岗职工自谋就业等问题，催生了一定数量的违法建筑。此类建筑由于缺乏及时监管，行政相对人因违法建筑长期未被拆除而产生了信赖利益。此类拆违整治极易引发行政相对人的不满和对抗，对此应引起足够重视。此外，由于历史政策因素、行政机关隶属改革变更等原因造成一些建筑的原建设审批程序不规范，甚至出现建筑设计图纸遗失的情况，该类违法建筑的形成具有特殊性。对该类建筑是否违法的认定需要结合历史背景和相关政策因素，兼顾行政相对人的信赖利益，通过协调有关方面对相对人进行合理补偿。

（二）注重对拆违行政纠纷的协调化解

在依法查明事实、适用法律的基础上，应当注重对当事人进行法律释明，并积极协调化解纠纷，探索拆违行政案件的多元化纠纷解决机制。尤其是在强制拆除行为已被确认违法的案件中，要对行政相对人的赔偿请求探寻协调的可能性，积极为各方搭建沟通交流平台，努力促进各方和解。

治安行政处罚案件的审理思路和裁判要点

周峰 汪菲[*]

治安行政处罚，是指公安机关依照治安管理法律法规的规定，对扰乱公共秩序、妨害公共安全、妨害社会管理、侵犯人身权利、财产权利，具有社会危害性但尚不构成刑事处罚的违法行为所实施的行政处罚。处罚种类包括警告、罚款、行政拘留、吊销公安机关发放的许可证。治安行政处罚案件是行政审判中常见的案件类型，行政处罚决定对行政相对人的权益影响较大，法院在审理此类案件时应秉持严谨、规范、审慎的态度。本文所总结的是法院在审理治安行政处罚类案件中的审理思路和裁判要点，不包括道路交通行政处罚案件或公安机关实施的其他行政管理行为。现以典型案件为基础，对该类案件的审理思路和裁判方法进行提炼和归纳。

◉ 典型案例

案例一：涉及处罚决定中的事实认定

崔甲、崔乙因日常琐事与跳广场舞的老人余某发生言语冲突、拉扯，两人离开后又返回现场，对余某实施辱骂、殴打等行为。公安机关接警后经立案、调查询问等程序，认定崔甲、崔乙有寻衅滋事的违法行为，分别对其作出行政拘留10日和7日的行政处罚。崔甲、崔乙以公安机关认定事实不清、证据不足等为由，起诉请求撤销对其作出的行政处罚决定。

---

[*] 周峰，行政庭庭长，法律硕士；汪菲，行政庭法官助理，法学硕士。

案例二：涉及处罚幅度的裁量

贺某经指引至提供色情服务的场所等待服务，当黄某至该房间提供服务时，贺某拒绝由黄某为其服务，之后遇公安民警进行现场检查。公安机关认定贺某有嫖娼的违法行为，并对其作出行政拘留14日的处罚。贺某认为其未实施任何违法行为却被认定为嫖娼，并被处以14日的行政拘留处罚过重，起诉请求撤销该处罚决定。

案例三：涉及执法程序的审查

2017年7月，卢某因吸毒成瘾被公安机关责令接受社区戒毒3年。同年11月，公安机关接举报后发现卢某有吸毒的违法行为，后经鉴定机构对卢某的头发及血液进行鉴定，均检验出甲基苯丙胺。公安机关遂对其作出行政处罚决定及强制隔离戒毒决定。卢某以公安机关采集生物样本程序违法、鉴定人员缺乏资质等为由，起诉请求撤销该行政处罚决定。

⊙ 审理难点

治安行政处罚案件中，行政相对人一般会就事实认定、处罚幅度和程序正当性等提出异议，而法院如何就在案证据进行审查和认定，如何审查公安机关的行政裁量权，以及如何审查公安机关执法程序的正当性等是该类案件审理中的难点问题。

（一）处罚决定中认定事实的证据审查难

法院在审查治安行政处罚决定中的认定事实部分，需要结合公安机关在案件调查过程中取得的各项证据进行审查。审查难点主要包括：

一是证据种类及数量单一、有限。如毒品类、卖淫嫖娼类、赌博类案件往往具有私密性，证据种类大多只有被调查人陈述。再如案件数量占比较大的殴打、故意伤害案件中，也常存在缺乏目击证人、录音录像等视听资料的情况。证据种类及数量的有限导致准确认定案件事实存在困难。

二是证据之间的证明内容及效力审查难。如在只有陈述类询问笔录的情形下，行政相对人之间、证人之间的陈述往往存在出入。针对同一节案件事实存在不同陈述内容的情况下，法院难以对案件事实进行审查认定。此外，行政诉讼中证据的证明标准也不同于刑事诉讼或者民事诉讼中的标准，不同案件中证据的证明标准也不尽相同。法院在个案审查中如何把握证明标准问题较为困难。

同时，如何在个案中认定"情节较轻""情节较重""情节严重"等情形，也是法院在审理具体治安行政处罚案件中的难点。

（二）行政裁量权的适当性审查难

在《治安管理处罚法》第三章"违反治安管理的行为和处罚"中，大部分条款由"一般行为及其处罚幅度＋情节较轻、情节较重、情节严重的处罚幅度"的范式构成。具体处罚金额或拘留期限是公安机关在法定处罚幅度内行使行政裁量权的结果。公安机关在日常办案中，对一类案件的处理有其惯常做法或裁量标准。该行政裁量的结果是否与违法行为性质、情节及社会危害程度相当，处罚结果是否畸轻或畸重，行政裁量过程中的具体考量因素，均是法院审理治安行政处罚案件的难点。

（三）执法程序的正当性审查难

一方面，公安机关办理治安行政处罚案件的程序规定较为繁杂。公安机关办理该类案件时，一般需要进行受案、调查、处罚前告知、作出处罚决定及送达等程序，同时具有办案期限的规定。法院对公安机关执法程序的合法性审查可以依据法律法规的规定进行，而对执法程序的正当性审查则存在一定难度。例如办案民警的回避、执法规范等问题，以及作出处罚前是否已告知处罚决定包含的全部事项等。

另一方面，办案中的特殊程序事项具有一定的专业性。根据个案具体情况，在调查中往往还需要进行勘验、鉴定、辨认、听证等程序。以鉴定毒品成分为例，检材样本、送检程序、鉴定资质等都有较为专业的特别规定。因此，法院对一般类和特殊类程序事项进行审查都存在一定难度。

⊙ 审理思路与裁判方法

公安机关作出的治安行政处罚决定对当事人权益影响重大。为维护法治的统一性和公平性，维护公安机关作为行政机关的严肃性和权威性，法院在对治安行政处罚决定进行审查时，更应当全面、审慎，坚持公平、公正原则，坚持尊重和保障人权原则，坚持教育与处罚相结合原则，以审判促监督，督促公安机关规范治安行政处罚工作，减少和避免出现程序瑕疵，以维护行政执法的严肃性和规范性。一方面，法院应当依法纠正违反依法行政原则，损害当事人合法权益的违法处罚，另一方面，法院也应当维护和支持公安机关对违反治安管理法律法规的行为依法作出的惩戒效力。

在对该类案件的审理中，法院应当区分考量行政处罚决定对行政相对人权益影响的轻重程度、公安机关行政规制手段及方法的差异等因素，从行政机关的职权依据、事实认定、执法程序和法律适用等方面进行全面审查和认定，审慎作出裁判。

审理此类案件可按照如下步骤进行审查：

（一）确定当事人的主体资格

治安行政处罚案件的审理中，被告一方较为容易确定，即作出案涉行政处罚决定的公安机关，而原告和第三人的确定则是该类案件审理中首先应当注意的问题。

1. 适格原告的确定

根据《行政诉讼法》的规定，行政行为的相对人以及其他与行政行为有利害关系的公民、法人或者其他组织，有权提起诉讼。在治安行政处罚案件中，行政处罚决定中的被处罚人、被侵害人等与该行政处罚决定有利害关系的人，可以成为适格原告。

2.行政诉讼第三人的审查

行政行为的作出一般有直接的对象,但行政行为的双重或者多重效力可能对他人的权益产生间接影响。治安行政处罚决定对被处罚人产生效力的同时,也和被侵害人的利益息息相关,处理与否或者处理的轻重都将影响被侵害人权益的保护。因此,在治安行政处罚案件中,法院应当注意审查是否存在第三人的情况。

较为典型的是,治安行政处罚中的"殴打他人""故意伤害他人身体"类案件,案件当事人包括加害人和被侵害人。法院审查发现加害人起诉,未参加诉讼的被侵害人应作为案件第三人;被侵害人起诉时,未参加诉讼的加害人亦应作为案件第三人。法院应同时注意审查加害人或者被侵害人为多人时只有部分起诉的情况,如发现有遗漏的,法院应追加第三人并通知其参加诉讼。

二审法院应注意审查原审裁判是否遗漏第三人。若原审法院遗漏追加第三人的,应裁定撤销原判决并发回原审法院重审。

(二)公安机关职权依据的审查

审查公安机关职权依据时,应注意审查行政管辖权。县级以上人民政府公安机关具有治安管理处罚的法定职权。行政案件原则上由违法行为地的公安机关管辖,由违法行为人居住地公安机关管辖更为适宜的,可以由违法行为人居住地公安机关管辖,但是涉及卖淫、嫖娼、赌博、毒品的案件除外。根据《公安机关办理行政案件程序规定》第10条的规定,违法行为地包括违法行为发生地和违法结果发生地。居住地包括户籍所在地、经常居住地。应注意的是,根据《治安管理处罚法》第91条的规定,作出警告、五百元以下罚款处罚决定的派出所具有相应的法定职权。

即便当事人对于公安机关的职权依据没有异议,法院仍然应当对此进行审查。鉴于重大、复杂的案件可以由上级公安机关直接办理或者指定管辖,涉及指定管辖或移送管辖的案件,法院应当注意审查指定管辖或者移送管辖的相关材料。

（三）认定事实的审查

1. 基本事实的认定

行政处罚决定书中认定的事实是当事人诉争的主要焦点。案件基本事实的认定会影响行为的定性和情节轻重的认定。治安行政处罚案件的事实认定还涉及举证责任问题——行政诉讼中一般由被告即公安机关对作出的行政处罚行为承担举证责任。公安机关提交证据的形式、来源、种类等应当符合《行政诉讼法》《治安管理处罚法》《公安机关办理行政案件程序规定》及《最高人民法院关于行政诉讼证据若干问题的规定》等。公安机关在办案期间形成和收集的证据必须依照法定程序且经查证属实。法院应当综合审查公安机关办案中形成和收集的证据能否形成完整的证据链、能否还原案件事实，审查公安机关是否已根据在案证据查明违法事实。

法院审理该类案件时，对于证据证明标准的把握，原则上应以行政行为对当事人权益影响大小为根据，而不能一概适用刑事诉讼或者民事诉讼中的标准。如公安机关对违反治安管理行为人处以行政拘留等权益影响较大的处罚决定时，法院应严格审查在案证据能否充分证明违法事实，并视情适用"排除合理怀疑"的证明标准。如果处罚决定对被处罚人权益影响较小，法院对证据的审查认定可适用"优势证据规则"。对于证明同一事实的数个证据产生证明效力冲突的，应当按照《最高人民法院关于行政诉讼证据若干问题的规定》第63条规定的"认证规则"予以认定。

如案例一中，法院应对公安机关在办案期间收集和形成的崔甲、崔乙及余某的询问笔录、在场人员的询问笔录、伤情鉴定等证据材料进行审查。因公安机关对违反治安管理行为人作出了行政拘留的处罚决定，法院应根据在案证据的证明内容、各证据之间的效力关系，严格审查公安机关提供的证据能否证明崔甲、崔乙实施了殴打、辱骂等违法行为，严格审查公安机关所作的行政处罚决定是否已查清相应事实，崔甲、崔乙的行为是否构成寻衅滋事。

本案中，法院结合在案证据，认为公安机关在认定事实方面并无明显不当。

2. 情节的认定

《治安管理处罚法》第 12 条、第 13 条、第 14 条、第 19 条、第 20 条等规定了从重、从轻、减轻、不予处罚等法定裁量情节。法院应当结合公安机关提交的关于违法情节轻重的证据，注意审查违反治安管理行为人的年龄、精神状态和行为能力，是否为盲人或聋哑人，行为人的动机及主观恶意程度，前科情况，行为危害后果，以及是否有主动投案并如实供述或者立功表现等情节。

此外，对于"情节较轻""情节较重""情节严重"的具体适用情形，可以参考公安机关对违反治安管理行为实施处罚的裁量基准予以审查和确定。例如，1 年内因同种违法行为被治安行政处罚后又实施的，属于"情节较重"甚至"情节严重"；实施违反治安管理行为危害较小且积极配合公安机关查处的，则属于"情节较轻"等。

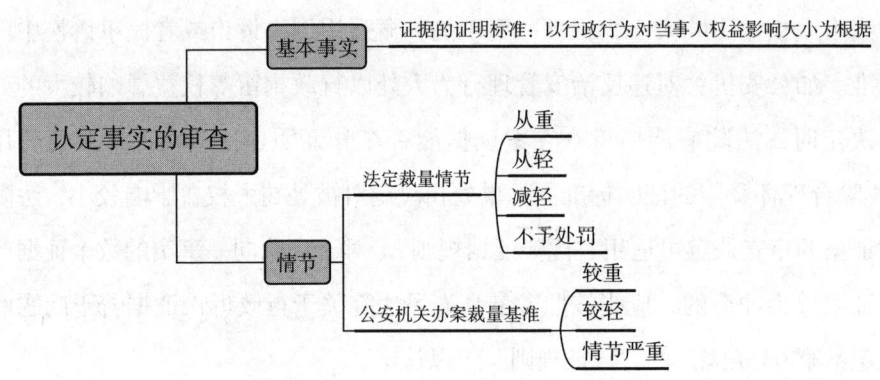

思维导图 1：治安行政处罚案件认定事实的审查

（四）法律适用的选择及处罚幅度的裁量

行政处罚决定中的法律适用应当以查明的基本事实及情节认定为基础。法院应根据查明并认定的基本事实和具体情节，首先审查公安机关选择适用的具体法律条款是否适当，综合考量违反治安管理行为的对象、后果、数额、次数、行为人主观恶意程度，以及从重、从轻、减轻等法定裁量情节，判断公安机关作出的具体处罚决定是否适当。

在以事实为依据的基础上，治安行政处罚结果应当与违反治安管理行为的性质、情节以及社会危害程度相当，确保法律效果和社会效果的统一。处罚类别和幅度的审查可参考公安机关日常办案的惯常做法及裁量标准。对于同一地区、同一时期案情相似的案件，审查公安机关作出的治安管理处罚是否基本均衡。行政处罚明显不当的，法院可以判决变更，但不得加重原告的义务或者减损原告的权益，但利害关系人同为原告且诉讼请求相反的除外。

如案例二中，法院在审查认定贺某行为构成嫖娼的基础上，综合考虑违法行为的后果，贺某的主观恶意程度，是否存在法定的从重、从轻、减轻等情节，再结合同一地区、同一时期嫖娼类案件的办理情况，审查判断公安机关对贺某作出的处罚决定并无不当，最终驳回了贺某的诉讼请求。

（五）执法程序的审查

鉴于治安行政处罚的严肃性和严厉性，正当、合法的执法程序在该类案件中显得尤为重要。治安行政处罚的程序一般适用《治安管理处罚法》《公安机关办理行政案件程序规定》的相关规定。法院应审查公安机关办理治安行政处罚案件的程序是否违反法定顺序、是否遗漏重要的程序环节。

法院对执法程序的审查一般包括以下几个方面：

（1）办案期限：公安机关办理治安案件的期限，自受理之日起不得超过30日；案情重大、复杂的，经上一级公安机关批准可以延长30日。为查明案情而进行鉴定的期间不计入办理治安案件的期限。

（2）受案经过：公安机关应当根据案件来源情况填写或制作接报回执单、受案登记表。

（3）调查过程：公安机关在调查中进行的询问、辨认、勘验、检查、鉴定等程序应当符合相关法律法规的规定。调查中形成的笔录或文书材料，应由相关人员签字确认或依法送达。如询问笔录应当交被询问人核对；对没有阅读能力的，应当向其宣读。记载有遗漏或者差错的，被询问人可以提出补充或者更正。被询问人确认笔录无误后应当签名或者盖章，询问的民警也应当在笔录上签名。

如案例三中，卢某认为公安机关采集其生物样本时程序违法，法院需审查公安机关对生物样本的采集、送检程序是否符合法律规定，同时对检测单位和人员的资质、检测结果的告知等进行审查。本案中尽管卢某提出采集生物样本程序违法、鉴定人员缺乏资质等理由，但未能提供相应的证据予以证明，法院经审查认为公安机关的办案程序符合相关法律法规规定，故对公安机关的执法程序予以认可，最终驳回了卢某的诉讼请求。

（4）治安行政处罚决定作出前：应当告知违反治安管理行为人拟作出治安行政处罚的事实、理由及依据，并告知其依法享有陈述权和申辩权。公安机关必须充分听取违反治安管理行为人的意见，对其提出的事实、理由和证据应当进行复核。行为人提出的事实、理由或者证据成立的，应当作为公安机关作出行政处罚的依据。

（5）治安行政处罚决定作出后：公安机关应当向被处罚人宣告治安管理处罚决定书，并当场交付被处罚人；无法当场向被处罚人宣告的，应当在2日内送达被处罚人。决定给予行政拘留处罚的，应当及时通知被处罚人的家属。被处罚人签名或者捺指印，即为送达；被处罚人拒绝的应由办案民警在

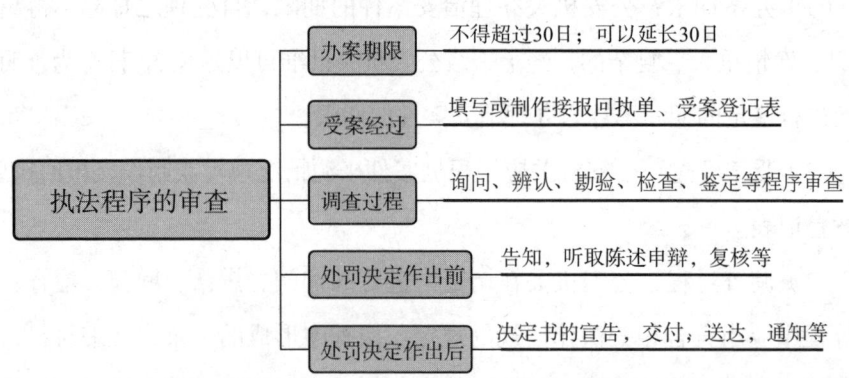

思维导图2：治安行政处罚案件执法程序的审查

决定书上注明。

有被侵害人的,公安机关应当在作出决定之日起 2 日内将决定书复印件送达被侵害人,无法送达的应当注明。

⊙ 其他问题

为更好地发挥法院通过行政诉讼促进依法行政、规范行政执法的作用,法院除了通过专家法官会议、研讨会等方式对个案进行分析研讨外,还可以通过召开联席会议、工作例会等形式,约请公安机关就执法过程中的普遍性、前瞻性问题进行研讨。法院不仅可以更准确掌握治安行政处罚案件的执法思路,对审判实践中可能遇到的难点问题提前研判应对,还可以结合法律及审判实践向公安机关办案提供建议,进一步规范行政执法。

2 民事篇

业主撤销权案件的审理思路和裁判要点

李 兴 丁杏文[*]

《民法典》《物业管理条例》等法律法规规定了业主有权共同决定和管理与共有相关的事项,在重大事项的决策中还规定了"特别多数决规则",但在业主大会或业主委员会决议的形成过程中仍有可能存在违反程序规定或侵害部分业主权益的情况,故赋予相关业主撤销权。业主撤销权撤销的是业主大会或业主委员会的决议,而相关决议是物业管理事项推进的基础,故厘清业主撤销权案件的审理思路和裁判要点是物业类纠纷处理的基石。

⊙ 典型案例

案例一:涉及撤销权行使期限的认定

A公司系案涉小区业主。2013年12月,A公司诉至法院,要求判令撤销案涉小区业主委员会2012年4月13日的表决结果。本案主要争议焦点在于该撤销权的行使应自何时起算。业主委员会认为该表决结果应当自该公告公布之日2012年4月13日起算;A公司则认为其2013年5月提起行政诉讼时才知道该公告,应当从知情之日起开始计算。

案例二:涉及违反法律规定程序的认定

陈某、吕某系案涉小区业主。2014年6月,业主委员会与物业公司签订物业服务合同,期限为2年。2016年4月,业主委员会组织召开业主大会,讨论选聘或续聘物业公司事宜,并通过发放表决票由全体业主投票决定。

---

[*] 李兴,民事庭审判长,法学硕士;丁杏文,民事庭法官助理,法律硕士(法学)。

2016年5月，业主委员会发出通知，根据业主大会决议及业主投票结果，不再续聘现有物业公司。陈某、吕某以相关表决票的发放、回收、计票等均违反程序为由，要求撤销解聘现有物业公司的决定。

案例三：涉及侵害业主合法权益的认定

B公司系案涉小区开发商及相关物业产权人。小区建成后，由C物业公司提供前期物业管理，前期物业费收费标准为住宅每月3.5元/m^2元，商业用房每月1.18元/m^2。案涉小区业主委员会成立后，与D物业公司签订新的物业合同，其中约定商业用房的物业服务费为每月9元/m^2。B公司认为业主委员会作出调高商业用房物业服务费的决议侵害其合法权益，故起诉至法院要求撤销该决议。

⊙ 审理难点

业主撤销权主张能否成立的关键在于相关决议是否违反法律规定程序或侵害业主实体权益。实践中，业主自治的表决程序需要组织众多业主进行投票，工作流程繁琐，不规范现象时有发生；实体问题则涉及业主共有部分和专有部分的利益交织，经常导致权利冲突，使此类案件的审理存在难度。

（一）对是否违反法律规定程序的认定难

业主程序权益受到侵害主要是指业主大会或业主委员会所作决定的内容虽未明显侵害业主的合法权益，但其决定逾越了法定或约定的权限范围或者决定程序违反法律法规的规定。在公共事务的管理和决定上通常适用"多数决规则"。诸如建筑物区分所有面积的认定、业主人数的确认，以及表决票的发放、送达、回收等问题争议较大。

（二）对是否侵害业主实体权益的认定难

业主实体权益主要包括：（1）对建筑物内的住宅、经营性用房等专有部分享有所有权；（2）对专有部分以外的共有部分享有共有权；（3）对共同管理事项享有成员权。实践中，在认定是否侵害业主所有权、共有权或成员权时存在诸多难点，如物业费标准的调高、物业公司的选聘和解聘等决定是否侵害业主权益，涉及小区停车管理的决议如何认定等。

（三）法律规定较原则，评判依据确定难

《民法典》《物业管理条例》《最高人民法院关于审理建筑物区分所有权纠纷案件具体应用法律若干问题的解释》是审理业主撤销权纠纷的基础规范，但对业主实体权益、程序正当性如何认定等规定不够明确，加大了业主撤销权纠纷的审理难度。此外，《上海市住宅物业管理规定》等地方性法规及行政主管部门的政策性文件会对业主权益有所规定，各小区的业主大会议事规则和管理规约的修订亦增加了审理此类案件法律适用的复杂性。

⊙ 审理思路与裁判方法

业主撤销权作为一种特殊的形成权，仅能通过诉讼的方式实现。在业主撤销权纠纷审理过程中，既要鼓励、支持业主自治组织的管理，又要通过业主对不当决议行使撤销权促使管理更为规范、有效。法院应当以相关法律法规、政策性文件及小区内部管理规约为基础，结合个案实际情况，兼顾原则性和灵活性，妥善处理好业主个人权益和小区公共利益之间的平衡。

（一）审查业主撤销权纠纷的主体是否适格

1. 审查提起业主撤销权之诉的原告是否系有权业主

《民法典》和《物业管理条例》将撤销权赋予合法权益受到业主大会和业主委员会所作决定侵害的业主，即房屋的所有权人。通过租赁方式获得房屋使用权的承租人或其他物业使用人均无权提起业主撤销权之诉。基于与建设单位之间的商品房买卖民事法律行为，已经合法占有建筑物专有部分，但尚未依法办理所有权变更登记的人，可认定为业主。但只有合法权益受到侵害的业主方可提起撤销权诉讼，实体上或程序上未受侵害的业主不享有撤销权。

特别需要指出的是，根据诚实信用原则及禁止反言原则，在表决时投票赞成或未明确表示异议的业主不享有业主撤销权。

较为特殊的是，因公房的所有权归国家所有，一般由国家行政机关授权相关主体对公房进行管理、出租等，如该权利人取得了行政机关的授权，则应视为其具备业主同等法律地位，有权对业主大会或者业主委员会作出的侵犯业主合法权益的行为请求予以撤销。

2. 审查业主撤销权之诉的被告是否系业主委员会或业主大会

业主撤销权针对的是业主大会和业主委员会的决议，故业主撤销权纠纷的被告仅能为业主大会或业主委员会。一般而言，针对业主委员会的决议，应以业主委员会为被告；针对业主大会的决议，应以业主大会为被告。然而，业主大会作为全体业主集体决策共有以及共同管理事项的议事会议，本身并不具有实体性，而业主委员会作为业主大会的常设执行机构负责处理日常事务，从应诉能力、诉讼便捷处理等方面考量，目前实践中对此类情形下将业主委员会列为被告宜作宽松处理，相应诉讼后果仍由全体业主承担。

需注意的是，业主委员会委员在作出相关决定时系职务行为，其委员身份的变化并不影响业主委员会的主体资格。同时，业主不能以业主委员会委员个人为被告提起撤销权之诉。物业公司因并非相关决议的作出主体，故亦非业主撤销权之诉的适格被告。

（二）审查撤销对象是否系业主大会或业主委员会的具体决议

1. 审查是否属于法院民事诉讼受理范围

实践中，业主经常无法辨别提起业主撤销权之诉的事由，法院立案审查时可先就业主提出的撤销内容是否属于诉讼受理范围进行审查。不属于受理范围的情形主要包括：（1）因选任、罢免业主代表、业主委员会委员发生纠纷的；（2）业主之间对是否起诉、选聘物业公司等内部事务无法形成一致意见的。

2. 审查撤销对象是否明确具体

如业主主张不认可业主大会或业主委员会的所有决议或某个时间段内的

所有决议,并要求法院全部予以撤销的,法院应当对其进行释明,要求业主明确其具体需要撤销的决议内容,若其仍然要求概括性撤销决议并坚持不予更改的,法院可以诉请不明为由裁定驳回业主起诉。

如业主要求撤销的仅仅是业主大会或业主委员会的征询意见稿或其他还未形成的具体决议,则因不存在可撤销的内容,法院亦可裁定驳回业主起诉。

3. 物业服务合同等合同中的内容是否属于业主撤销权的范围

业主撤销权的对象是业主大会或业主委员会的决定,业主大会或业主委员会与物业公司等签订的合同并非业主撤销权的对象。业主个人无权就物业服务合同中的内容行使撤销权。如业主坚持要求撤销物业合同的内容,则法院可裁定驳回业主起诉。

法院可对当事人进行释明,虽然业主不能要求撤销物业服务合同的内容,但物业服务合同的内容一般有业主大会或业主委员会的相应决议作为依据,业主可请求撤销物业服务合同订立所依据的业主大会或业主委员会的相关决议。

(三)审查业主自知道或应当知道相关决议之日起是否经过1年

业主撤销权应当在知道或应当知道业主大会或业主委员会作出决定之日起一年内行使。1年期间为除斥期间,不发生中止、中断或者延长的法律效力。除斥期间过后,撤销权当然消灭,故起算日期的认定在业主撤销权案件的审理中尤为重要。

一般而言,业主委员会有义务证明其已经以合理形式告知各位业主相关决议,如当面告知、在小区的公告栏里公示、在楼道里张贴、投递或邮寄至业主的信箱内、以微信等电子方式予以告知等。法院可根据业主委员会举证证明其告知业主的时间确认相关业主撤销权行使的起算时间。如经法院审查后,业主知道或应当知道业主大会或业主委员会作出决定之日已超过1年,则法院可判决驳回业主诉请,无需对相关决议的内容进行实质性审查。

如案例一中,业主委员会已举证证明其于2012年4月将表决结果予以公告告知,法院据此依法认定A公司于2013年12月提起业主撤销权之诉已超过 1 年除斥期间，故驳回 A 公司诉请。

（四）审查程序是否违反法律规定或实体侵害业主合法权益

业主撤销权能否成立的重点在于判定业主大会或业主委员会的决定是否违反法律规定的程序或侵害业主的合法权益。需注意的是，该决定并不必然表现为公告等正式文件，也可能以会议纪要或其他形式呈现。法院就业主请求撤销相关决议可从程序和实体两个方面着手进行审查。

1. 审查程序上是否符合法律法规的规定

对于违反法律规定程序作出的决定，应根据《民法典》《物业管理条例》及业主大会议事规则相关程序要求进行审查。业主大会作出决定之前应将业主大会召开相关事项提前通知全体业主进行投票表决，并根据计票规则作出是否通过相关事项的决定。

（1）由业主共同决定的事项是否达到"多数"要求。

《民法典》第 278 条明确规定了由业主共同决定的事项。业主共同决定事项，应当由专有部分面积占比三分之二以上的业主且人数占比三分之二以上的业主参与表决。其中，第（6）项"筹集建筑物及其附属设施的维修资金"、第（7）项"改建、重建建筑物及其附属设施"和第（8）项"改变共有部分的用途或者利用共有部分从事经营活动"的表决应适用"特别多数决规则"，即应当经参与表决专有部分面积四分之三以上的业主且参与表决人数四分之三以上的业主同意。除上述三种情形之外的其他事项应适用"一般多数决规则"，即应当经参与表决专有部分面积过半数的业主且参与表决人数过半数的业主同意。

"多数决原则"的适用重点在于对"多数"如何认定，具体分为面积的多数认定和人数的多数认定两方面。根据《最高人民法院关于审理建筑物区分所有权纠纷案件具体应用法律若干问题的解释》第 8 条、第 9 条的规定，对于面积认定，专有部分面积按照不动产登记簿记载的面积计算；尚未进行物权登记的，暂按测绘机构的实测面积计算；尚未进行实测的，暂按房屋买卖合同记载的面积计算；建筑物总面积按照前项的统计总和计算。在标准统一的前提下，既可以建筑面积为依据，也可以使用面积为依据，只要在同一建筑区划内采取相同标准即可。对于人数认定，业主人数按照专有部分的数量计算，一个专有部分按一人计算。建设单位尚未出售和虽已出售但尚未交付的部分，以及同一买受人拥有一个以上专有部分的，按一人计算；总人数按照前项的统计总和计算。

需要注意的是，在紧急情况下，小区公共事务的处理并不完全以业主表决通过为前提，而需要对小区公共利益的最大化进行实质性审查，这也是对绝对化适用业主表决自治的修正。如《民法典》第281条第2款规定，紧急情况下需要维修建筑物及其附属设施的，业主大会或业主委员会可以依法申请使用建筑物及其附属设施的维修资金。

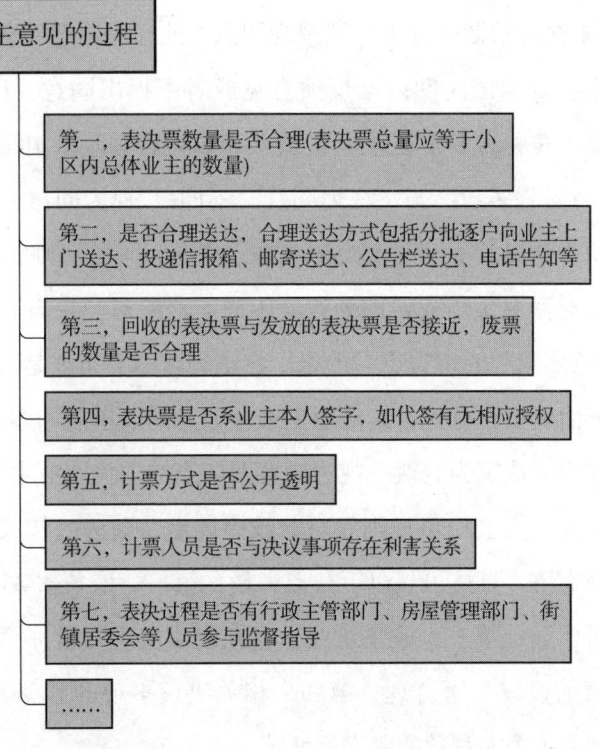

思维导图1：征求业主意见的过程

（2）征求业主意见的过程是否符合法律法规的规定。

小区公共事务征求业主意见的具体程序问题一般会在业主大会议事规则或管理规约中有所约定，通常可以从表决票发放与回放数量、送送方式、代签情况、计票方式及过程等角度综合审查程序是否符合法律法规的规定。

法院在审查征求业主意见过程的合法性时，应当坚持规则性与灵活性相结合的原则，不可过于机械。如案例二中，业主委员会通过召开业主大会讨论是否续聘物业公司，并通过发放表决票的形式征求业主意见，且选票的送达和回收等均不存在违反法律规定程序的情形，业委会委员亦全程参与表决票的统计，故陈某、吕某以违反程序为由要求撤销相关决议的主张不能成立。

（3）"视为同意"或"视为同意多数"条款的认定。

为提高意见征集的效率、维持小区公共管理的正常运行，业主大会或业主委员会在征集业主意见的时候常会采取附加"视为同意"或"视为同意多数"条款。如在履行表决程序后，在小区公告栏内公示征求业主意见并载明"业主如未在公示期间提出异议视为同意"或在表决票中载明"已送达的表决票，业主在规定的时间内不反馈意见或者不提出同意、反对、弃权意见的，视为同意已表决的多数票意见"。此类条款是否有效在实践中存在较大争议。

"视为同意多数"与"视为同意"不同，"视为同意多数"相当于业主不参与表决并服从多数业主的表决结果；"视为同意"则相当于业主表态为同意，此系对业主实体权益的处置。因此，法院对"视为同意"的审查应当比"视为同意多数"的审查更为严格。在审查该两类条款是否有效时，法院可从以下两方面着手：首先，如经业主大会通过的议事规则等对此有过明确约定，则该条款应被认定为有效。视为同意票应当纳入投票业主的基数中予以考量。其次，如业主大会议事规则等对此没有约定，则法院就该类条款的效力认定应当更为谨慎，具体可从以下几点考量：第一，该条款载明的位置是否突出，提示是否明显；第二，业主对此是否知道或应当知道；第三，相关公示期或规定期限的设置是否合理；第四，相关决议事项的紧急和重要程度；第五，该决议与业主个人利益的紧密程度等。

（4）业主表决权委托他人行使的审查认定。

根据《物业管理条例》的规定，业主可以委托代理人参加业主大会会议。实践中，业主本人不亲自参与业主大会而委托他人代为行使投票权的情况较为常见。就此类情形，业主委员会及相关工作人员在发放选票时应当逐一核实受托人的身份。法院在审查过程中应注意以下几种情形：第一，房屋所有权人系多人的，应当共同推选一人或共同委托一人行使表决权；第二，房屋所有权人为限制民事行为能力人或无民事行为能力人的，应当由其法定代理人代为行使；第三，房屋所有权人为夫妻一方的，一般认为另一方可基于家事代理权代为行使表决权，而无需另行特别授权；第四，除上述情形外，应当由业主出具书面的授权委托书并明确授权内容。法院应当对委托问题进行实质审查，就代签人身份、代签人与业主的关系及是否得到业主授权予以审慎考察，同时对于代签时未得到业主授权，但业主事后进行追认的，其投票效力应认定为有效。

2.审查实体上是否侵害业主合法权益

业主所享有的建筑物区分所有权系复合型权利，由专有权、共有权和成员权组成。业主大会或业主委员会作出的决定对全体业主具有法律拘束力，但所作决定剥夺或限制了业主上述权益的，受到侵害的业主有权请求法院予以撤销。

（1）涉及调高物业费标准决议的认定。

物业服务价格一般通过市场竞价与物业公司协商确定，且业主撤销权纠纷中业主的诉讼请求仅指向业主大会或业主委员会，故法院只能从程序上审查业主大会或业主委员会作出调整物业费的决定是否符合法律法规的规定，而一般无需审查物业服务合同中约定的具体价格是否妥当。因此，业主仅以物业收费标准过高而提出异议并就此申请撤销的，法院一般不予支持。

当小区内存在不同性质的房屋，如住宅房屋与商铺、别墅与公寓、售后公房与商品房等，业主大会或业主委员会可能会针对部分业主作出调整物业费的决议。业主不能以不同性质物业的收费不一或仅调整部分房屋物业费而主张撤销相关决议。"同等服务、同等收费"的原则应适用于性质相同的物业，商铺物业费高于普通住宅物业费并不必然表明商铺物业费标准不合理。

如案例三中，前期物业管理中商业用房物业收费罕见低于普通住宅。业主委员会成立后通过业主大会等法定程序作出调高商业用房物业费的决定，B公司亦行使了业主表决权，且该物业费调价符合市场规律，在此情形下B公司仍主张商业用房物业费的调高侵害其权益缺乏依据。针对部分业主物业费的调整，法院需考量该调整是否违反法律法规规定的程序，以及是否符合"同等服务、同等收费"原则，一般不就物业费收费标准是否合理进行实质性审查。

需特别注意的是，业主大会决议单方面提升小区内处于少数地位的多层房屋业主的物业费标准，应以继续保留原有收费标准双轨制为前提。如决议内容忽视高层与多层房屋的设施差异，强行拉平两者的物业费标准损害多层业主的利益，法院可予以撤销。

（2）涉及选聘或解聘物业公司决议的认定。

选聘或解聘物业公司应由全体业主共同决定。如业主大会或业主委员会作出选聘或解聘物业公司的决定系按照法律规定的程序进行，业主仅以该物业公司提供的物业服务存在问题或瑕疵而主张侵害其合法权益为由要求撤销选聘或续聘该物业公司的决议，法院应当不予支持。

如果物业公司突然撤离，业主委员会无法及时另聘物业公司，考虑到小区的物业管理工作具有不可停止和不可或缺性，且召开业主大会由业主投票决定选聘其他物业公司存在特定程序和时限要求。此时业主委员会可请求小区所在街镇房屋管理部门或居委会等推荐专业服务单位进行临时代管，业主应按临时代管协议的约定支付物业服务费。在此情形下，业主如以该决议未经过业主大会共同决定为由要求撤销的，法院应当不予支持。然而临时代管仅为过渡性质，代管期限不宜过长（一般不宜超过6个月），业主委员会仍应及时召开业主大会就选聘物业公司作出决定。

需要注意的是，小区治理和基层社会治理不可分割。在小区业主大会或业主委员会缺位的情形下，地方政府相关部门、居委会等基于小区整体管理的延续性和稳定性考虑，可能会临时介入小区公共事务管理，如相关决议实质上未侵害小区公共利益，法院就该段期间的相关决议不应轻易推翻。

（3）涉及小区停车管理决议的认定。

小区车位资源紧张导致停车管理已成为小区整体管理中的重要内容。业主大会或业主委员会仅能就公共部分事务进行管理，不能代替业主决定处分其单独所有的部分。如业主大会或业主委员会不得决议将业主专有的绿地等作为全体业主的停车位。此外，占用业主共有的道路或者其他场地的车位属于业主共有，业主大会或业主委员会的决议不能限制或侵害业主对共有停车位的使用。

在小区停车管理中，业主的个体权益并非绝对不受影响。当业主大会或业主委员会作出的决定是为了小区的整体公共利益，而提起撤销权的业主同样是这一决定的受益人，此种情形下业主应当承担相应的容忍义务。对于地下车库的停车位，虽已分别登记在各业主名下，但地下车库整体不具备成为专有部分的条件。对地下车库中共有部分的使用应由小区全体业主决定，小区全体业主的决定不得侵犯地下车位所有权人的合法权益，但对地下车库的使用和管理仍应服从于全体业主的共同利益，如业主委员会出于车库整体管理和行车规范的考量，需对车库进出口或行车路线予以规范，但可能会对部分业主进出其个人车位造成些许不便，此时业主应在合理范围内加以容忍。

（五）业主撤销权纠纷中的举证责任分配问题

在实体权益撤销权纠纷中，业主应当举证证明其实体权益因业主大会或业主委员会决议而受到侵害。业主大会或业主委员会也可针对业主的举证，举证证明其作出的决议是出于维护全体业主共同利益的需要，以及对包括原告在内少数业主的权益影响降到了最低或给予了合理补偿。

在程序权益撤销权纠纷中，因程序性相关证据材料一般由业主委员会制作或保管，故业主通常只需提出业主大会或业主委员会决议存在瑕疵的初步证据，业主大会或业主委员会应当对自身所作决定的程序合法性进行举证。

(六)法院对业主撤销权成立与否的处理

1.业主诉请仅要求撤销相关决议,如经审查不成立的,则判决驳回其相应诉请;如经审查成立的,则判决撤销相关决议,该决议尚未实施的,则不再发生法律效力。

2.业主诉请要求撤销相关决议并处理撤销权成立后的相关后果,如经审查不成立的,则判决驳回相应诉请;如经审查成立的,可作如下处理:(1)如基于该决议作出的行为已经产生物理性改变,业主要求一并恢复原状的,法院可予以支持。但法律上或事实上已履行不能、不适于强制履行或履行费用过高的,可通过赔偿损失等其他方式履行,法院应对当事人进行释明,引导其变更诉讼请求。(2)如涉及物业公司,法院可在判决撤销相关决议的同时,确认物业合同相关内容或行为无效。

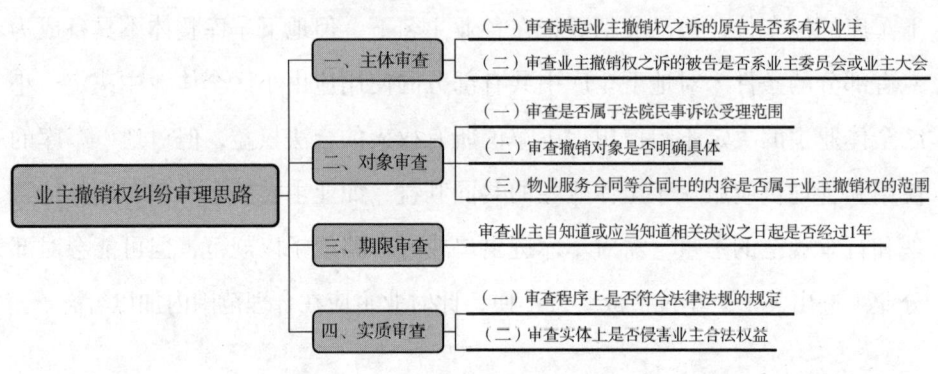

思维导图2:业主撤销权纠纷审理思路

⊙ 其他问题

业主撤销权纠纷往往涉及小区内部公共事务相关争议的实质性解决。法院在审理该类案件中应当关注关联案件,深入了解纠纷产生的成因,对社区内部自治组织的不规范行为及时发送司法建议,同时应注重联合相关房屋管理部门、街镇主管部门、居委会等,借助合力共同推进社区和谐管理。

自然人之间民间借贷案件的审理思路和裁判要点

唐春雷 王晓翔[*]

近年来,民间借贷随着我国经济社会的不断发展日趋活跃,由此产生的纠纷也日益增多。审判实践中需正确厘清借贷当事人之间的法律关系,并妥善处理相关纠纷。

⊙ 典型案例

案例一:涉及结算型民间借贷和现金交付的认定

2009年6月25日,刘某向彭某出具130万元《借条》一份,约定最后还款日为2010年6月25日,并于当日完成现金交付。有证人李某证明,彭某做借款生意、家中现金充足,并且李某是现金交付的在场见证人。2009年12月1日至2010年6月1日期间,刘某向彭某转账共计60万元。2010年7月5日,刘某向彭某出具《还款承诺书》,载明刘某应于2011年7月5日前归还彭某借款101万元。2011年7月15日,彭某起诉刘某要求其归还借款101万元。刘某抗辩,其已经归还彭某60万元,剩余欠款应为70万元。

案例二:涉及仅有转账凭证的民间借贷案件的处理

李甲的银行交易明细记载:2014年4月4日,由周某汇入80万元;2014年4月8日,汇出78万元至李乙(李甲女儿),资金用途为"家用"。除此之外,上述期间李甲的上述账号无其他资金往来。周某起诉李甲要求归还80万元借款及利息。李甲抗辩与周某之间不存在借贷合意,80万元系周某委托李

---

[*] 唐春雷,立案庭庭长,大学本科;王晓翔,民事庭法官助理,法学博士。

甲理财的款项。

案例三：涉及仅有借据等债权凭证案件的处理

2016 年 6 月 2 日，杨某向朱某出具《借条》，载明："因家人看病就医，今向朱某借到人民币 10 万元。最后还款日期为 2017 年 12 月 20 日。"2018 年 1 月 9 日，朱某起诉杨某要求其归还借款 10 万元及 2016 年 6 月 2 日起至实际清偿之日止的利息。杨某抗辩并未收到朱某 10 万元，双方不存在借贷关系。

审理难点

自然人之间借贷合同的成立与生效包括两个要素：一是出借人和借款人形成了借贷合意，即以书面或口头等形式表现出的民间借贷合同，证明双方就借贷事项达成一致意见；二是出借人支付了款项，完成了出借款项的义务。这两个要素须同时具备，缺一不可，但实践中的要素审查存在以下难点。

（一）出借人和借款人的举证责任与证明标准有待明确

民间借贷纠纷案件中，出借人和借款人之间往往存在借据、收据、欠条、银行转账记录、微信聊天记录等案涉凭证，法官需要依据当事人的举证及质证情况来形成内心确信，对是否存在借贷法律关系作出判断。《最高人民法院关于审理民间借贷案件适用法律若干问题的规定》（以下简称《民间借贷司法解释》）第 16 条和第 17 条对当事人举证责任的分配作了原则性规定，但仍未臻明确，如被告"抗辩"的性质以及当事人相应的举证责任等未予明确规定，实践中存在不少争议。

（二）结算型民间借贷的认定和处理存在争议

实践中存在由其他非借贷法律关系通过结算形成的借贷关系，以及由原借贷关系通过结算形成的新借贷关系。法院对这两类结算型民间借贷关系的处理也存在诸多争议，例如当事人结算合意如何认定、多次结算形成的协议中利率超过法定上限时如何处理等均存在分歧。

（三）现金交付的判断标准亟待统一

尽管以银行卡、第三方支付平台为代表的非现金支付方式迅速普及，但是受交易习惯及借贷需求的影响，现金交付在民间借贷中仍有较大比重。司法实践中经常出现缺失现金交付直接证据的情形，对案件审查造成不少困难，因此需进一步明确对现金交付的审查范围和标准。

⊙ 审理思路与裁判方法

实践中，自然人之间的民间借贷案件存在当事人诉请不明确的情形，如原告只要求被告返还钱款，而未说明具体的请求权依据，此时应由法官向原告释明后由其加以明确。在当事人明确借贷的诉请后，法官应按如下步骤进行审理。

（一）借贷合意的认定

借贷合意的认定是处理民间借贷纠纷案件的逻辑起点，合意是否存在直接关乎民间借贷法律关系是否成立。在民间借贷案件的审理过程中，往往一方主张返还借款，而另一方抗辩双方不存在借贷法律关系。借贷合意是否存在可以根据以下几种情况分别处理：

1. 当事人之间存在正式的书面借贷合同

借贷行为是双方法律行为，通常以借贷合同作为外在表现形式。如果当事人之间签订了书面借贷合同，则可据此认定当事人之间达成借贷合意。唯需审慎处理当事人外在意思表示与本意不相符的案件。一是当事人一方虚假意思表示的案件。当事人一方虽然与相对方签订了借贷合同，但因其并不存在建立借贷关系的内心本意，此时除非相对人明知对方并无建立借贷关系的合意，否则借贷合同原则上仍然有效。二是当事人双方隐藏真实意思的案件。当事人虽然形式上签订了借贷合同，但双方实为买卖合同关系或其他法律关系，此时法官应依据合同条款具体判定双方实际的法律关系。当事人之间通谋虚假的借贷合意无效，涉及虚假意思表示的行为效力依照有关法律规定处理。

2. 当事人之间仅存在相关债权凭证

实践中,自然人之间的民间借贷双方多具有亲属关系或同事、同乡等社会关系,在借贷形式上较为简单和随意。出借人依据借据等债权凭证提起民间借贷诉讼的,如果借款人对借贷关系予以否认并以其他法律关系进行抗辩或反诉的,借款人对此应提供相应证据。法官审查后确认双方不存在借贷合意,且双方亦不属于通过调解、和解或清算达成债权债务协议的情形时,法官应向原告释明变更诉讼请求。如果原告拒绝变更的,法院应驳回原告诉请。

如果借款人抗辩已经偿还借款的,则需要对"还款"该项积极事实提供证据加以证明,且需达到高度盖然性标准。由于偿还借款的前提是借款客观存在,提出还款抗辩意味着借款人自认双方存在借贷法律关系,出借人无需再就借贷关系的存在进行举证。

依据《民间借贷司法解释》第16条第2款的规定,借款人抗辩借贷行为尚未实际发生的应作出合理说明,且对该说明承担相应的举证责任。如案例三中,杨某抗辩未收到朱某的10万元是对双方存在借贷事实的否认。该案中,杨某指出依据习惯,当事人会在书写借条3日内通过银行转账方式交付钱款,但其银行账户在这段时间内并无相应的资金进入。朱某提供的银行流水显示其与杨某之间存在多笔钱款往来,与案涉借条最近的一次发生在借条出具10日前,且与案涉金额存在较大差距。最终,法院依据当事人的陈述及在案证据材料综合判定双方不存在借贷法律关系。

3. 当事人之间仅存在转账凭证

如果出借人仅提供转账凭证证明钱款交付事实,但无法证明双方存在借贷合意,且借款人抗辩相关转账系偿还双方之前借款或其他债务时,应适用《民间借贷司法解释》第17条的规定,通过以下三个步骤进行审理:

首先,出借人提交相关转账凭证证明钱款交付事实,对借贷合意进行初步举证。转账凭证可以推定当事人之间存在借贷合意,因此当事人提供相关转账凭证后即完成了对借贷合意的初步举证。

其次,在出借人提交转账凭证后,借款人抗辩转账是偿还之前借款或其他债务的,应对此承担举证责任。出借人提供的转账凭证仅能推定双方存在借贷合意,该推定可以被其他有效证据推翻。借款人的举证是针对转账凭证的推定效力,借款人的"抗辩"在性质上属于"否认",只需动摇法官对出借人所主张事实达成的内心确信即可。因此,在借款人的举证使出借人关于借贷关系或者借贷合意存在的主张陷入"真伪不明"的状态后,举证责任又转换至出借人一方。

如案例二中,李甲对其抗辩的80万元系委托理财而非借贷的主张承担举证责任。李甲可以提供书面委托协议、理财相关的账户信息或者微信、短信等聊天记录来证明双方存在委托理财关系,但是该案中李甲无法提供相关证据,法官结合本案其他证据最终认定双方存在借贷关系。

最后,借款人提供相应证据证明其主张后,出借人仍应就借贷关系的成立承担举证责任。根据《民间借贷司法解释》第17条的规定,出借人需要承担初步举证责任以及借款人抗辩后的进一步举证证明借贷关系存在的责任。在转账凭证的推定效力被推翻后,出借人需进一步补强证明双方之间存在借贷合意。如果出借人进一步举证后,仍无法证明借贷合意存在的,由出借人承担不利的诉讼后果。

4. 结算型民间借贷的借贷合意认定

结算型民间借贷可以分为两类:一是由原民间借贷关系通过结算形成新的借贷关系。如案例一中,刘某向彭某出具《还款承诺书》是对双方之前130万元借条的结算,之后双方重新成立了101万元的借贷关系。二是由其他法律关系转化为新的借贷关系,如当事人因合伙关系终止进行结算后由受让人向退伙人出具借条,受让人与退伙人因此形成借贷关系,买卖合同结算后付款方出具借款协议形成借贷关系等。

前述两类结算型民间借贷法律关系中,当事人之间新达成的协议即表明双方形成新的借贷合意,当事人之间由原来的法律关系转化为民间借贷法律关系。

（二）款项交付的查明

自然人之间的借贷合同是实践性合同，交付是合同的生效要件。在民间借贷纠纷案件中，借款是否交付通常成为案件的争议焦点。交付的具体审查方式如下：

1.交付行为的审查

交付行为通常表现为转账交付和现金交付。在认定转账交付时，只要存在借贷双方的转账凭证即可认定当事人之间已经完成交付行为。在认定现金交付时，需要根据出借人是否提供收据等书面凭证分别处理。如果出借人提供了借款人出具的收据，一般可据此推定出借人已履行交付义务，但借款人提出其他足以引起合理怀疑的抗辩理由及证据时，例如提出该收据系伪造或受欺诈、胁迫而签订的，法官应对交付事实作进一步审查。如果出借人无法提供收据的，需依据《民间借贷司法解释》第16条第2款的规定，从以下几方面进行审查：

第一，审查交付金额。小额借款的出借人往往都具有支付借款的能力。若出借人主张系现金交付且能够按照交易习惯提供借据的，在没有相反证据的情况下一般可认定交付钱款事实存在。若大额借款的出借人主张现金交付的，则需审查出借人自身的经济实力、亲疏关系、款项来源、取款经过、交易习惯、相关书证、证人证言等综合判断当事人的主张能否成立。如案例一中，借款本金130万元属于大额借款，彭某称该笔借款是在其家中以现金交付，法官需对具体交付事实进一步审查。

第二，审查交付资金来源。一般而言，出借人的资金可通过三种途径获取，即银行取现、向他人筹集以及存于住所。

第三，审查出借人的资金实力。资金实力是查证交付事实的关键因素，可以综合出借人的家庭背景、工作情况及收入状况等综合判断。如案例一中，彭某的银行账户常有大额资金流动，结合其家庭背景及工作情况，不难推断其具有出借130万元现金的资金实力。

第四，审查当事人对交付的自述。法官可以询问当事人关于交付的具体时间、地点、在场人、场景以及详细的交付方式等细节问题。虚假陈述的当事人很难在数次庭审、谈话中不留下破绽,通过对细节的纠问更易查明交付事实。

第五,审查当地及双方交易习惯。在以现金交付为主的地域,大额借款采取现金交付具有合理性。此外,如果当事人之间的交易习惯显示双方在多次借贷中均以现金方式交付,大额现金交付亦具有合理性。

第六,审查证人证言。注重审查证人证言之间以及证人与当事人的利害关系,综合证人到庭情况、案件其他事实和证据对证人证言的证明力进行判断。如案例一中,彭某申请作为朋友的证人李某到庭作证,证实彭某做借贷生意故家中有大量现金,并陈述了彭某将130万元现金交付给刘某的整个过程。结合其他在案证据,李某的证言具有较高的可信度,法院予以采纳。

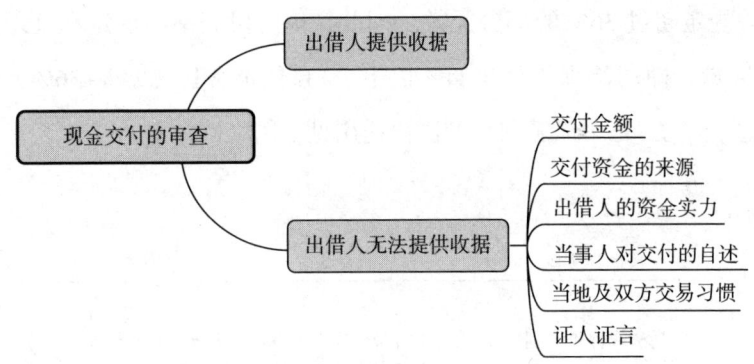

思维导图1:现金交付的审查

2. 交付的钱款是否为案涉钱款

审查交付的钱款是否为案涉钱款,即审查交付的钱款与所审查案件的关联性。一般而言,出借人具有交付行为的证明即可认定借款事实存在,如果借款人抗辩交付钱款与本案借贷关系无关,借款人应当对该主张承担举证责任。如案例二中,李甲主张80万元款项系周某委托其进行投资理财的钱款但并未提供相关证据证明,在案银行流水等证据显示系争80万元借款打入李甲账户4天后,李甲以家用之名将78万元转入其女儿账户,结合其他证人证言以及周某的催款短信记录,法院最终认定系争80万元为本案借贷关系中的借款。

(三)利息审理的要点

在认定双方存在借贷合意和交付事实后,尚需审慎处理利息问题。

1. 未约定利息或约定利息不明的处理

根据《民法典》第680条、《民间借贷司法解释》第25条的规定,自然人之间的借贷没有约定利息的视为不支付利息;自然人之间的借贷利息约定不明,出借人主张支付借期内利息的,法院不予支持。

2. 利率认定和处理的"两线三区"

依《民间借贷司法解释》第26条规定,法律应予保护的年利率上限为24%,并规定超过36%的部分无效。因此,现阶段利率的认定和处理被划分为三个区域,即司法保护区(24%以下)、自然债务区(24%~36%)和无效区(超过36%)。三个区域利息的法律适用见下图:

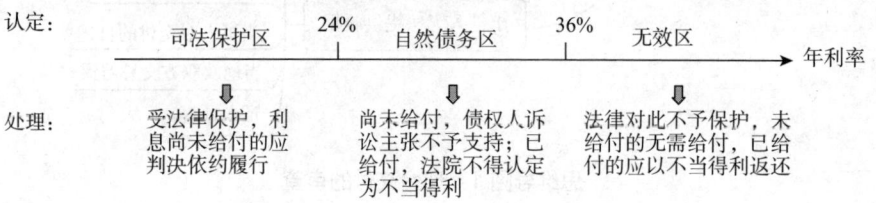

思维导图2:三个区域利息的法律适用

如案例一中,涉及原民间借贷关系通过结算形成新的借贷关系,需考虑结算的借贷利息是否高于年利率24%的上限。该案当事人于2010年签订的《还款承诺书》中101万元借款并未超过101.2万元的上限,因此受法律保护。(130万元本金以年利率24%计算一年利息为31.2万元,刘某60万元还款扣除利息后剩余28.8万元,尚余本金101.2万元未还。)

3. "砍头息"的处理

"砍头息"是指出借人在向借款人支付本金时预先扣除的利息。依《民法典》第670条、《民间借贷司法解释》第27条的规定，预先在本金中扣除利息的应将实际出借的金额认定为本金，并以此为据返还借款及计算利息。

（四）虚假诉讼和"套路贷"的识别

虚假诉讼，是指行为人为谋取不正当利益或加害他人，虚构法律关系或捏造法律事实，给相对人造成损害的违法行为。《民间借贷司法解释》第19条通过列举加一般规定的方式列出10种存疑情形需重点审查，法官应结合借贷发生的原因、时间、地点、款项来源、交付方式、款项流向以及借贷双方的关系、经济状况等事实综合判断是否属于虚假诉讼。

"套路贷"是以民间借贷为名行非法占有他人财产之实的违法行为。在"套路贷"情形中，出借人往往主动要求与借款人签订借贷合同制造借贷假象，通过收取"保证金"签订"空白合同""阴阳合同"等虚增债务，并制造虚假银行流水，营造出借人已支付所有借款款项的假象，为其日后通过诉讼主张权益做好证据固定。

虚假诉讼和"套路贷"不仅严重侵害当事人的合法权益，也扰乱了金融秩序，影响了社会的和谐稳定。法官在审理民间借贷纠纷案件中发现类似情形应主动审查，尤其在一方提出虚假诉讼或"套路贷"抗辩时，法院更应重点审查并依法处理。审理中发现案件涉嫌"套路贷"犯罪的，法院应当严格按照法律规定移送公安机关处理，不能作为普通的民事案件审理。

⊙ 其他问题

自然人之间民间借贷纠纷案件的审理主要包含对借贷合意、款项交付和利息的审查，其中审理的重点和难点在于事实的认定，法官需要判断当事人之间是否存在借贷法律关系。自然人之间民间借贷法律关系的认定可归纳为下页的思维导图：

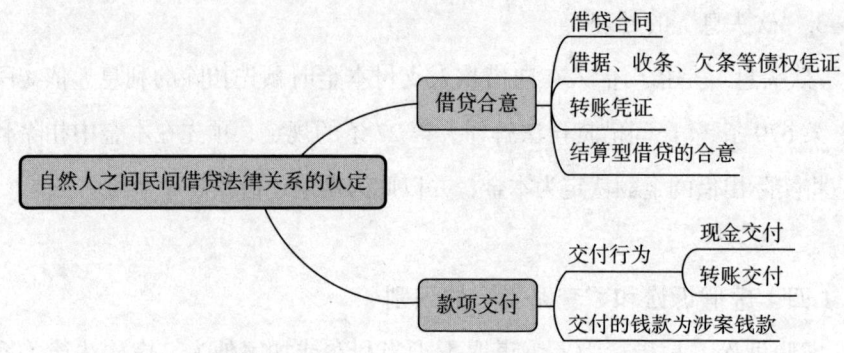

思维导图3：自然人之间民间借贷法律关系的认定

房屋租赁合同效力认定的审理思路和裁判要点

庞闻淙　熊洋[*]

房屋租赁合同纠纷案件是当前房地产类案件中占比最大的案件类型。该类纠纷中合同效力的认定是法院审判过程中面临的首要问题。实践中,房屋租赁合同效力的认定存在一些争议,有必要对此类案件的审理思路和裁判要点予以梳理和总结。

⊙ 典型案例

案例一:涉及划拨土地上房屋租赁合同的效力

2016年3月,A公司与B公司签订租赁合同,约定A公司将200亩土地及地上房屋租赁给B公司,土地用途为工业用地,使用权类型为划拨土地。后A公司以B公司改变土地用途为由,诉至法院请求解除合同。B公司辩称,本案所涉土地为划拨土地,双方签订合同时未按规定办理批准登记手续,因此双方签订的合同违反法律、行政法规的强制性规定而无效。

案例二:涉及未经工程竣工验收房屋租赁合同的效力

2009年6月,C酒店承租D公司房屋,签约后C酒店对租赁房屋进行装修改造后经营至今。后C酒店以D公司出租的房屋缺少合法产权证明,未按建设工程规划许可证的规定进行建设、未通过竣工验收为由,诉至法院请求确认合同无效。

---

[*] 庞闻淙,商事庭庭长,法学硕士;熊洋,民事庭法官助理,法学硕士。

案例三：涉及未经消防验收房屋租赁合同的效力

2017年3月，陆某与杨某签订商铺租赁合同，约定杨某承租陆某商铺。2018年1月，该处消防支队要求系争商铺进行火灾隐患整改。后陆某向法院起诉，请求判令杨某支付其拖欠的租金、违约金、消防整改费等，并主张涉案商铺违反《消防法》规定未经消防验收，双方租赁合同应属无效。

◉ 审理难点

（一）导致合同无效的事实在认定中存在困难

房屋租赁合同的效力认定需要审查租赁标的物的合法性，但实践中对房屋合法性的认定存在诸多疑难问题。如私自扩建改建的房屋中违法面积如何确定、因建造年代过早无法提供合法建造手续的房屋如何认定是否合法、当事人提供证明材料前后不一或存在缺失时房屋的合法性如何认定等。

（二）涉及房屋租赁的法规及政策变化多

与房屋租赁有关的地方性法规和政策性文件是房屋租赁合同效力认定的重要参考，但地方性法规和政策易受房地产市场环境的影响出现变动，进而影响长期租赁合同效力的认定，也会影响合同约定内容及履行情况等事项的认定。此类变动会导致房屋租赁案件出现法律或政策适用难题。

（三）涉及法律、法规强制性规定的认定观点不一

实践中，对某些涉及房屋租赁的法律条文是否属于影响合同效力认定的效力性强制规定等存在不少争议。例如，对《建筑法》第61条第2款、《消防法》第13条性质的理解，会直接影响未经工程竣工验收房屋和未经消防验收房屋的租赁合同效力。

审理思路与裁判方法

对合同效力的审查属于法院主动审查的范围,即使当事人未提起合同无效的诉请,法院也应依职权对合同效力进行审查。在处理房屋租赁合同纠纷案件时,应根据《民法典》及《最高人民法院关于审理城镇房屋租赁合同纠纷案件具体应用法律若干问题的解释》(以下简称《房屋租赁司法解释》)等规定,对房屋租赁合同的效力进行审查,具体可根据以下步骤进行。

(一)审查是否存在法定无效事由

合同存在法定无效事由时应认定合同无效。在审查房屋租赁合同效力时,应重点审查租赁标的物的合法性、租赁期限的合法性、转租合同的合法性及是否违反法律、行政法规中关于合同无效的规定等。

1. 审查租赁标的物的合法性

违法建筑包含未取得建设工程规划许可证或者未按照建设工程规划许可证规定建设的房屋、未经批准或者未按照批准内容建设的房屋和虽经批准但超过使用期限的临时建筑等。当租赁标的物确属违法建筑时,出租人与承租人订立的租赁合同无效,但此时并非绝对无效,在一审辩论终结前当事人补全房屋合法手续消除合同无效事由的,应当认为合同有效。

2. 审查租赁期限的合法性

租赁期限合法性的审查在于审查合同约定的租赁期限是否超过法定期限。根据《民法典》第705条规定,房屋租赁合同的期限不得超过20年,超过该期限的租赁合同部分为无效。

3. 审查转租合同的合法性

房屋转租应当经过出租人同意,未经出租人同意转租的,出租人可以自知道或者应当知道承租人转租之日起6个月内提出异议,有权向法院申请确认转租合同无效。如果出租人知道或者应当知道承租人转租但在6个月内未提出异议的,再以承租人未经其同意为由请求解除合同或者认定转租合同无效的,法院不予支持。

实践中出租人对于转租行为的态度可能发生变化,故在出租人未参加诉讼的转租合同纠纷中,如双方当事人均未主动将出租人是否同意作为合同效力认定依据,或者一方当事人仅提出未经出租人同意,但未就出租人的异议进行充分举证的,法院不应轻易认定转租合同无效。

4. 审查是否违反法律、行政法规中关于合同无效的规定

《民法典》第153条规定,违反法律、行政法规的强制性规定的民事法律行为无效,但该强制性规定不导致该民事法律行为无效的除外。此处的强制性规定是指效力性强制规定,若相关条款未直接规定合同无效且难以直接判断是否属于效力性强制规定时,可从相关条文的立法目的、调整对象、违法行为是否损害国家和社会公共利益、是否有违公序良俗等方面来综合判断相关条文的性质。

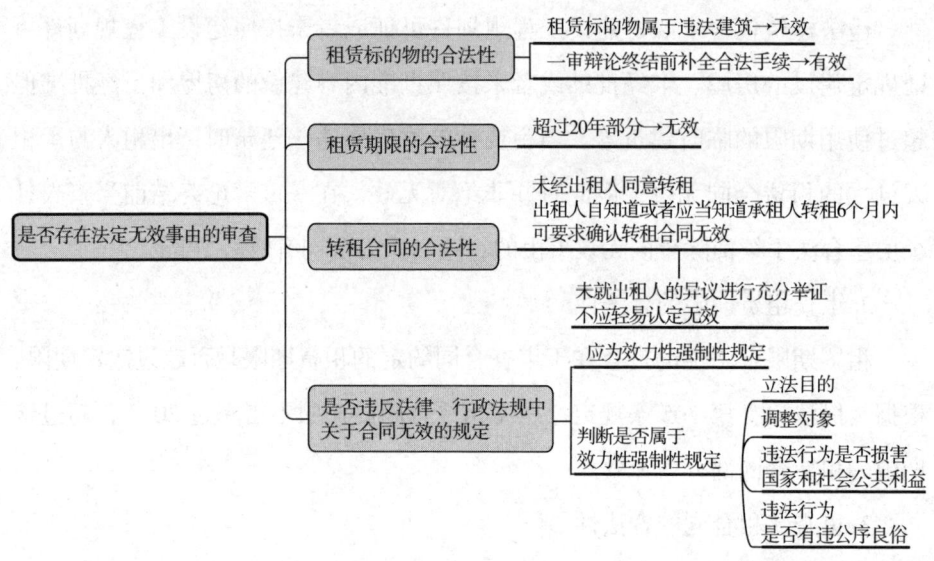

思维导图1:是否存在法定无效事由的审查

(二)审查其他影响合同效力的要素

除法定无效事由外,房屋租赁合同纠纷还存在其他影响合同效力的情形,

如房屋部分违法、房屋建设在划拨土地、房屋未经工程竣工验收、房屋未经消防验收及房屋未办理租赁登记备案等。

1. 房屋部分违法时租赁合同效力的认定

房屋中有部分属于违法建筑时应分两种情形分别处理。一是可以明确区分合法部分与违法部分。如产证面积和加盖、扩建面积可以清晰界定，或合法部分与违法部分位于不同楼层，此时应认定合法部分租赁合同有效，违法部分租赁合同无效，在裁判时应区分租金、使用费及各方责任等。二是无法明确区分合法部分与违法部分。此时可以考虑违法部分所占比例、租赁用途、建筑物主要功能及违法部分对合法部分的依附程度等，确定租赁合同的整体效力。

所有权人未经规划许可对合法房屋自行改建的加层和分割部分均属于违法部分。加层或分割部分的租赁合同效力，应根据房屋是否单独租赁分别认定。一是加层或分割部分作为独立租赁物单独出租。如房屋顶部加层单独出租，或室内的隔间分别单独出租的，因房屋的使用与批准情形完全相悖，一般应认定加层或隔间的租赁合同无效。二是房屋改建加层或分割后整体出租。此时就房屋整体而言仅改变使用空间，双方基于加层或隔间的使用订立租赁合同，不宜直接认定合同无效，因行政执法部门对房屋整改导致合同履行不能时，承租人可以请求解除合同。

2. 划拨土地上房屋租赁合同效力的认定

划拨土地上房屋租赁合同的效力可根据土地使用权人的类别分情况处理：一是划拨土地使用权属于一般的公司、企业、其他组织和个人。上述所有权人对地上房屋取得合法权属证书的，该房屋的租赁合同有效，未办理审批手续不影响租赁合同的效力，但出租人应当将租金所含的土地收益上缴国家。二是划拨土地使用权属于国家行政机关、司法机关等具有国家公权力性质的单位。该类主体出租划拨土地上房屋的，租赁合同因侵害社会公共利益而无效。如案例一中，划拨土地所有权人A公司并非具有国家公权力性质的单位，故A公司与B公司租赁合同有效，是否办理审批手续不影响租赁合同效力。

此外，实践中存在当事人在合作开发房地产合同中约定，出资人以租赁或者其他形式使用房屋但不承担经营风险的情形，对该约定应认定双方构成房屋租赁关系，当事人仅以该合同涉及土地为划拨用地主张合同无效的，不应予以支持。

3. 未经工程竣工验收房屋租赁合同效力的认定

《建筑法》第61条第2款规定："建筑工程竣工经验收合格后，方可交付使用；未经验收或者验收不合格的，不得交付使用。"我们认为该条规定属于管理性强制规定，而非效力性强制规定，即房屋租赁合同并不因租赁房屋未经竣工验收而无效。主要原因在于，该条文的立法目的在于加强对工程竣工验收环节的规范和管理，并非对房屋交易或租赁市场等私领域的规制；且租赁房屋未经竣工验收的，既有法律规定并无使合同归于无效之意，而是在维护合同效力的基础上，赋予承租人在一定条件下享有合同解除权。

因此，当事人一方以租赁房屋未办理工程竣工验收为由，要求确认房屋租赁合同无效的，法院不应支持。如果因房屋未经竣工验收导致承租人无法使用，即无法按照租赁合同约定的用途使用，或者无法按照租赁房屋的性质使用时，承租人有权请求解除合同。如案例二中，房屋未办理竣工验收手续并未妨碍C公司按租赁合同约定用途使用房屋，因此法院对C酒店以租赁房屋未办理工程竣工验收为由主张租赁合同无效的诉请不予支持。

4. 未经消防验收房屋租赁合同的效力认定

《消防法》第13条属于管理性强制规定，当事人一方以租赁房屋未办理消防验收或者经验收不合格为由，要求确认房屋租赁合同无效的，一般不予支持。但如果因未经消防验收致使房屋不符合使用条件的，承租人可以依法请求解除合同。如案例三中，法院驳回了陆某仅以商铺未经消防验收为由主张租赁合同无效的诉请。

5. 未办理租赁登记备案房屋租赁合同效力的认定

房屋租赁合同登记备案的制度目的在于规范房屋租赁市场，其性质属于行政机关的事后审查行为，与当事人民事行为的效力无关，对租赁合同的成立及生效并无影响。根据《房屋租赁司法解释》第4条规定，当事人以房屋租赁合同未按照法律、行政法规规定办理登记备案手续为由，请求确认合同无效的，法院不予支持。但当事人约定以办理登记备案手续为房屋租赁合同生效条件的，应当从其约定。如当事人一方已经履行主要义务，对方已经接受的则不受约定生效条件的限制。同时，根据《上海市房屋租赁条例》第15条第2款的规定，未经登记备案的房屋租赁合同，不得对抗第三人。

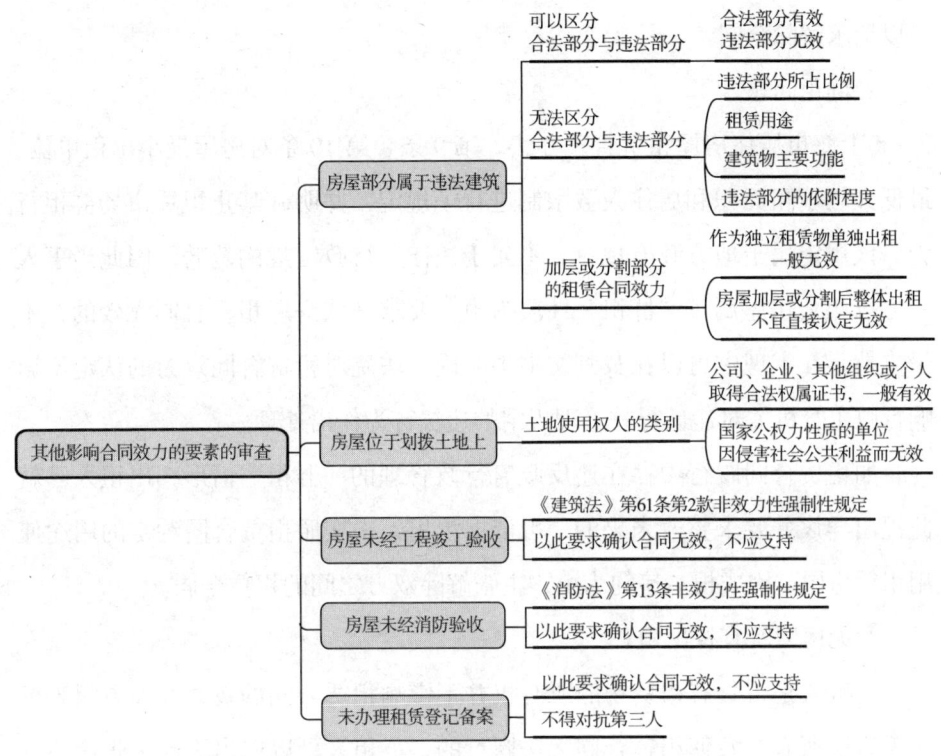

思维导图2：其他影响合同效力的要素的审查

（三）正确区分合同无效事由与合同解除事由

房屋租赁合同纠纷案件会出现改变租赁物用途、群租、无房屋所有权出租和在建房屋出租等情形，实践中对上述情形属合同无效事由还是合同解除事由存在争议，审理中应正确界定相关事由的性质及其法律后果。

1. 改变租赁物用途

《民法典》第350条规定，建设用地使用权人应当合理利用土地，不得改变土地用途；需要改变土地用途的，应当依法经有关行政主管部门批准。《土地管理法》《城市房地产管理法》中亦规定了土地使用者、建设单位等均不能随意改变土地用途。但这些关于土地用途规制的规定为管理性强制规定。通常情况下，住宅用房改商业经营、工业厂房改商业租赁等改变房屋用途的行为并没有违反法律、行政法规的效力性强制规定，一般应认定房屋租赁合同有效，如因受到行政管理处罚、整改等事实上无法继续履行合同的，当事人可以请求解除合同。

2. 群租问题

《上海市居住房屋租赁管理办法》第9条、第10条对房屋最小出租单位、最低人均承租面积和居住人数限制进行了规定，并明确禁止租赁市场群租行为。该规定属于地方政府规章，不属于法律、行政法规的范畴，因此当事人一方以租赁房屋属于"群租"性质为由，要求确认房屋租赁合同无效的，不予支持。在审理中可以在裁判文书中明确，法院对租赁合同效力的认定不影响行政主管机关对违反行政管理规定的违法行为作出处理。

如租赁合同履行中存在违反政府行政管理的"群租"情形，出租人已就此提出异议并要求整改未果的，可依据承租人未按照租赁合同约定的用途使用租赁房屋、构成根本违约为由，主张解除双方之间的租赁合同。

3. 无房屋所有权出租

当事人是否具有租赁物的所有权并不影响租赁合同的效力。如果因当事人无房屋所有权致使租赁合同无法履行的，承租人可以向出租人主张违约责任；如不影响承租人对房屋正常使用的，承租人不能以出租人无所有权为由拒付租金、拒绝返还房屋或不履行其他承租人义务等。

4. 在建房屋出租

当事人出租在建房屋的，法院应依职权审查租赁合同是否违法。如果合同内容未违反法律、行政法规的强制性规定，不具备法定的无效事由，法院应当尊重当事人意思自治原则认定合同有效。

其他问题

实践中,当合同认定无效时,法院应注意对当事人进行充分释明。根据《最高人民法院关于民事诉讼证据的若干规定》第35条规定,当事人就租赁合同的履行或解除发生争议,经审查认定合同无效时,法院应当向当事人释明变更诉请,引导当事人就合同无效的法律后果一并处理,并向当事人告知如不及时处理合同无效后果将可能造成的不利后果。对经释明当事人坚持不变更的,应当判决确认租赁合同无效,对当事人的诉请依法驳回,并告知当事人可就合同无效的其他争议另行主张。

无效房屋租赁合同案件的审理思路和裁判要点

凌捷 熊洋[*]

房屋租赁合同纠纷案件是当前房地产类案件中占比最大的案件类型。该类案件的合同效力认定及后果处理是审判实践中面临的首要问题和难点。关于房屋租赁合同被认定无效后应如何处理亦是案件审理裁判的关键,故有必要对该类案件的审理思路和裁判要点予以梳理、归纳和总结。

⊙ 典型案例

案例一:涉及双方当事人的过错认定

因承租人赵某拖欠房租,出租人刘某诉至法院要求解除合同。后赵某以刘某隐瞒房屋系违法建筑为由,反诉要求确认合同无效,并主张刘某应对合同无效承担全部过错责任。刘某辩称赵某在签约时未对房屋性质进行审查,亦应承担相应过错责任。

案例二:涉及扩建损失的责任分担

A公司承租B公司厂房,双方约定A公司可在租赁范围内建造房屋。该房屋所有权归B公司所有,A公司仅有使用权。后A公司所建房屋因属违法建筑被拆除,A公司遂诉至法院要求B公司赔偿扩建损失。

案例三:涉及房屋占有使用费的认定

C公司承租D公司房屋,租赁用途为经营餐厅。双方合同约定D公司负有配合C公司办理相关登记手续的义务。后C公司以D公司未提供相应办证

---

[*] 凌捷,民事庭审判长,法学博士;熊洋,民事庭法官助理,法学硕士。

所需材料导致其无法经营为由要求解除合同。同时，因房屋系违法建筑导致租赁合同无效，C公司主张仅需按照合同租金标准的40%向D公司支付房屋占有使用费。

⊙ 审理难点

（一）合同无效后果处理事项繁杂

房屋租赁合同被认定无效后，法院在处理合同无效后果时会涉及房屋返还、房屋占有使用费、公共事业费用、保证金、押金、装饰装修损失、设备损失、改扩建损失、搬迁补偿款等诸多事项，且往往本诉与反诉交织，如遗漏个别后果处理可能造成双方利益分配的失衡，故审理时存在一定难度。

（二）导致合同无效的当事人过错认定难

在无效房屋租赁合同案件中，导致合同无效的情形通常较为复杂。法院在对相关因素进行审查时，尤其对于租赁房屋的产权状态和违法性质等相关事实，往往因租赁房屋建筑年代久远，相关法律法规、政策文件已发生变化，或房屋历经多次改扩建等诸多原因，对当事人的过错认定存在困难。

（三）无效后果损失认定难

实践中，租赁房屋系违法建筑是导致租赁合同无效的主要情形。承租人要求出租人赔偿装饰装修或改扩建损失，尤其在租赁房屋因违法性质被拆除或部分拆除、装修现状不复存在的情况下，如何准确认定因合同无效产生的装修等损失是该类案件的审理难点。

（四）房屋占有使用费确定难

根据《最高人民法院关于审理城镇房屋租赁合同纠纷案件具体应用法律若干问题的解释》第5条规定，房屋租赁合同无效，当事人请求参照合同约定的租金标准支付房屋占有使用费的，法院一般应予支持。然而，实践中个案情况不尽相同，如在租赁市场价格大幅波动、标的物违法、房屋存在严重质量瑕疵、当事人未实际使用房屋等情况下，法院是否参照、如何参照合同约定的租金标准对房屋占有使用费进行确定存在难度。

⊙ 审理思路与裁判方法

处理房屋租赁合同无效后果时，法院要根据诚实信用原则，充分考虑当事人的过错程度、房屋使用状况、合同主体义务、合同履行情况等因素，在当事人之间合理分配责任，避免一方因合同无效而获益，实现各方当事人之间利益的救济与平衡。

（一）导致合同无效的主体过错责任认定

在该类案件中，法院需首先确认导致房屋租赁合同无效的主体过错责任。实践中导致合同无效主要存在两种情形：一是租赁房屋系违法建筑；二是非法转租。

1. 租赁房屋系违法建筑情形下的主体过错责任认定

随着环境综合整治行动的开展，因房屋未取得建设工程规划许可证或未按照建设工程规划许可证规定建设，无合法建设手续而认定合同无效的案件占无效房屋租赁合同案件的绝大多数。此种情况下，法院应考虑租赁房屋的产权状态、当事人对房屋的认知情况、承租人是否尽到注意义务、出租人是否存在承诺保证、隐瞒或欺诈等情形，对双方过错责任进行综合认定。

第一，提供适租房屋是房屋租赁合同项下出租人的主要义务。通常情况下，出租人作为租赁房屋的管理人或实际控制人，对租赁房屋的实际状况相较承租人而言应更为清楚。在租赁合同因房屋的违法性而无效时，承租人虽然对租赁房屋的状况亦具有审慎的注意义务，但疏于注意的过错程度较轻，应对合同无效造成的损失承担次要责任，具体责任比例由法院视案情酌定。

第二，如有证据证明承租人明知合同无效情形仍然承租房屋的，法院一般应认定其与出租人存在同样过错，双方对合同无效造成的损失承担同等责任。

第三，如承租人在房屋租赁合同订立过程中已尽到相应注意义务，而出租人提供虚假材料致使承租人有理由相信租赁房屋合法的，对合同无效造成的损失承租人原则上无需承担责任。

如案例一中，赵某疏于对房屋属性及相应权证进行核查，仅基于出租人的口头保证便签订房屋租赁合同，未尽到相应的注意义务，故法院判决赵某对合同无效承担30%的责任；刘某明知未经审批的自建房屋属于违法建筑，故应对合同无效承担70%的责任。

2. 非法转租情形下的主体过错责任认定

承租人未经出租人同意将房屋转租的行为未被法院认定为有效的，承租人在明知的情况下仍与次承租人签订合同，承租人一般应承担主要的过错责任，次承租人在签约前未尽到审慎的注意义务则应承担次要的过错责任。次承租人的审慎义务通常表现为要求出租人出示前手合同或出租人同意转租的证明等。

3. 合同事先约定无效后果的主体过错责任认定

实践中，租赁合同中往往对合同无效责任分担直接作出约定，此种约定应属无效。原因在于，该约定不属于《民法典》第507条规定的"合同争议解决条款"，也不属于《民法典》第567条规定的"结算和清算条款"。若法院确认当事人事前对合同无效后果的约定效力，则会与基于法律否定性评价的合同无效后果产生逻辑冲突。

当然，租赁合同被仲裁机构、法院认定为无效后，当事人再就合同无效后果的处理达成一致的，应当认定为有效。需要注意的是，当事人在租赁合同中关于合同无效责任分担的具体约定，在一定程度上可作为识别当事人风险预见和主观过错程度的判断依据。

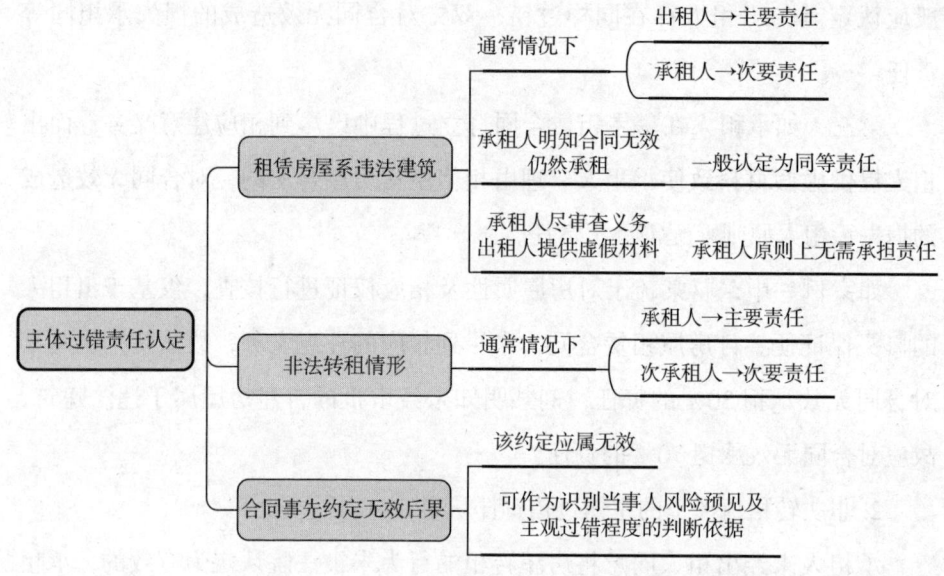

思维导图1：导致合同无效的主体过错责任认定

（二）合同无效后损失赔偿的认定

在对导致合同无效的主体过错责任作出认定后，法院应进一步审查损失赔偿的具体范围、标准和数额。此时，既要根据当事人的过错程度合理确定责任，又要避免当事人重复获利的情形。在无效房屋租赁合同案件中，损失赔偿的认定主要涉及房屋装饰装修损失及扩建损失的认定。

1. 合同无效后损失赔偿的范围认定

与合同解除情形下合同主体因违约所承担的损失赔偿责任不同，合同无效后当事人所承担的缔约过失责任是对另一方当事人信赖利益损失的赔偿。目的在于补偿一方当事人因合同无效而实际遭受的损失，从而使其利益恢复到合同签订之前的状态。信赖利益不包括、亦不应超过合同履行利益，即合同履行后可以获得的利益。据此，租赁合同无效的损失赔偿范围通常仅包括装饰装修费用、改扩建费用等直接损失，而不包括承租人的经营损失、员工遣散费等间接损失。

2. 装饰装修损失的认定

（1）装饰装修损失的审查规则。

房屋租赁合同无效时，法院对房屋装饰装修损失的审查规则如下：

第一，在承租人未经出租人同意装饰装修的情况下，产生的损失由承租人自行承担，出租人请求承租人恢复原状或者赔偿损失的，应予支持。然而，实践中承租人的装潢设施往往不易拆离，强行拆除费用过高或导致房屋严重损害，法院应引导当事人充分利用装潢设施，并对添附一方进行适当补偿。

第二，在承租人经出租人同意装饰装修的情况下，对于出租人同意利用的装饰装修物，可折价归出租人所有；对于出租人不同意利用的装饰装修物，则应区分情况处理：尚未形成附合的，可由承租人拆除，但应将房屋恢复原状；已经形成附合的，则由双方各自按照导致合同无效的过错责任分担现值损失。

第三，房屋租赁合同租期届满但被认定为无效合同的，因承租人在装修投入时对租赁期限及期满后不续约的风险有预估，且承租人在租赁期间已享有全部装饰装修的利益，其租赁目的业已实现，故其装修投入不应再列入合同无效的损失范围。对于承租人以租赁合同无效而主张装饰装修损失的，法院一般不予支持。

（2）装饰装修损失的处理要点。

第一，关于向承租人的相关释明。房屋租赁合同被认定无效后，法院应向承租人释明是否就装饰装修损失要求赔偿，承租人坚持不主张或只提出抗辩的，就装饰装修损失法院不予处理，可告知承租人另行起诉。法院判决承租人腾退房屋的，应告知其可就装饰装修物采取必要的证据保全措施以及相应的法律风险。

第二，关于出租人同意装饰装修的认定。出租人未明示同意装饰装修的，法院应结合房屋类型、合同约定的租赁用途及合同实际履行情况来认定出租人对承租人装饰装修的意见。出租人根据房屋租赁合同关于租赁用途的约定可以预见承租人装修行为的，或出租人知道或应当知道承租人对租赁房屋进行装饰装修，但在合理期限内未提出异议，又或在合理期限内提出异议后继续履行合同的，法院一般可认定出租人对承租人的装饰装修不持异议。

第三，关于出租人同意利用装饰装修物的认定。在房屋未被拆除或尚未确认拆除的情形下，关于出租人是否同意利用装饰装修物，法院应根据个案中装饰装修实际使用状况、生活日常经验以及装饰装修的实际利用价值综合予以认定。出租人在诉讼中就是否同意利用装饰装修的意见前后不一的，除出租人已作出合理解释，或有充分证据证明装饰装修无法利用，如已拆除或即将拆除的情形之外，法院一般不宜轻易认定出租人不同意利用装饰装修物。

（3）装饰装修损失的计算方法。

与合同解除情形下装饰装修损失的计算以残值损失为准不同，合同无效后的装饰装修损失计算只应考虑在合同被确认无效时尚存在的实际价值，即以现值损失为准。

一般情况下，现值损失的认定可采用"现存价值评估法"予以确定，即对纠纷发生时现存装饰装修物进行工程造价鉴定。具体数额可根据个案中装饰装修物的性质、使用寿命、损耗程度、实际剩余利用价值及市场行情等因素予以综合认定，避免一方额外获益。在装饰装修物价值较小且双方对数额争议不大时，应尽量促成当事人就装饰装修物价值达成一致意见，以减少当事人的诉讼成本。

需要注意的是，在租赁房屋已被拆除或部分拆除的情形下，如有其他证据反映装饰装修现状的，如相关装修合同、支付凭证、拆除前现场照片等，法院可委托鉴定机构对现值损失予以评估。根据现有证据材料无法进行鉴定的，应区分个案不同情况对承租人装饰装修损失予以认定。如因不可归责于承租人的原因导致其举证困难的，法院可适用举证缓和规则，以保护承租人的合法权益。

3.扩建损失的认定

（1）扩建损失的审查规则。

合同无效时，在承租人未经出租人同意扩建的情况下，产生的损失由承租人自行承担。在承租人经出租人同意扩建的情况下，双方对扩建费用的处理没有达成一致但办理合法建设手续的，扩建费用由出租人负担；未办理合法建设手续的，由双方按照过错责任分担。

需要注意的是，法院对双方的过错责任及损失的认定，可根据合同的相关约定、租赁标的物本身的合法性、双方的报建义务、配合行为、扩建受益情况、扩建规模、风险控制、造价费用现值等因素，结合当事人的主观过错，确定合理的责任比例及损失金额。

（2）承租人自行扩建部分损失的处理要点。

无效房屋租赁合同案件中，承租人自行扩建，该建筑物因系违法建筑被拆除后，承租人要求出租人分担损失的，法院应结合承租人是否要求办理建设手续、是否对违法建筑物风险得以预见、出租人是否因该建筑物收取租金等因素予以综合认定。

如案例二中，因B公司出租的厂房本身不具备合法建设手续，在此基础上扩建后的建筑物取得合法手续的可能性较小，故对于扩建部分拆除的风险，B公司应有预见能力，但B公司仍持放任态度同意A公司扩建，其应就相关损失承担次要责任。因此，法院判决B公司赔偿A公司一定比例的扩建费用损失。

（3）扩建损失的计算方法。

与装饰装修物处理中计算现值损失不同，扩建损失以扩建物的造价为标准。基于平衡双方利益的考虑，法院计算该类损失时一般可采用工程造价费用支出法，即以扩建时承租人实际支付的工程造价费用作为扩建损失。实践中，具体数额可根据个案中扩建物的使用状况、实际利用价值、出租人的扩建受益情况、市价波动、政策形势等因素予以综合认定，避免任何一方因合同无效而获益。

（三）房屋返还及占有使用费的认定

房屋租赁合同被认定无效后，依据无效合同的处理原则，承租人应返还因合同取得的财产，包括租赁房屋及实际占有房屋所获取的占有利益；出租人则应返还承租人因签订合同所获取的利益，如租金、保证金等。实践中承租人应返还的财产与出租人应返还的租金等可相互抵扣。

1.房屋返还的处理要点

（1）关于及时交接房屋的释明。

无效房屋租赁合同案件中，因牵涉事项较多，往往需启动司法鉴定程序，审理期限较长，法院应先充分询问当事人关于租赁房屋的使用现状。如租赁房屋已处于无人使用的空置状态，法院应引导双方当事人及时交接租赁房屋，以避免双方在诉讼期间损失的进一步扩大。

（2）关于次承租人返还房屋的释明。

房屋租赁合同被认定无效后，出租人既可依约要求承租人返还房屋，亦可在实际使用人系次承租人的情况下，以房屋所有权人的名义要求次承租人腾退房屋。出租人仅以承租人为被告提起诉讼的，法院可向其释明，告知其可追加次承租人为共同被告，或者申请通知次承租人作为无独立请求权第三人参加诉讼；法院也可直接通知次承租人作为无独立请求权第三人参加诉讼。如次承租人人数过多，且诉求利益各不相同，则法院不宜追加次承租人为第三人，可根据案件具体情况，由当事人另行解决。

2.房屋占有使用费的标准认定

（1）房屋占有使用费的一般认定规则。

合同无效情形下房屋占有使用费的认定并无绝对标准，但当事人请求参照合同约定的租金标准支付房屋占有使用费的，法院一般应予支持。在审理时法院应避免简单、机械地以租赁合同中的租金标准确定占有使用费标准，要充分考虑承租人经营或添附等行为与房屋增值或贬值之间的关联性，避免利益失衡。

（2）特殊情形下房屋占有使用费的标准认定。

在标的物违法、房屋具有重大瑕疵不能正常使用，或因租赁合同期限较长，租赁市场价格发生大幅波动、合同约定的租金标准明显背离市场价格的情况下，如完全参照合同约定的租金标准确定占有使用费则有失公平。此时，法院应促成双方当事人就使用费标准达成一致；无法达成一致的，可审查承租人对房屋的实际使用状况、房屋适租性、承租人是否对房屋质量问题提出异议、要求修复以及合同目的是否实现等多项因素，并参考同类地段同类房屋的租金情况，合理认定占有使用费的计算标准及调整比例。

如案例三中，C公司使用涉案房屋对外正常经营已持续较长时间，法院结合C公司使用涉案房屋的情况及导致合同无效的原因、租赁市场价格变动情况、房屋瑕疵、合同履行状况等因素综合认定C公司应按照合同租金标准的60%支付房屋占有使用费。

（3）转租情形下房屋占有使用费的标准认定。

因房屋被次承租人继续占有使用而不能返还，出租人请求参照租赁合同或转租合同的租金标准，向承租人或次承租人主张逾期返还房屋占有使用费的，法院一般应予支持。基于对租金标准的合理性、市场行情以及促使次承租人尽快搬离等因素的考虑，法院一般应参照转租合同的租金标准认定出租人向次承租人收取房屋占有使用费，具体标准还需根据实际案情具体判断。

（4）免租期内房屋占有使用费的标准认定。

无效房屋租赁合同案件中约定的免租期条款应同时无效。承租人应返还免租期内占有房屋所获取的利益，即出租人有权基于不当得利向承租人主张该期间的房屋占有使用费。一般情况下，出租人在免租期内的收益实质体现在租赁期内所收取的租金总额中，如在租期履行完毕的情形下，可理解为出租人已实际实现免租期的收益，故其无权再行主张。因此，基于公平原则，法院应在参照合同约定租金标准的情况下，结合承租人实际占有房屋的时间与合同约定租期的比例，以及房屋能否正常使用等履行状况，公平、合理地确定免租期内的房屋占有使用费。

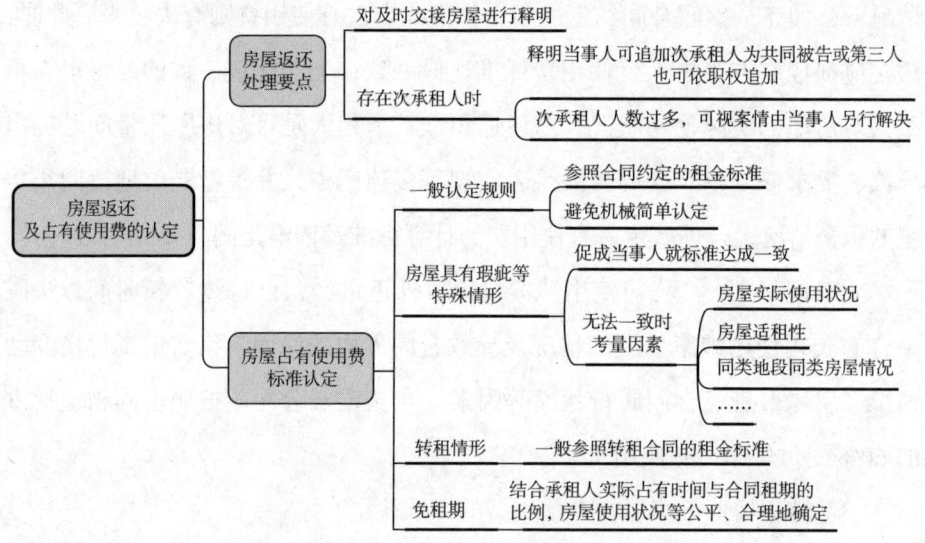

思维导图2：房屋返还及占有使用费的认定

⊙ 其他问题

在违建房屋整治过程中，如出租人就装饰装修及扩建房屋部分等获得补偿，因该补偿不属于合同无效所导致的后果，承租人要求对该补偿进行分割的，法院不可直接将其作为合同无效后果进行处理，应当结合补偿协议内容、补偿项目及构成、承租人的贡献大小等因素予以综合认定。

人格权纠纷案件的审理思路和裁判要点

潘静波 郭葭[*]

人格权纠纷,是指因人格权受到侵犯而引起的侵权责任纠纷。面对人格权的法定性与侵权行为多样化、新型人格利益不断涌现之间的矛盾,以及言论自由与人格权保护等权利冲突,人格权保护范围的界定是人格权纠纷案件审理的起点,侵权是否构成以及侵权责任如何承担的认定是此类案件审理的重点。此外,在网络环境下的人格权纠纷案件中,如何在法益平衡的前提下认定网络服务提供者的责任成为该类案件审理的难点。我们有必要以典型案件为基础,对该类案件的审理思路与裁判要点进行梳理、提炼和总结。

⊙ 典型案例

案例一:涉及对人格权保护范围的界定

楼甲与楼乙系兄弟关系,两人的父母长期随楼乙定居国外。后其父母相继因病在国外去世,但楼甲均未获知父母去世的消息。楼甲认为,楼乙未及时告知父母患病、去世的有关事实,导致楼甲未能见到父母最后一面,使其精神健康受到损害,因此诉至法院请求判令楼乙书面赔礼道歉,并支付精神损害抚慰金50 000元。

案例二:涉及对人格权侵权的认定

小区业主朱某在小区微信"业主交流群"中针对业委会主任邬某发表了一些言论,认为邬某指使小区物业砍伐树木。邬某表示自己对砍树事宜并

---

[*] 潘静波,民事庭审判长,法学硕士;郭葭,民事庭法官助理,法学硕士。

不知情也没有指使物业砍伐树木，认为朱某的污蔑行为侵犯了自己的名誉权，故诉至法院要求朱某在小区微信群中赔礼道歉并支付精神损害抚慰金5 000元。

案例三：涉及对侵权责任承担的考量

沈某通过信息公开获知其姓名被包括A公司在内的多家企业登记为财务负责人。由于上述企业存在多次税收违法行为，税务机关将该等企业列入高风险名单，但并未对沈某个人作出处罚，也未将其列入税收高风险名单。沈某主张在该段期间内其从事发票申领等工作的效率降低、业务受阻从而造成财产损失，故诉至法院要求A公司立即停止侵犯沈某姓名权的行为，并将沈某从A公司的税务登记信息中移除；在市级报纸上向沈某书面赔礼道歉；赔偿沈某财产损失5 000元、精神损害抚慰金10 000元。

案例四：涉及对网络服务提供者责任边界的界定

案外人在B公司经营的社交网络平台上以王某的照片为头像注册用户，并在平台上接连发布了多篇日志、照片及留言，使用辱骂、攻击的措辞声称王某是"第三者"。王某要求B公司删除该用户上传的照片及相关言论，但B公司仅删除了王某的相关照片，但未对相关言论予以删除。王某诉至法院要求B公司停止侵害、消除影响、在平台主页赔礼道歉并赔偿精神损害抚慰金30 000元等。

⊙ 审理难点

（一）人格权保护范围界定难

人格权属于绝对权，权利主体以外的其他人对绝对权负有不得侵犯的一般义务。随着现代生活和科技的发展，侵权行为方式呈现多样化，新型人格利益也不断出现，而现有法律对人格权的规定较为概括、抽象，存在一定的弹性与开放性。如何判断原告诉请是否属于人格权的保护范围，是实践中审理人格权纠纷案件的难点。如案例一中，楼甲所主张的祭奠权是否属于人格权的保护范围、是否蕴含着法律所保护的人格利益,需要法官根据案情具体界定。

(二)是否构成人格权侵权认定难

人格权侵权纠纷案件中,认定行为人是否构成侵权与认定一般侵权责任的标准通常是一致的,但由于人格权类型较为多样,各类人格权侵权认定的具体要件存在一定差异,实践中的理解认识也不统一。如案例二中,朱某是否存在恶意诽谤行为、是否造成邬某社会评价的降低,均需要根据案情进行具体分析。

(三)侵权责任承担方式与具体赔偿金额的确定难

行为人构成侵权的,需要确定具体的侵权责任承担方式。如案例三中,当法院认定 A 公司对沈某姓名权构成侵权时,案件争议焦点就在于 A 公司应承担的侵权责任方式与范围,包括是否需要在市级报纸上书面赔礼道歉,沈某的财产损失应如何确定,精神损害赔偿能否支持等。

(四)网络环境下人格权侵权把握难

网络侵权涉及权利人与网络用户之间权利冲突以及权利人与网络服务提供者之间的关系,案情往往较为复杂,导致审理难度较大。如案例四中,网络用户的言论是否构成侵权需根据具体案情进行认定;同时,网络服务提供者 B 公司对于用户发布的相关信息是否已履行相应的管理义务,是否需要承担相应责任,均是此类纠纷审理的难点。

⊙ 审理思路与裁判方法

人格权是最基本、最重要的一类民事权利,《民法典》中采用积极确权的模式,以实现人格权的全面保护。人格权纠纷案件中,法院既要维护、鼓励行为人的言论及行为自由,又要通过对人格权的保护使行为人的行为更加规范。法院应以相关法律法规为基础,结合个案实际情况,兼顾原则性和灵活性,妥善处理好个人言论、行为自由与人格权利益保护之间的平衡。

此类案件的审理一般分为三个步骤:首先,界定是否属于人格权保护范围。人格权的法定类型是确定的,需要通过一般人格权对具体人格权之外的人格利益提供兜底保护,为新型人格利益上升为独立的权利形态提供充分的空间。其次,以侵权构成要件为法理基础,结合各种人格权侵权的具体要素,对案件事实进行审查,以判定行为人是否构成侵权。最后,考量侵权人的责任承担方式。如系网络侵权纠纷,则审理要点在于权衡权利人、网络用户和网络服务提供者之间的权利冲突,对网络服务提供者是否履行法定义务进行审查。

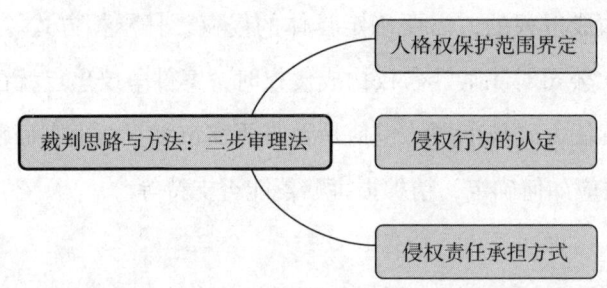

思维导图1:人格权纠纷案件三步审理法

(一)界定是否属于人格权的保护范围

《民法典》第109条、第110条分别规定了"自然人的人身自由、人格尊严受法律保护""自然人享有生命权、身体权、健康权、姓名权、肖像权、名誉权、荣誉权、隐私权、婚姻自主权等权利"。学理上通常称前者为一般人格权,后者为具体人格权。需要注意的是,法律有具体条款规定的必须先适用具体规定。只有在穷尽具体条款之后,才能适用一般条款进行裁判。因此一般人格权只有在不能适用具体人格权时方才能够加以适用。

1.具体人格权的保护范围

(1)生命权、身体权、健康权。这三种权利是人格权利中最基础、最重要的权利。任何组织或者个人不得侵犯他人的生命权、身体权、健康权。因生命、身体、健康遭受侵害，权利人起诉请求赔偿义务人赔偿财产损失和精神损害的，法院应予受理。需要注意的是，机动车交通事故责任纠纷和医疗损害责任纠纷尚需适用相关特别法的规定。

（2）姓名权。公民的姓名权应包括本名、艺名、笔名、别名。姓名权的内容包括决定、改变和使用姓名的权利。公民行使姓名权还应当尊重社会公德，不得损害社会公共利益。

（3）肖像权。肖像是通过摄影、雕塑、录像、绘画、电子数字技术等手段，将自然人的五官特征、形体特征、肢体特征或其他可识别特征，以物质载体或虚拟物质方式表现其全部或局部，并能够为人们主要通过视觉方式感知的形象。肖像最基本的功能是识别。肖像权是法律赋予自然人对自己形象再现的排他性支配权，包括两种属性：一是积极作为的支配属性，如肖像使用权；二是消极防御的不受侵害属性，如维护肖像完整权。

（4）名誉权。名誉是社会对特定民事主体品德、才能以及其他素质客观、综合的评价。名誉本质是一种客观的社会评价，而不包括权利人主观的名誉感。如案例二中，虽然行为人的言论对权利人造成了一定的心理压力及负担，但未造成小区业主对权利人社会评价的降低，故不构成名誉侵权。

（5）隐私权。隐私是自然人不愿为他人知晓的私密空间、私密活动和私密信息等。隐私权客体"隐私"的内涵较为丰富，在何种情况下构成隐私，需要结合特定的时间、地点等具体情形予以判断。司法实践中，隐私权主要包括私人生活安宁和个人秘密两部分内容。私人生活安宁主要包括物理空间上的安宁和精神空间上的安宁；个人私密主要包括个人身体私密和生活私密。

（6）其他具体人格权。一是荣誉权。行为人非法剥夺公民、法人的荣誉称号，权利人可以荣誉权受到侵犯为由要求行为人承担相应的民事责任。荣誉与名誉的主要区别在于，荣誉是国家机关或社会组织给予的积极、正面的评价，授予或撤销具有相应的程序；名誉是民事主体依据自己的积极行为而取得社会组织的评价，而非自然产生。二是婚姻自主权。对于买卖、包办婚姻和其他干涉婚姻自由的行为，权利人可以主张婚姻自主权受到侵犯。

需要注意的是，在侵犯各类人格权竞合的情形下，如行为人通过冒用权利人的姓名而实施了侵犯权利人姓名权、减损权利人名誉的行为，同时构成侵犯姓名权、名誉权的，由于该等侵权行为在责任形式上具有相同之处，通常权利人可择一而诉。

2.一般人格权的保护范围

一般人格权是相对于具体人格权而言的，即以人身自由、人格尊严为内容、具有高度概括性和权利集合性特点的权利。人格权纠纷案件中，在原告主张的权利不属于具体人格权保护范围的前提下，法院需要审查原告的主张是否属于"人身自由""人格尊严"的保护范围。由于"自由""尊严"的表述存在高度的抽象性，需要通过司法实践总结将其类型化，以实现人格权保护体系的开放性与安定性之间的平衡。

如案例一中，我国法律虽未明确规定祭奠权，但对逝世亲人进行祭奠是我国一项悠久的传统习俗，符合民法的公序良俗原则。祭奠权的实质是基于传统习俗而产生的自然人为逝世亲人祭奠的权利。权利人通过祭奠行为表达对逝世亲人的哀思及怀念，也缓解因亲人去世而产生的精神痛苦，其权能表现为举行追悼、葬礼、遗体处理、办理丧葬事宜等。如果权利人未按照传统习俗对逝世亲人进行祭奠，则可能导致社会及他人对其产生负面评价。因此祭奠权虽非法律明确规定的人格权类型，但应当属于人格利益范畴，应作为《民法典》中的民事权益加以保护。

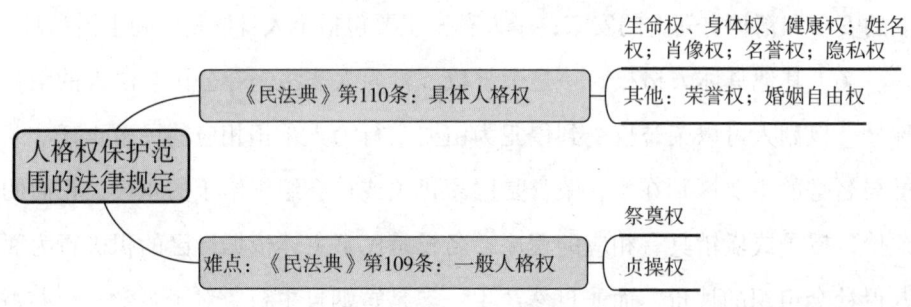

思维导图2：人格权保护范围的法律规定

（二）认定行为人是否构成侵权

人格侵权原则上存在四个构成要件：违法行为、主观过错、损害事实、违法行为与损害事实之间存在因果关系，但在某些人格权的侵权认定上有其特殊性需要特别注意。

1. 生命权、身体权、健康权侵权的认定

在具体人格权纠纷案件中，生命权、身体权、健康权纠纷最为多见和典型，原则上均遵循一般侵权的认定标准。我国《民法典》对此类侵权认定及责任承担均有较为具体的规定，故在此不再赘述。

2. 姓名权侵权的认定

姓名权的侵权行为通常表现为两种方式：一是干涉他人行使姓名命名权、更名权的行为；二是非法使用他人姓名的行为。

非法使用他人姓名的行为包括盗用他人姓名和冒用他人姓名。盗用他人姓名，是指行为人未经姓名权人本人授权，擅自以本人名义进行民事活动或从事不利于姓名权人、不利于公共利益的行为。如案例三中，A公司盗用具有专业资质人员沈某的姓名进行民事活动，构成姓名权侵权。冒用他人姓名是指行为人冒名顶替使用他人姓名并冒充其参加民事活动的行为。如冒用他人姓名检举足以使与之相熟的人认为检举者为被冒用人，构成姓名权侵权。此外，在实务中还存在取同音字等方式冒用他人姓名的行为，如综合其他信息足以使相关公众认为该姓名指向权利人，且这种冒用行为使权利人的人格尊严受到损害，则应认定行为人构成姓名权侵权。

3. 肖像权侵权的认定

根据现行法律规定，构成肖像侵权应具备两个要件：一是行为人使用了肖像人的肖像；二是行为人使用肖像未经肖像人同意。在司法实践中，是否需要"以营利为目的"作为肖像侵权要件曾存在争议。从现有生效裁判来看，不以营利为目的使用他人肖像亦可构成肖像侵权。如利用计算机技术分割有他人肖像的合影照片而破坏他人肖像的完整性，此行为虽不以营利为目的但仍可认定构成肖像侵权。

在肖像权纠纷案件中，使用影视形象是否构成对演员肖像权的侵犯存在争议。一般认为，影视作品中的角色形象是演员根据剧情需要和导演意图所饰演的，所以演员在影视作品中的表演形象已不再是自己本身的形象，而是经过艺术加工的角色形象。影视作品中的每一个角色形象并非由演员独立完成的，而是由导演、美工、化妆、服饰等许多人员同演员共同对剧情进行探索、研究、创造出来的艺术形象。该类案件涉及的是表演者的延伸保护，而不应当是表演者本人平时肖像的延伸保护问题，因此单纯使用影视形象不足以构成对演员的肖像权侵权。

4.名誉权侵权的认定

名誉权侵权主要包括四个构成要件：一是行为人有损害特定人名誉的行为，以侮辱、诽谤作为主要表现形式；二是行为人主观上存在过错；三是该行为针对和指向的对象为特定个人或者特定群体；四是行为人的行为致使权利人的社会评价降低。在司法实践中需要特别注意以下两个方面：

一方面，要权衡言论自由与名誉权保护的关系。公民依据宪法享有言论自由的基本权利，名誉权则是公民的一项重要人身权利。这两种权利均应依法予以保护，但在某些具体语境中可能会发生冲突，对此我们应将公众人物与一般主体作区分处理：公众人物在享有公众关注等公共资源的同时也应当成为公众知情权、公众批评监督权所直接指向的对象，应负有较高的容忍和注意义务。

另一方面，主观过错认定标准应具体化。司法裁判中，往往使用"违反一般注意义务而认为具有过错"等类似表述。"一般注意义务"主要体现在：一是在陈述事实时，所述事实应当基本或大致属实；二是在意见表达时，评论内容应当大致客观公正；三是在陈述或评论时，不得使用侮辱性言辞攻击他人；四是在行为侵害他人权益所致不利影响扩散时，及时配合消除不利影响。在名誉权纠纷案件中，若行为人对特定事实的表述本身是有一定事实依据的，且其观点是基于对事实的认知或者观点的表达，并不存在明显偏离表述依据的前提下，法院不宜认定为侮辱或诽谤。如果事实本身是存在的，在评论过程中有恶意歪曲、偷梁换柱的情形,则不宜认定为善意的评论。

如案例二中,朱某言论属于对事实的陈述,其在误解的基础上发表不当言论,在了解真实情况后也及时澄清此前的不当言论。因此法院最终认定朱某主观上并无以损害或贬低权利人人格为目的,而采取侮辱、诽谤及虚构事实等方式侵害邬某名誉的恶意,故不应认定朱某构成名誉权侵权。

5. 隐私权侵权的认定

隐私权侵权的构成要件主要包括:一是未经权利人同意;二是一般采取刺探、侵扰、泄露、公开等行为方式。需要注意的是,处理权利人自行公开或其他已经合法公开的信息一般不认为是侵权,但权利人明确拒绝或者处理该信息侵害其重大利益的除外。此外,为维护公共利益或自然人合法权益而合理实施的其他行为,一般也不宜认定为侵权。

近年来,随着网络媒体的飞速发展,出现了较多公开艺人、名人工作、生活信息的情形,并导致相当数量的网络用户对此类信息进行关注和评价,从而引发了较多的名誉权、隐私权纠纷案件。通常认为,作为曝光度高于一般公众的艺人、名人应当预见到其工作生活中相关事件可能引发的关注和评价,亦应负有较高的容忍和注意义务。法院在审理该类案件时,应特别注意结合互联网时代对言论容忍度带来的新变化作出综合评价。

6. 一般人格权侵权的认定

法官既要避免不应受到人格权保护的利益受到保护,以及无限制地扩张适用精神损害赔偿,也要避免具体人格权之外的新型人格利益无法受到应有保护。具体需要注意以下几个方面:

一是行为侵害不属于具体人格权利益的保护范畴。一般人格权是对具体人格权的补充,只有在不能适用具体人格权加以保护时方才适用。

二是新的人格利益需符合一般人格权所承载的价值。首先,法院应当判断是否存在人格利益遭受侵害的情形,即判断受侵犯的利益是财产利益还是人格利益。例如,毁损他人的墓碑,虽然包含财产利益的侵害,但主要是对人格利益的侵害。其次,法院应当根据社会公众的认知、风俗习惯、传统伦理道德等多种因素，综合判断受侵害的人格利益是否符合一般人格权的价值。

三是侵害人的行为违反公序良俗。一般人格权的逻辑外延相对较广，但保护的法益范围不宜过宽。援引公序良俗原则加以限制能够将社会生活中最低限度的道德要求引入司法裁判，以提供道德要求法律化的途径。如案例一中，我国法律虽未明确规定祭奠权，但对逝世亲人进行祭奠是我国一项悠久的传统习俗，符合民法的公序良俗原则。

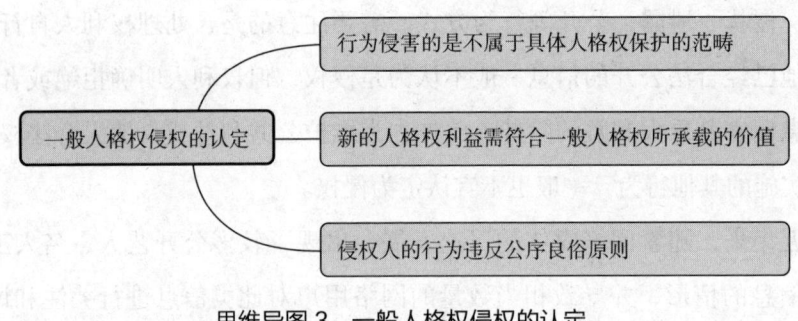

思维导图3：一般人格权侵权的认定

（三）考量侵权人的责任承担

1.承担侵权责任的主要方式

针对不同的人格权侵权纠纷，承担侵权责任的主要方式有：停止侵害；排除妨碍；消除危险；返还财产；恢复原状；赔偿损失；赔礼道歉；消除影响、恢复名誉。以上责任承担方式，既可以单独适用，也可以合并适用，但需考虑责任承担方式的实际可行性和有效性。

2.赔礼道歉、消除影响的适用

赔礼道歉、消除影响的适用范围应当与侵权行为发生的范围相当。如案例三中，沈某要求A公司在市级报纸上对其进行书面赔礼道歉，但由于A公司侵权行为发生的场域和造成的影响均在税收征收管理这一特定范围内，故沈某的诉请与侵权行为发生的范围并不相符，法院最终判令A公司向沈某书面赔礼道歉。

需要注意的是，在判令侵权人承担民事责任时，法院还应考虑公开赔礼道歉、消除影响是否可能会在客观上对被侵权人造成进一步的损害,如果存在此种情形,则判令侵权人对被侵权人承担给予经济损失及精神损害赔偿等其他民事责任可能更为妥当。实务中,若侵权人在判决生效后消极应对,拒不履行赔礼道歉、消除影响的义务,权利人有权申请执行,一般由法院执行部门以侵权人的名义履行判决主文明确的赔礼道歉、消除影响义务,所产生的费用由侵权人承担。

3.赔偿损失的适用

(1)财产损失数额的确定依据。

法院应依据《民法典》第1182条规定,对侵害人格权益所造成的财产损失进行认定。如肖像权纠纷案件中,可以结合侵权人的过错、侵权情节、许可使用的范围时间、被侵权人的知名度等因素,参照许可使用费确定赔偿数额。在姓名权纠纷案件中,如被侵权人无法举证证明其实际财产损失,法院可以根据侵权人因盗用姓名而获得的利益认定赔偿金额。如案例三中,沈某为具有专业资质人员,法院综合考量了A公司的主观恶意、姓名使用领域、盗用姓名期限等因素,采取核算最低限度内劳务成本的方式认定A公司的赔偿金额。

需要注意的是,在确定具体赔偿数额时还应审慎考量是否突破现有法律规定的上限金额。如《最高人民法院关于审理利用信息网络侵害人身权益民事纠纷案件适用法律若干问题的规定》第18条规定赔偿数额上限为50万元,但知名度较高的明星艺人代言费数额较高,当其姓名权、肖像权受到侵犯时,如果机械地参照许可使用费认定赔偿数额,则会远远超出上述法律规定的上限。对于此种情形,法院应当格外审慎处理。

(2)精神损害赔偿的考量标准。

侵害他人人格权益,造成他人严重精神损害的,被侵权人可以请求精神损害赔偿。被侵权人在精神方面的损害是一种主观的心理现象,在特定情况下如何判断被侵权人精神损害的严重程度,可以从侵权行为所造成的客观影响来考量。如案例三中,财务负责人的登记信息仅留存于税务机关内部系统,并不对社会公众公示，且税务机关并未针对沈某个人作出过处罚，也未将其列入税收高风险名单。因此，即使A公司的行为对沈某造成了精神损害，也仅限于沈某对不实信息扩散及未知责任风险的心理担忧，而现有证据显示不实信息并未公开扩散，相关风险导致实际后果的可能性也明显较低，故该种心理担忧尚未达到严重程度，法院对沈某的精神损害赔偿诉请不予支持。

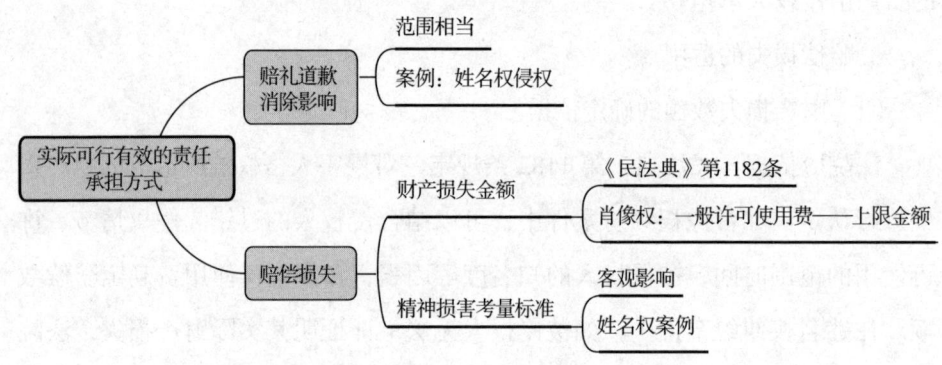

思维导图4：实际可行有效的侵权责任承担方式

（四）网络环境下人格权侵权案件的审理思路

根据《民法典》第1194~1197条规定，网络人格权侵权责任主要分为三个层次：一是自己责任，即网络用户或者网络服务提供者利用网络侵害他人的民事权益，应该对自己的违法行为承担责任。二是提示规则，如网络用户利用网络服务实施侵权行为，则被侵权人有权通知网络服务提供者采取屏蔽、删除、断开链接等必要措施，而网络服务提供者收到通知后未及时采取必要措施的，需对损失扩大部分与侵权网络用户承担连带责任；如因错误通知造成网络用户或者网络服务提供者损害的，亦应承担侵权责任。三是知道规则，即网络服务提供者若没有接到相关通知，但其知道或者应当知道有网络用户利用其网络服务侵害他人权益的情况，但没有及时采取必要措施的，应与该网络用户承担连带责任。

在网络人格权侵权案件中，首先要认定网络用户的行为是否构成侵权，相应认定标准前文已有述及，需要注意的是，要把握言论自由与人格权保护之间的界限。其次要认定网络服务提供者是否构成侵权。面对网络用户发布的海量信息，要求网络服务提供者一一审查可能会加重其经营负担，不利于网络服务产业的发展。因此法律规定的提示规则框定了网络服务提供者的义务范围。关于提示规则的适用，主要审查以下两个方面：

一是审查被侵权人是否向网络服务提供者发出过有效通知。根据法律规定，被侵权人以书面形式或者网络服务提供者公示的方式，向网络服务提供者发出的通知包含通知人的姓名（名称）和联系方式、要求采取必要措施的网络地址或者足以准确定位侵权内容的相关信息、通知人要求删除相关信息的理由及初步证据等内容的，法院应当认定为有效通知。

二是审查网络服务提供者是否及时采取必要措施。网络服务提供者接到通知后应及时将该通知转送相关网络用户，并根据构成侵权的初步证据和服务类型采取必要措施。网络用户接到转送通知后，可以向网络服务提供者提交不存在侵权行为的声明，包括相关初步证据。网络服务提供者应将该声明转送发出通知的权利人，并告知其可向有关部门投诉或起诉。网络服务提供者在合理期限内未收到权利人已经投诉或起诉通知的，应及时终止所采取的措施。

如案例四中，B公司称其在接到王某通知后已对相应照片作出处理，但王某在发现侵权信息后曾多次要求B公司屏蔽该用户，B公司仅删除通知之前的相关照片而未对侵权用户的网页予以屏蔽或者断开该网页链接，因此并不能认定B公司及时采取了必要措施。故B公司应对王某损失扩大部分承担连带赔偿责任。

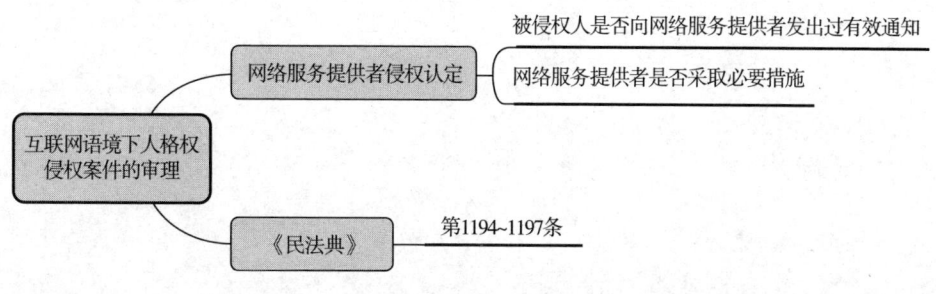

思维导图5：互联网语境下人格权侵权案件的审理思路

其他问题

本文限于篇幅并未对所有类型的人格权纠纷案件展开分析。其中,对于案件体量庞大且至关重要的生命权、身体权、健康权纠纷案件,因法律规定相对较为明确,本文未作重点分析。尚需注意的是,对于死者的权益保护,应由其配偶、子女、父母依法请求行为人承担民事责任;死者没有配偶、子女且父母已经死亡的,其他近亲属有权依法请求行为人承担民事责任。

继承纠纷中涉宅基地房屋拆迁案件的审理思路和裁判要点

侯卫清　张家伟[*]

宅基地制度是我国土地管理制度的重要组成部分,是有效保障农民住房待遇的特殊制度。审理继承纠纷中涉宅基地房屋拆迁案件,要注重保护宅基地房屋内实际居住人的利益。该类案件审理的基本思路总体上分为两部分:一是析产,将被继承人的遗产范围从总的拆迁利益中划分出来;二是继承,根据继承规则在继承人之间进行分配。

⊙ 典型案例

案例一：涉及外来人员的拆迁利益分配

吴某与邢甲育有邢乙,家中还有邢甲父母及外祖母。2010年邢甲家房屋拆迁,拆迁协议中载明系争宅基地房屋有证面积为264.39平方米,认定人口6人,即邢甲、邢乙及邢甲父母、外祖母,并注明"外地女婿吴某+1人,共计人口6人"。该户最终认定面积为"264.39+5.61（人口）"平方米。后吴某与邢甲离婚,双方就吴某应享有的拆迁利益意见不一。

案例二：涉及优惠多得的拆迁利益分配

康某与方甲育有方乙、方丙。2007年康某家宅基地房屋拆迁,康某、方甲、方乙作为一户进行安置。被拆迁房屋为康某祖传老宅,拆迁时由于方乙系大龄未婚青年,故其按照两人计算,最终该户获得4人口的拆迁利益。2011年方乙与汤某结婚育有方丁。2013年、2015年方甲、方乙相继去世,生

---

[*] 侯卫清,民事庭审判长,法学硕士；张家伟,少年家事庭法官助理,法学硕士。

前均未立遗嘱。后发生继承纠纷，汤某、方丁与康某就拆迁利益分配中方乙应占份额意见不同。

案例三：涉及房屋翻建对继承遗产的分配

黄甲与杭某育有黄乙、黄丙。案涉宅基地房屋原面积49.5平方米，系黄甲、杭某所有。1991年房屋宅基地使用权登记在黄甲与黄乙名下。1999年黄甲、杭某相继去世，黄乙、黄丙均已不在该房屋居住。2007年，黄乙在未征得黄丙同意的情况下翻建该宅基地房屋并办理了翻建手续，翻建后房屋面积变为109平方米。2015年该房屋拆迁，拆迁单位认定房屋归黄甲、黄乙所有，并按照建筑面积109平方米安置拆迁利益。黄丙知晓后起诉要求分割父母遗产，双方对房屋翻建后多出的面积是否属于遗产范围产生分歧。

⊙ 审理难点

继承纠纷中涉宅基地房屋拆迁案件在审理中通常存在三个难点：

（一）外来人员的拆迁利益如何分配

上海市目前的拆迁政策通常首先计算被拆迁农户的拆迁补偿款，然后再给予农户优惠购房指标，由农户选择购买房屋。有证建筑面积是拆迁补偿款和优惠购房指标的重要核算依据，通常是根据该户认定人口计算所得。但上海部分地区拆迁政策适用就高不就低原则，即实际房屋面积和根据人口计算的面积相比较，选择面积较大者作为拆迁补偿款和优惠购房指标的计算依据。如案例一中，由于上门女婿吴某系外来人员，该农户多获得5.61平方米的拆迁补偿款与优惠购房指标。在拆迁利益分配中，对于上门女婿等外来人员是只能享有多分的拆迁利益还是与其他拆迁人口平均分配存在分歧。

（二）优惠多得的拆迁利益应如何分配

拆迁政策中包含一些惠民优惠政策，如案例二中，大龄未婚青年等在认定拆迁人口时会按多人计算，该农户因此额外获得部分拆迁补偿款和优惠购房指标，但相应拆迁利益归拆迁协议中列明人员共有，还是归特殊身份人员独有存在较大争议。

（三）翻建房屋后继承遗产范围如何认定

继承人翻建宅基地房屋而产生的相关继承纠纷包含多种情形。如案例三中，因一方继承人擅自翻建后原继承房屋已"灭失"，其他继承人可继承范围为原房屋面积还是翻建后的房屋面积存在不同理解。

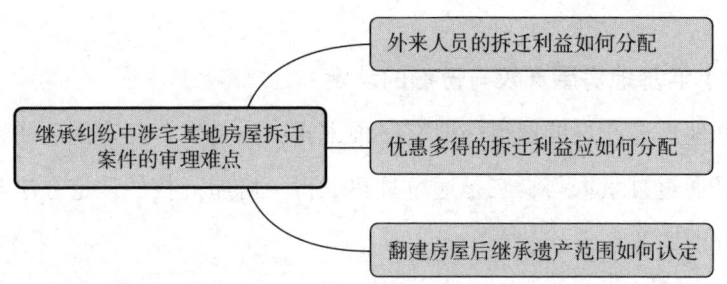

思维导图1：继承纠纷中涉宅基地房屋拆迁案件的审理难点

⊙ 审理思路与裁判方法

继承纠纷中涉宅基地房屋拆迁案件的审理重点和难点在于析产部分，首先需确定被拆迁房屋的拆迁人口；其次确定被继承人在宅基地上的房屋产权与份额，由拆迁人口享有宅基地的拆迁补偿，房屋产权人享有地上建筑物补偿；最后根据具体拆迁政策分配其他拆迁利益，确定被继承人的遗产范围。

（一）拆迁人口的认定

依据《上海市征收集体土地房屋补偿暂行规定》，宅基地土地部分的拆迁利益应归属于拆迁人口。拆迁人口一般为宅基地使用权人，即宅基地使用审核表上所列户中成员。随着宅基地上居住农户家庭成员发生婚丧嫁娶以及生子等变动，宅基地使用权人也随之变动。

1991年上海市进行了大规模的农村宅基地使用权登记，但自此之后再无统一的宅基地登记。现今并无宅基地使用权人的更新登记信息，宅基地使用权相关的法律和行政法规亦不完善。具体拆迁单位的认定应作为确定拆迁人口的重要参考，应以拆迁政策和拆迁单位人口清单来认定拆迁人口。法院应当要求当事人提供相关拆迁协议，若当事人无法提供或需验证真实性时，可前往当地拆迁部门调取存档协议。如案例一中，根据当地拆迁政策，吴某虽为外来人员但其被认定为拆迁人口之一，应与其他拆迁人口平均分配宅基地部分的拆迁利益。

（二）宅基地房屋产权与份额的认定

宅基地房屋产权的取得一般有三种方式：一是农户经审批后初始建造取得，二是通过继承取得，三是通过翻建取得。房屋产权的认定方法与份额分配方式分别如下：

1.通过初始建造取得房屋产权的认定方法与份额分配方式

由于我国宅基地制度具有福利性质，目的是保障集体经济组织成员住有所居。房屋初始建造审核表上的立基人员均为宅基地房屋产权人。但在分家析产或继承纠纷等必须划分房屋产权份额时，需考虑房屋建造的相关出资情况，出资贡献多者应多分配房屋产权份额。相关出资情况需要当事人提供购买建材、雇佣施工队收据、发票等证据加以证明。当事人无法提供但需审查相关材料的，应至当地乡镇土地管理所调取审核登记表或房屋产权登记记录等。如果当事人之间对房屋建造出资问题难以达成一致且均未能提供有效证据证明自身出资主张的，法院可以将建造房屋时农户内成年成员视为房屋建造出资人。

2.通过继承取得房屋产权的认定方法与份额分配方式

对于产证清晰、有建造审核表的房屋，继承取得房屋产权应当按照《民法典》第六编继承的相关规定分配房屋产权份额。对于建造时间过早且没有相关建造手续的祖传房屋，在1991年一般均已重新登记。该登记效力覆盖了如土改证等历史登记的效力，故此类祖传房屋的产权份额分配应以1991年宅基地登记为准。

3. 通过翻建取得房屋产权的认定方法与份额分配方式

翻建房屋，是指经审批后，在宅基地上拆除原有房屋重新建造新的房屋。在审理涉房屋翻建的继承案件中，需重点审查三个要素：一是房屋翻建前的居住情况，如果各方当事人意见不一，可向当地村委会查证相关居住情况；二是房屋翻建的出资情况，需由翻建人提供相关翻建费用凭据；三是翻建是否征得其他继承人同意，个别继承人翻建房屋的需提供相关证据证明已征得其他继承人同意。关于个别继承人翻建房屋产生的继承纠纷主要有以下四种情形：

（1）被继承人生前居住房屋内无同住继承人，去世后一方继承人翻建房屋。新翻建房屋的产权应延续之前的状态归所有继承人按份共有，但其他继承人应对翻建人的出资予以补偿。即使其他继承人知情且未反对翻建，也不能认定其放弃继承房屋产权。

（2）被继承人生前居住房屋内有同住继承人，去世后同住继承人翻建房屋。该种情形属于同住继承人作为宅基地使用权人合理改善自身居住条件，其他继承人不享有新翻建房屋的份额，但翻建人应当补偿其他继承人在原房屋中的份额。如案例三中，黄乙翻建房屋后多出的面积不属于遗产范围，黄丙不享有新翻建房屋的份额。

（3）被继承人去世前，一方继承人出资翻建房屋但无房屋转让书面协议。新翻建房屋应当作为被继承人的遗产处理，由各继承人按份共有。对于出资翻建房屋的继承人在分配房屋产权份额时，可以适当多分或者要求其他继承人给予适当补偿。

（4）被继承人去世前，一方继承人出资翻建房屋且有房屋转让书面协议。若转让协议有效，则翻建人对新翻建房屋享有全部产权；若翻建人与被继承人非同一经济组织成员或已另获批宅基地，则该转让协议无效，新翻建房屋的处理方式与无书面转让协议的情况相同。

(三)分配宅基地房屋的拆迁利益

在分配宅基地房屋的拆迁利益时需将宅基地的居住保障功能作为首要考量因素。法院应向当事人或当地村委会调查清楚涉案宅基地房屋拆迁之前和当前的实际居住情况。上海农户所得拆迁利益一般可分为宅基地使用权补偿利益、房屋附属设施拆除补偿利益以及其他拆迁补偿利益,分配规则如下:

1. 宅基地使用权补偿利益的分配

(1) 优惠购房指标的分配。

拆迁单位除给付被拆迁农户拆迁补偿款外,还会分配一定面积的优惠购房指标。优惠购房指标应优先考虑宅基地使用权人,以保障其在居住房屋被征收后仍能获得居住用房。

一是被继承人生前居住房屋内有同住继承人,被继承人去世后该房屋拆迁。由于拆迁房屋内尚有宅基地使用权人,非使用权人不得依据自身享有部分房屋产权而要求获得优惠购房指标。

二是被继承人生前居住房屋内无同住继承人,被继承人去世后该房屋拆迁。虽然拆迁房屋内已无宅基地使用权人,但在实践中拆迁单位一般会给予一定面积的优惠购房指标作为房屋拆迁补偿,拆迁房屋的继承人可以按照所占房屋产权份额分配指标。

三是被继承人生前居住房屋内有同住继承人,被继承人在拆迁协议签署后房屋交付前去世。只要未被拆迁单位收回,尚未使用的优惠购房指标仍可作为被继承人遗产进行分配。

四是被继承人生前签订拆迁协议时,将自己的优惠购房指标转让给继承人。被继承人的原优惠购房指标或所购房屋不能作为遗产处理,法院可向拆迁单位核实相关情况。

(2) 宅基地使用权货币补偿的分配。

上海市拆迁政策对宅基地使用权的货币补偿计算方式主要有"数砖头"和"数人头"两种,其中"数砖头"占比较高。"数砖头"一般为拆迁房屋重置成新价、同区域新建商品住房每平方米建筑面积的土地使用权基价和价格补贴三者之和乘以有证建筑面积。其中拆迁房屋重置成新价系对房屋本身拆除的补偿，应归属于房屋产权人。同区域新建商品住房每平方米建筑面积的土地使用权基价和价格补贴，应由宅基地使用权人平均享有。"数人头"一般是根据户籍人口来计算补偿金额，应由宅基地使用权人按份共有。

（3）优惠拆迁利益的分配。

依据上海拆迁惠民政策，宅基地使用权人中的大龄未婚青年等特殊身份人员，通常会额外多算拆迁人口导致该户拆迁利益增加，如考虑到大龄未婚青年以后结婚生子需要更多的住房要求。这些拆迁利益是基于特殊身份才给予的，故这些额外拆迁补偿款和优惠购房指标应归于特殊身份人员，不应在各宅基地使用权人之间平均分配。如案例二中，该户在拆迁时因方乙系大龄未婚青年而额外获得的拆迁利益应归属于方乙本人。

考虑到独生子女身份是由于其父母响应国家计划生育政策而取得，并非独生子女本人的贡献或劳动所得，故基于独生子女身份增加的补偿利益原则上应归独生子女的父母和独生子女共有。

2. 房屋附属设施拆除补偿利益的分配

房屋附属设施包括棚舍、无证建筑等。房屋附属设施的拆除补偿仅为建造物料的补偿，应归于实际建造人。需要注意的是，实际建造人还应包括虽未出资但仍在房屋中居住并享有宅基地使用权的人员。对房屋装修的拆除补偿是对装修物料的补偿，应归属于实际出资装修人。若无有效装修出资凭证，则应认定装修时农户内居住的已有经济收入人员为实际出资装修人。

3. 其他拆迁补偿利益的分配

除上述拆迁利益外，被拆迁农户还会得到诸如搬家补助费、临时过渡费、速签速搬费、特殊对象补贴、自留地补偿费用等其他拆迁补偿利益。拆迁政策和拆迁协议中一般均会根据费用性质明确分配方案：如搬家补助费、临时过渡费、速签速搬费等是为了鼓励实际居住人尽早搬迁，为其搬家和过渡期内的居住提供相应费用，故应归属于房屋实际居住人；特殊对象补贴则属于对生活困难人员的特殊补贴，应归其个人所有；农村集体经济成员对归集体所有的自留地和耕地享有生产使用的权利，因此自留地补偿费用应归属于农户内农业户籍人员。

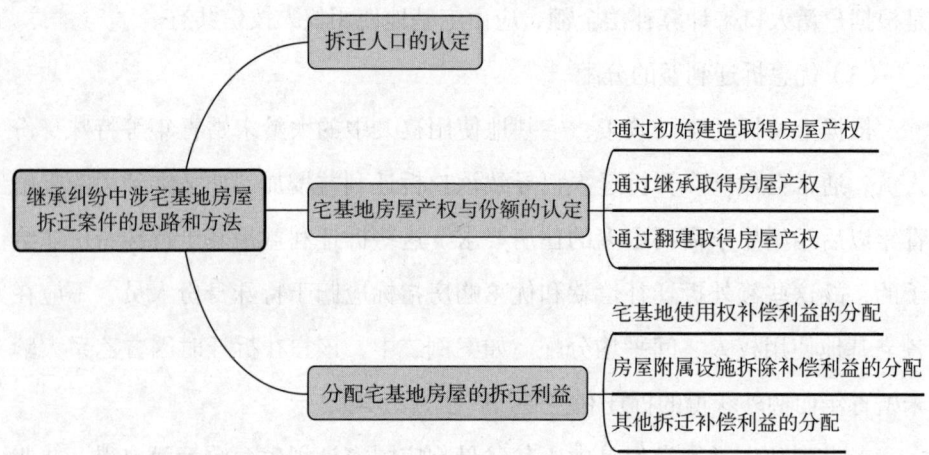

思维导图2：继承纠纷中涉宅基地房屋拆迁案件的审理思路与裁判方法

⊙ 其他问题

析出被继承人的拆迁利益后，即可按照法定继承或遗嘱继承的方式分割被继承人财产。在遗嘱继承中应按照有效的遗嘱内容分配被继承人的财产。在法定继承中如果被继承人存在多名子女，还需审查对被继承人的赡养事实，承担主要赡养义务的子女应适当多分。

未成年人校园人身伤害类案件审理思路和裁判要点

郭海云　张家伟[*]

未成年人校园人身伤害类案件，是指未成年人在幼儿园、中小学校园内出现人身伤害事故而引发的案件。该类案件包括生命权、健康权、人身权纠纷和教育机构责任纠纷两种案由。未成年人校园人身伤害类案件在传统涉少民事案件中占比较大。该类纠纷中责任比例的划分是案件审理的重点和难点。实践中，校园人身伤害类案件改发率明显高于其他涉少民事案件，其中学校责任性质和比例认定不当是此类案件被二审改发的重要原因。现结合典型案例对此类案件的审理思路和裁判要点予以梳理和总结。

⊙ 典型案例

案例一：涉及学校教育、管理不当责任的认定

体育课上，体育教师组织学生A、学生B所在班级开展游戏活动。活动过程中A推搡B，后B报复推倒A并致A骨折。经审理查明，游戏过程中秩序尚可，体育教师一直在外圈同学身后关注学生动态；活动开始前学校进行过安全教育；A陈述在游戏过程中与学生C也曾互相推搡，但体育教师对A与B、A与C之间的推搡行为均未进行教育或阻止。后学校、A、B三方因就赔偿事宜协商不成诉至法院。

案例二：涉及自甘风险原则在校园体育运动中是否适用

体育课上，学生D、学生E等人被教师安排进行篮球比赛。D、E争抢

---

[*] 郭海云，少年家事庭庭长，法律硕士；张家伟，少年庭法官助理，法学硕士。

篮球时发生碰撞,致D重心不稳摔倒受伤。后经审理查明,在进行篮球活动时体育教师未在旁监管、保护。D认为自己受伤是因E在进攻时冲撞所致,E应承担70%赔偿责任。E则认为篮球运动属高风险运动,D年满12周岁应当对篮球运动可能造成的损害后果具有一定的预判能力,自愿参加高风险运动也应承担由此造成的合理损害,故不愿承担赔偿责任。

案例三:涉及受伤学生校外补课费是否应当支持

体育课上,学生F、学生G等人被教师安排进行足球比赛,比赛中G犯规致F小腿骨折。F经治疗后需在家休养2个月。为防止F在家休养期间耽误课业,F父母安排了校外培训机构补习,并为此支付1.5万元补课费。诉讼中,F、G、学校对于补课费用是否应纳入赔偿金意见不一。F主张校外补课费用系因受伤无法独立在校学习而产生,应纳入赔偿金。学校则认为已经安排教师为F补课,F去校外培训机构补课并非必要,故补课费用不应纳入赔偿金。

案例四:涉及受伤学生父母误工费是否应当支持

体育课上,学生H、学生J等人被教师安排进行足球比赛,H在追球过程中因场地湿滑与J相撞,致J左膝韧带断裂。后因J在上海医院治疗效果不佳,J父母带其至北京医院治疗1个月。J父母主张两人因请假带J至北京治疗而产生的误工费应计入赔偿金。J为此提供了父母的工资卡银行流水。学校则认为J去北京治疗只需母亲一人护理即可,误工费损失应为母亲一人工资。H则认为J去北京治疗并非必要,且父母误工费并非法定赔偿范围,故不认可J父母误工费的主张。

⊙ 审理难点

未成年人校园人身伤害类案件中学校方面责任比例的认定、人身损害赔偿金额的确定是此类案件的审理重点和难点。规则允许内的身体碰撞在校园体育运动中难以避免,实践中,造成人身伤害的身体碰撞多为体育运动中的正常行为,如何确定过错和责任具有一定难度。

（一）学校责任比例确定难

未成年人校园人身伤害类案件与一般的健康权、人身权纠纷案件不同，后者当事人一般只有侵权人和被侵权人两方，而根据《民法典》第1199~1201条的规定，未成年人在学校内受到人身伤害，学校未尽到教育、管理职责的也应承担责任。根据学生年龄不同，学校的归责原则亦不完全相同。在校园人身伤害类案件中，学校大多作为当事人参与诉讼，但教育、管理失职作为致害原因对伤害事故发生有何作用难以直接评估，故学校方面的过错程度相较于直接侵权人较难确定。同时，侵权人和被侵权人为未成年人，其责任大小还需考量未成年人年龄及认知能力等因素，对学校责任比例的认定也有一定影响。

（二）校园体育运动伤害责任比例确定难

足球、篮球等存在激烈身体对抗的校园体育运动中发生正常碰撞不可避免，由此造成的伤害事故极易引发纠纷。在此类体育运动伤害事故中，如果学生的碰撞行为属于该项运动中的合理碰撞，且双方均未违反运动规则，那么如何确定学校和学生各方之间的责任，学生各方之间应适用公平责任原则共同分担还是适用自甘风险原则由受害学生自己承担，均成为案件审理难点。

（三）赔偿金额确定难

校园人身伤害类案件的被侵权人大多为未成年人，且其中不乏幼童，多数情况下父母会亲自照顾被侵权未成年人，因此被侵权人多会主张父母因照顾而产生的误工费。有些伤势较重不方便前往学校学习的当事人为了不耽误学业还会选择聘请校外辅导教师补课，由此产生的补课费用也会在案件中一并主张。根据《最高人民法院关于审理人身损害赔偿案件适用法律若干问题的解释》第21条第2款的规定，家长误工费作为护理费应予支持。多数案件中当事人主张的家长误工费远超法定的护理费标准，特别是当护理期较长或部分家长收入较高时，如果全额支持误工费将过于加重侵权人的赔偿责任，故家长误工费的标准需由法官视情酌定。补课费用由于并非常规赔偿项目，对于有无补课必要、补课时长、费用标准等亦需由法官视情酌定。

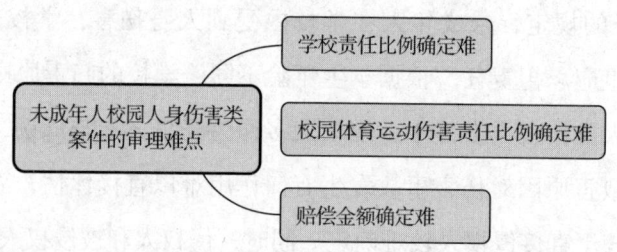

思维导图1：未成年人校园人身伤害类案件的审理难点

⊙ 审理思路与裁判方法

未成年人校园人身伤害类案件的审理应首先查明案件相关事实，并以填平原则确定人身伤害产生的财产性损失，据此认定各方当事人需要承担的责任比例。学生之间的责任分配应以过错原则为基础。侵权人有过错致他人受伤的，应承担与其侵权行为相适应的责任；被侵权人有过错的，也应承担相应责任，减轻侵权人的赔偿责任。在特殊情况下，法院还可适用公平原则由学生各方均摊责任。无民事行为能力人在学校内受到人身伤害，学校责任承担适用过错推定责任原则；限制民事行为能力人在学校内受到人身伤害，学校责任承担适用过错责任原则。

（一）查明事故发生事实

审理校园人身伤害类案件首先需要查明事故发生的基本事实。法院需要听取当事人、在场教师及其他在场学生陈述，并调取查阅学校记录、监控录像、病例及鉴定报告等证据。在学校硬件设施造成学生受伤的案件中，法院还应查看事故发生现场的具体情况。

目前大多数学校及幼儿园均有校园监控设备，通过观看监控录像可以直接查清事发情况。即使没有监控录像，校园人身伤害事故发生后，学校大多会对事故发生情况进行调查并就调查结果形成工作记录，一般情况下，第一时间形成的工作记录能够较为真实地反映事故发生的原因及事发状况。

校园人身伤害类案件中，考虑到学生属于未成年人，如果学校不能在第一时间调查查明事故发生的具体原因和情况，那么当事人的陈述很可能更会受到外力和自身记忆减退等因素的干扰，所以此类案件对学校方面举证责任的要求应较为严格。若因未及时调查事故发生情况致使案件事实无法查清，则学校需要承担相应责任。

学校作为当事人可能不会在工作记录中反映己方工作疏忽等过错，所以法院还需要结合当事人、在场教师以及其他在场学生的陈述等来判断学校有无尽到教育、管理职责，这也直接关系到学校的担责比例。针对学校方面的责任需要重点调查以下内容：

1. 学校是否进行安全教育

上海市的学校目前一般都会进行必要的日常安全教育。在体育运动伤害案件中需要重点调查学校教师在组织安排学生进行体育活动前有无进行必要的规则讲解、技术动作示范、危险动作提示等安全教育。

2. 学校安全防护设施是否到位

学校作为未成年人高度聚集的场所，对安全防护设施的要求与一般场地相比应当更高。如果学生受伤可能与学校硬件设施有关，则需要调查学校设施是否符合国家相关标准。此外，如果伤害事故发生在诸如跳高等需要防护器材的体育运动中，在调查案件事实时需要重点查清学校组织该项体育活动所配备的防护器材是否符合体育教学的规定，能否起到充分保护的作用。

3. 事故发生时教师是否在场并进行有效管理

在校园人身伤害类案件中对学校应承担的教育、管理职责要求较为严格。学生在上课、课间休息、午休或体育活动期间均要求有教师在场监管或楼层巡查。校园人身伤害事故多因学生间的打闹、推搡或其他危险行为所致，因此需查明在场教师对事故发生前的危险行为有无制止，若未及时制止则应认定学校方面未尽到管理职责。

4. 学校救助是否及时

学生因意外事故受伤后,学校负有及时救助防止伤害结果扩大的责任。若未尽到合理救助义务则学校需对扩大损害的后果承担主要责任。故在调查事实时应了解学校在事发后的救助情况,包括学校是否采取救治措施、处置措施是否适当、送医是否及时、有无及时通知家长等。

(二)划分各方责任比例

人身伤害类案件责任比例的划分因素包括当事人过错程度、致害原因力、侵害情节等。在未成年人校园人身伤害类案件中还需要考量当事学生的年龄以及学校管理有无疏漏等因素。

1. 学校的责任范围及诉讼地位

根据《民法典》第1199~1201条的规定,除第三人在校园内造成学生伤害案件外,学校无论承担过错责任还是过错推定责任,均仅需对自身行为的过错承担相应的赔偿责任。学校承担的是单独的赔偿责任,而非补充责任或共同侵权责任。在该类案件中,若学校并无行为过错或管理疏漏,则不应判决学校承担赔偿责任。

司法裁判应当鼓励学校积极组织学生开展体育运动,在校园体育运动伤害事故案件中对于学校责任比例的认定需更加谨慎。如在篮球、足球等身体对抗激烈的体育运动中,碰撞发生具有即时性,教师难以提前干预或及时制止。此种情形下,若学校已尽到必要的教育、管理责任,则不应再判决学校承担责任;若学校存在一定的教育、管理失职情形但过错并不严重,并非导致事故发生的直接原因,则学校责任一般不应超过30%。

在未成年人校园人身伤害类案件中,学校作为责任主体应列为被告参与诉讼。若被侵权学生未将学校列为诉讼当事人,法院应向其主动释明。若被侵权学生仍拒绝将学校列为被告参与诉讼,则该案件应仅在侵权方的责任范围内进行审理,并告知被侵权学生可另案起诉学校承担赔偿责任。为了更好地查明案件事实,在被侵权学生坚持不将学校列为被告的情况下,法院亦可将学校列为第三人参与诉讼。需要注意的是，根据《民法典》第1189条的规定，侵权学生家长也应当作为案件被告，而非仅仅作为法定代理人参与诉讼。

2. 无直接侵权人案件赔偿责任比例划分

无直接侵权人的校园人身伤害类案件中当事人仅有受伤学生和学校两方，该类案件多因学校硬件设施故障或体育活动课保护不当造成学生受伤。学校硬件设施故障造成学生受伤，除特殊情况外，应由学校承担全部或主要责任。体育活动课上因保护不当造成学生受伤，则需视体育活动危险性、学校防护措施是否到位以及学生有无违反教师指令等因素综合判定双方责任。当学生违反教师指令和安全规定，在体育活动中进行危险动作致自己受伤时，若教师不可能及时制止的，则应由学生承担全部或大部分责任；若教师能及时制止学生危险行为但未制止的，则视情况由学校和学生各半承担责任或由学生承担大部分责任；若学生不存在违规行为，只因学校保护措施不当致使学生受伤，则除特殊情形外应由学校承担全部责任。

3. 有直接侵权人案件赔偿责任比例划分

未成年人校园人身伤害类案件审理中除对比侵权人和被侵权人过错外，还需考量学校在管理、教育上有无失职及失职行为与伤害后果的关联程度。各方所需承担的责任比例应视具体案情而定，但考虑到涉未成年人案件的特殊性，若学校方面存在明显的教育、管理失职情形，则所承担的责任比例不应低于30%。

如案例一中，A与B互相推搡致A倒地受伤，体育教师看到学生间发生推搡可以制止但未制止，后出现学生受伤情况。考虑到A、B作为未成年人难以预知推搡行为可能导致他人倒地骨折，但体育教师显然应当预见到该行为的危险性但未予制止，故学校所应承担的赔偿责任应高于A、B，最终本案判决学校承担50%的赔偿责任，A、B各承担25%的责任。

确定侵权人、被侵权人责任时，应当考虑通过当事人年龄考查未成年人对行为危险性的认知能力。如果年龄及认知能力不足以认识到动作的危险性，则其承担的责任比例应当降低，学校的责任比例相应提高。一般情况下，如果学校方面存在失职、失责行为，则需承担大部分或者全部责任。若未成年学生已超过16周岁，应推定其对行为危险性有充分认知。此种情况下，学校若不存在重大失职、失责行为，则仅需承担小部分责任或不承担责任。

4.校园体育运动伤害中自甘风险原则须审慎适用

在篮球、足球运动等校园常见的、对抗性较强的体育活动中，学生经常发生肢体冲撞并因此受伤。通常情况下，参与者自愿参加带有危险性的竞技体育运动，应对可能存在的风险具有一定认知，也应自行承担运动规则下正常冲撞带来的伤害结果，此所谓自甘风险原则。然而，体育活动课上安排未成年学生进行体育运动与成年人之间的竞技性体育运动应有所区别。通常成年人参加竞技性体育运动完全由本人自主决定，而在学校体育课上，学生系根据教师安排参与各项体育活动。学生开展足球、篮球比赛是为了配合体育教师进行体育教学，并非完全自主参与对抗性较强的体育运动。此外，中小学生大多为限制民事行为能力人，对参与体育运动危险性的认知亦不如成年人。因此发生在校园体育运动中的未成年人人身伤害类案件应审慎适用自甘风险原则。

如案例二中，体育运动伤害事故双方当事人均为14周岁以下的未成年人，对篮球运动所存在的风险在认知水平和判断能力上与成年人相比均存在一定差距，故完全适用自甘风险原则令受害方自行承担损害后果并不妥当，由碰撞双方平均承担损失较为合理。法院最终酌情判定D、E及学校按照35%、35%、30%的比例承担责任。

特殊情况下，校园体育运动中未成年人人身伤害类案件亦可适用自甘风险原则。如学生在午休或活动课期间自行组织足球、篮球等身体对抗较为激烈的运动时发生伤害事故，若受伤学生年龄较大并经常参与此类运动，对运动危险性有足够认知，可适用该原则。当此类案件中的伤害事故确因运动中正常碰撞所致，则处理学校责任之外的责任比例时可以适用自甘风险原则，由受伤学生自行承担该部分损失。

5. 第三人在校园内造成学生伤害案件赔偿责任比例划分

根据《民法典》第1201条的规定，校外第三人在校园内造成学生人身伤害的，除第三人根据过错行为承担相应侵权责任外，学校未尽到防止陌生人进入校园、规范第三人在校园内活动等管理职责的，均需承担相应的补充责任。需要注意的是，如果造成学生受伤的校外第三人系学校雇佣的施工人员，则学校应承担过错责任而非补充责任。

（三）确定赔偿金额

校园人身伤害类案件人身损害赔偿金的计算，除一般的医疗费、交通费、护理费、营养费、伙食补助费、律师费、鉴定费、伤残赔偿金外，还会产生未成年人父母误工费、补课费等特殊费用，此外在计算医疗费时尚需考虑未成年人身体的特殊性而在裁判时作特别考量。

1. 未成年人父母误工费

未成年人受伤后如果确需护理，由其父亲或母亲进行护理符合常理，由此产生的父母误工费可予支持。在计算误工费时应要求被侵权人父母提供单位开具的请假及由此造成损失的证明。请假天数不应超过合理的护理期天数，若超过则应按护理期来计算误工费。此外需要注意两点：一是如果未成年人家长为无固定职业者，除非当事人可以提供明确证据证明其误工损失，否则一般情况下对其误工费请求不予支持，仅可支持护理费请求。二是如果未成年人家长收入较高，也不宜全额支持误工损失。法院应充分考量侵权人对赔偿责任的可预期性，误工费标准不应超过必要的合理范畴。

如案例四中，J父母确因带J至北京医院治疗而请假1个月并由此产生误工费，但护理人员应认定一人为宜，且J父亲的误工费过高，法院最终认定J母亲产生的误工损失1万元可计入人身损害赔偿金。需要注意的是，如果支持了被侵权学生家长的误工费请求，那么在计算损失时不应再重复计算护理费。

2. 补课费

未成年学生如因伤无法返回学校正常就学必然会影响其学业。家长安排孩子前往校外培训机构或聘请辅导教师补课实属合理，由此产生的补课费也应计入实际损失。被侵权人需提供发票等证据证明其实际支出的补课费用。这里需要注意两点：一是如果学校举证证明其已提供教师单独补课等合理救济措施，但被侵权人家长拒绝接受的，则不应再支持补课费；二是补课费需在合理范围内。如果被侵权人主张的补课费用过高，则应以市场合理价格来计算补课费用。市场合理价格应以侵权学生或学校提供的大型补习机构的一般价作为参考。同时，因补课所产生的合理交通费损失也应一并支持。

如案例三中，F因腿部骨折无法独立到校学习，故由父母接送至课外培训机构补习实属合理。虽然学校主张已安排教师为F单独补课，但学校安排的补课均在F父母工作时间，F父母难以接送，故法院最终支持了F补课费的主张。

3. 医疗费

未成年人尚处于身体发育阶段，治疗某些伤病时需要通过多次手术分阶

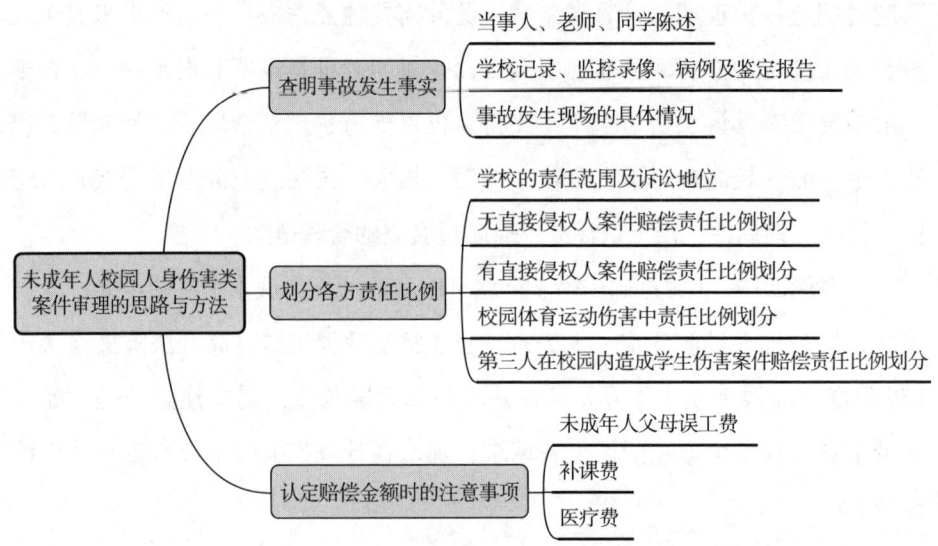

思维导图2：未成年人校园人身伤害类案件的审理思路与裁判方法

段进行,甚至有的手术可能会相隔数年,因此诉讼时可能存在尚未发生的医疗费。法院可以主动释明被侵权人待医疗费发生后再行主张,主持调解时亦应将后续必然发生的医疗费一并考虑。校园人身伤害案件中若学生面部受伤,当事人常就整容祛疤费用是否属于医疗费产生争议。对此,法院需要考虑到未成年人身体皮肤尚处于生长发育阶段,若不及时祛除疤痕则会造成疤痕继续扩大,而面部明显的疤痕必然会影响未成年人今后的工作、生活,故从保护未成年人利益最大化的角度出发,对于受伤学生此类整容祛疤费用的主张应一并支持。需要注意的是,整容祛疤费用应在合理范围内,若受伤学生前往某些私立整容医院治疗,由此产生高昂的美容费用则不应全部支持,法院可参考公立医院相应治疗费用进行认定。

⊙ 其他问题

学校组织学生外出集体游玩期间,学生人身受到伤害的案件亦可视为特殊的校园人身伤害案件,但其责任承担方式与一般校园人身伤害案件存在以下差异:第一,若学校组织的外出集体游玩活动有家长陪同参加,则家长负有监管、教育、保护自己孩子的义务,学校方面除存在组织不当致学生受伤的情况外,一般无需承担赔偿责任。提供游玩场地的经营单位若未尽到合理限度的安全保障义务,则应承担相应赔偿责任。第二,若学校组织的外出集体游玩活动并无家长陪同,则学校仍负有对学生的管理和保护义务。若因学校管理、保护不当致使学生受伤,则学校的责任与一般校园人身伤害事故相同。此种情形下游玩场地的经营单位亦同样负有安全保障义务。

医疗损害责任纠纷案件的审理思路和裁判要点

孙春蓉 曹沁*

医疗损害责任纠纷,是指患方向医方主张侵权赔偿引发的诉讼。医疗损害责任纠纷同时涉及医学和法学问题,虽在整个民商事纠纷中占比不高,但社会关注度高、审理难度大、办案周期长。处理此类纠纷,既要充分保护患者权益,又要考虑医疗本身的专业性、风险性,以规范医疗行为、指引患方理性维权、引导医患双方回归理性诉讼预期。需要说明的是,医疗美容损害责任纠纷也属于医疗损害责任纠纷范畴,但两者在鉴定评判标准等方面存在显著差异,故本文所涉内容不包括医疗美容损害责任纠纷案件。我们以典型案例为基础,依照《民法典》及《最高人民法院关于审理医疗损害责任纠纷案件适用法律若干问题的解释》(以下简称《医疗损害司法解释》)的相关规定,对该类案件的审理思路和裁判方法进行梳理、提炼和总结。

⊙ 典型案例

案例一:涉及多种原因导致损害后果的认定

王某因突发左下腹疼痛至A医院就诊,A医院诊断为急腹症,对其进行抗炎治疗并医嘱随访。次日王某因主动脉壁夹层动脉瘤破裂死亡,王某家属诉至法院要求A医院承担全部赔偿责任。经鉴定,医方对其病情变化评估存在欠缺是导致王某死亡的原因之一。

---

* 孙春蓉,民事庭审判长,法学硕士;曹沁,民事庭法官助理,法学硕士。

案例二：涉及无法鉴定时医疗损害责任的认定

刘某收治入 B 医院行剖宫产手术，后因子宫切口持续渗血，行全子宫切除术。涉诉后，刘某申请医疗损害鉴定。因 B 医院只有护士乔某一人抄写"产程记录"，且已将原始"产程记录"丢弃，相关鉴定材料存在缺陷，导致医疗损害鉴定不能。

案例三：涉及对鉴定意见的实质审查

卞某至 C 医院就诊，C 医院拟以"右眼视网膜脱离"将卞某收治住院并进行手术。卞某服用降眼压药物数天后出现严重过敏性异常反应，后主要因肺部感染及颅内出血死亡。医学会鉴定意见为"本例不属于对患者人身的医疗损害"，但鉴定意见指出"医方应用降眼压药物后，与患者发生中毒性表皮坏死松解症有因果关系，存在过错"。

审理难点

（一）医疗损害责任中多种原因导致损害后果的抗辩认定难

医疗损害责任纠纷中患者损害后果的形成原因复杂多样，医疗机构或其医务人员的医疗行为与患者的原发疾病、个人体质及自身过错等原因，共同导致损害后果发生的情形较为普遍。医疗机构或其医务人员对其诊疗行为之外原因引起的损害部分，通常会提出不承担赔偿责任的抗辩事由，而此类抗辩事由是否成立需根据专业意见综合具体案情予以认定。

（二）医疗损害责任中过错及因果关系的构成认定难

医疗损害责任纠纷中，医疗机构或其医务人员是否有过错、该过错与患者损害后果之间是否存在因果关系的认定是该类案件的审理难点。一方面，对于未尽到与当时医疗水平相应的诊疗义务、违反告知义务等过错的认定，缺乏统一的判断标准；另一方面，对于过错与因果关系的构成认定通常需要借助医疗损害鉴定予以明晰。在无法进行医疗损害鉴定时，如何合理分配举证责任，也是判断是否构成医疗损害责任的难点。

（三）医疗损害鉴定意见实质审查难

医疗损害鉴定意见是对鉴定过程及其所依据专门知识的高度概括总结，相较于其他传统证据专业知识门槛较高。同时，法官因为相对缺乏医学专门知识，对鉴定意见的依赖性较强。因此，医疗损害鉴定意见的特性使法庭质证难以深入透彻，对鉴定意见的实质审查容易出现缺位。

⊙ 审理思路与裁判方法

在处理医疗损害责任纠纷案件中，法院要在尊重医学自身特点的前提下，合理分配医疗风险，平衡好保护患者权益与保障正常医疗行为的关系。鉴于医疗损害责任纠纷的特殊性，审理此类案件的一般思路如下：首先，针对不同案件类型，确认适用何种归责原则；其次，分配举证责任、借助鉴定程序，对构成要件和抗辩事由进行审查，判定是否构成医疗损害责任；最后，确定责任承担的主体、方式及赔偿范围。

（一）审查医疗损害责任的构成

1.归责原则的适用

《民法典》第1218条、第1222条、第1223条确立了医疗损害责任以过错责任为主，兼有过错推定和无过错责任的归责体系。不同的医疗损害形态应适用不同的归责原则，只有法律明确规定的情形下方可适用过错推定原则和无过错责任原则。绝大多数医疗损害形态，如诊疗损害责任、侵害患者知情同意权责任及侵犯隐私权责任均适用过错责任原则；存在违反诊疗规范规定、隐匿或者拒绝提供病历资料、遗失伪造篡改或者违法销毁病历资料三种情形下推定医疗机构存在过错；医疗产品损害责任适用无过错责任原则。

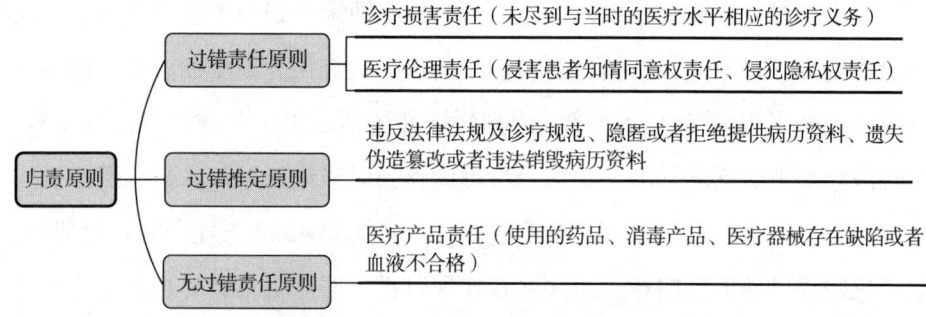

思维导图1：医疗损害责任的归责原则

2. 构成要件的认定

医疗损害责任适用不同的归责原则，其责任构成要件也不相同。无过错责任原则下的医疗产品责任，过错不再成为责任构成要件，只需审查医疗产品质量问题、患者是否发生损害后果以及两者间是否具有因果关系。过错责任原则下的诊疗损害责任、侵害患者知情同意权责任及侵犯隐私权责任均需审查以下四项构成要件。

（1）审查医疗机构或其医务人员是否实施诊疗行为。

审查患者与医疗机构之间是否存在诊疗关系，综合挂号单、交费单、病历、出院证明及其他能证明存在医疗行为的证据予以认定。

（2）审查患者是否发生损害后果。

审查患者受到的人身伤害后果是一般伤害、残疾还是死亡；审查患者受到的财产损失，如医疗费、误工费等；审查患者是否存在精神损害。侵犯隐私权责任的损害后果有别于其他医疗损害责任，即存在隐私损害事实。

（3）审查医疗机构或其医务人员是否存在医疗过错。

对医疗机构或其医务人员的过错，法院应当依据法律、行政法规、规章以及其他相关诊疗规范进行认定。同时可以综合考虑患者病情的紧急程度、患者个体差异、当地医疗水平、医疗机构与医务人员资质等因素。医疗机构或其医务人员的过错主要包括未尽到与当时医疗水平相应的诊疗义务、侵害患者知情同意权、侵犯患者隐私权、过度医疗、怠于行使紧急救治义务等。

在诊疗损害责任纠纷中，医疗过错的核心即未尽到与当时医疗水平相应的诊疗义务。涉及的具体情形有误诊、漏诊、检查化验不全面、手术措施不到位、用药不规范等。诊疗义务的判断标准包括法定义务和合理注意义务。当时医疗水平的判断标准，要综合考虑诊疗当时当地的医疗水平、医疗机构等级和医务人员资质等因素。如存在《民法典》第1222条规定的三种情形，患者仅需提供证据证明相关事实的存在即可推定医疗机构具有过错。法院在审查时应注意两点：一是医疗机构隐匿或者拒绝提供与纠纷有关的病历资料，根据《医疗损害司法解释》的规定，是指医疗机构非因客观原因未在法院指定期限内提交。二是医疗机构篡改的内容是病历的实质性内容，需区别于病历书写不规范、不及时的瑕疵病历。形式瑕疵的病历不构成过错推定。

在侵害患者知情同意权责任纠纷中，只要医务人员违反告知义务即可认定存在过错。法院应具体审查医务人员有无告知患者病情、医疗措施、医疗风险、替代医疗方案等。对于实施手术、特殊检查、特殊治疗的情形，医疗机构应向患方具体说明医疗风险、替代医疗方案等情况，并取得患方明确同意。

在侵犯隐私权责任纠纷中，过错表现为泄露患者的隐私和个人信息或者未经患者同意公开其病历资料。

（4）审查诊疗行为与患者损害后果之间是否有因果关系。

法院应审查是否系医疗机构或其医务人员的诊疗行为造成了患者的损害后果。在作为的医疗损害责任纠纷中，如没有医疗机构或其医务人员的诊疗行为，则患者不会发生损害后果。此种情形下，该诊疗行为是造成损害后果的必要条件。在不作为的医疗损害责任纠纷中，如医疗机构或其医务人员积极履行了作为的义务，则患者不会发生损害后果。此种情形下，该不作为的行为是造成损害后果的必要条件。

3. 抗辩事由的认定

（1）审查是否存在医疗损害责任的特定免责事由。

在医疗损害责任纠纷中，患者在诊疗过程中受到损害，医疗机构不承担赔偿责任包括三种情形：一是患者或其近亲属不配合医疗机构进行符合诊疗规范的诊疗。医疗机构或其医务人员如果同时存在过错的，应承担相应的赔偿责任。二是医务人员在抢救生命垂危患者等紧急情况下已经尽到合理诊疗义务。三是限于当时医疗水平难以诊疗的。

（2）审查是否存在法定的一般免责事由。

存在第三人过错或不可抗力等不可归责于医方的情形导致损害发生的，可以减轻或者免除医疗机构的责任。

（3）审查是否存在多种原因导致损害后果的抗辩事由。

当患者原发疾病、个人体质与诊疗行为等共同原因导致损害发生，法院需借助原因力规则进行责任划分。原因力在医疗领域通常是指医疗损害与患者自身疾病共同存在的情况下，医疗损害在患者疾病状态中的介入程度。医疗机构仅需对其诊疗行为引起的部分损害承担赔偿责任，对患者自身原因、其他原因引起的损害部分不承担赔偿责任。

如案例一中，A医院在医疗活动中存在对患者病情变化评估有欠缺的医疗过错，但患者突发高危罕见病是导致其死亡的根本原因。法院最终根据鉴定意见对过错诊疗行为与损害后果之间的原因力大小，酌定A医院对王某的合理损失承担20%的赔偿责任。

（二）医疗损害责任纠纷案件的举证责任分配

在医疗损害责任纠纷中，因患者医学专业性不足、信息不对称等客观原因，患者举证能力受到制约。在举证责任分配上，既要遵循"谁主张，谁举证"的证据规则，又要避免因举证责任分配不当导致双方实体权利义务显著失衡而激化医患矛盾。法院应通过释明等方式倡导当事人申请医疗损害鉴定，强化患者行为意义上的举证责任。在法律规定的特殊情形下，对患者进行适当的举证责任缓和。《医疗损害司法解释》第4条、第5条、第7条对三类重要的医疗损害责任纠纷案件的举证责任作了明确规定，后文将作进一步重点说明。侵犯隐私权责任纠纷由患者承担举证责任，因不涉及医疗损害鉴定，在举证责任分配上并无特殊性，不再进行具体说明。

1. 诊疗损害责任纠纷中的举证责任分配

患者需提交到医疗机构就诊及受到损害的证据,还需提供证明医疗机构或其医务人员有过错、诊疗行为与患者损害之间具有因果关系的证据。鉴于过错与因果关系一般难以通过普通的生活经验判断,因此法律规定如患者无法提交医疗机构或其医务人员存在过错、诊疗行为与损害之间具有因果关系的证据,则可以依法提出医疗损害鉴定申请。医疗机构则应对免责或减责等抗辩事由承担举证责任。

2. 侵害患者知情同意权责任纠纷中的举证责任分配

此类责任纠纷案件在"谁主张,谁举证"的基础上,对患者实行一定程度的举证责任缓和。一般情形下,上述责任认定的四项构成要件需由患者承担举证责任。侵害患者知情同意权责任纠纷中的过错认定即判断医疗机构是否尽到告知义务,但因涉及专业判断问题,且对患者而言属于消极事实,同样应允许患者对医疗机构是否尽到告知义务申请医疗损害鉴定并进行举证。

在实施手术、特殊检查、特殊治疗的情形下,医务人员应及时向患者具体说明医疗风险、替代医疗方案等情况,并取得其明确同意;不能或者不宜向患者说明的,应向患者的近亲属说明,并取得其明确同意。除在紧急救治情况下医方可以不取得患者或其近亲属的意见以外,其他情况均应由医疗机构或其医务人员承担尽到具体的说明义务并取得患者或其近亲属明确同意的举证责任。

3. 医疗产品责任纠纷中的举证责任分配

在医疗产品责任纠纷中,患者需举证证明其使用医疗产品或者输入血液且受到损害,使用医疗产品或者输入血液与损害后果之间具有因果关系。医疗机构以及医疗产品的生产者、销售者或者血液提供机构应就医疗产品不存在缺陷或输入血液合格等抗辩事由承担举证责任。

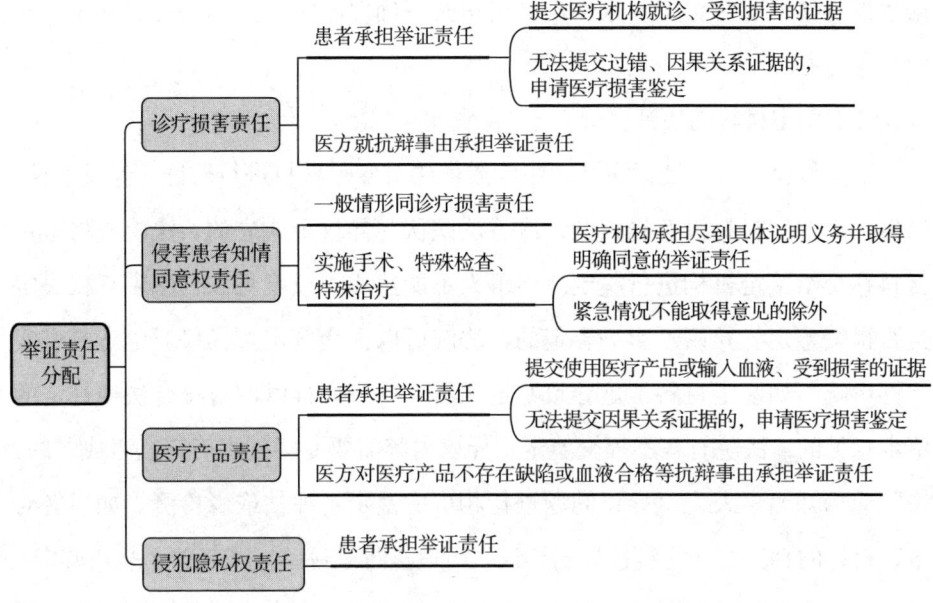

思维导图2：医疗损害责任纠纷的举证责任分配

（三）医疗损害鉴定与鉴定意见审查

1. 医疗损害鉴定

医疗损害鉴定的根本目的在于借助专家的专门知识、技能和经验，辅助法官对专门性事实问题作出判断，以保证案件的公正裁判。

（1）鉴定程序的启动。

医疗损害鉴定的启动方式以当事人申请为主，法院依职权启动为辅。鉴定人的选择是以当事人协商确定为主，法院指定为辅。《上海市高级人民法院关于委托医疗损害司法鉴定若干问题的暂行规定》中规定，除双方当事人协商一致外，医疗损害责任纠纷案件由法院委托医学会组织专家进行鉴定。医学会认为无法鉴定的，法院可另行委托具有资质的司法鉴定机构组织鉴定。医学会进行医疗损害鉴定的，由双方当事人协商选择区县医学会进行鉴定；双方当事人不能协商一致的，原则上由法院在医疗机构所在地以外的区县医学会中确定。因案情复杂，当事人不同意在区县医学会鉴定的，可以委托市医学会进行鉴定。启动鉴定程序时，法院需向当事人做好释明工作，同时根据案件具体情况对鉴定专家作出必要审查，确保鉴定专家具备中立地位及相应鉴定能力。

（2）鉴定材料的质证。

鉴定材料应符合证据属性，法院需依法对鉴定材料进行质证。经过质证，当事人对鉴定材料没有异议的，或者法院认为异议不成立的，法院应将鉴定材料移交给鉴定机构进行鉴定。当事人不能达成一致意见的，法院有权决定是否提交鉴定。异议不影响鉴定的，法院可以提交鉴定。异议对鉴定具有实质性影响，如鉴定材料不足导致鉴定无法进行或者难以取得符合法律规定的鉴定意见的，法院有权不提交鉴定。异议内容需要专门技术确定是否成立的，法院应告知当事人先就异议问题进行相应的鉴定、评估或者检测。如患者对鉴定材料的真实性、完整性提出异议，可以进行笔迹鉴定或者电子病历鉴定。

病历资料是最主要、最重要的鉴定材料之一。当事人对病历资料提出异议的，法院应首先审查是否符合《病历书写基本规范》的要求，不符合要求的病历构成瑕疵病历。在此基础上，法院应再审查病历资料是存在错别字、书写不规范等形式上的瑕疵，还是内容存在明显矛盾或错误且不能作出合理

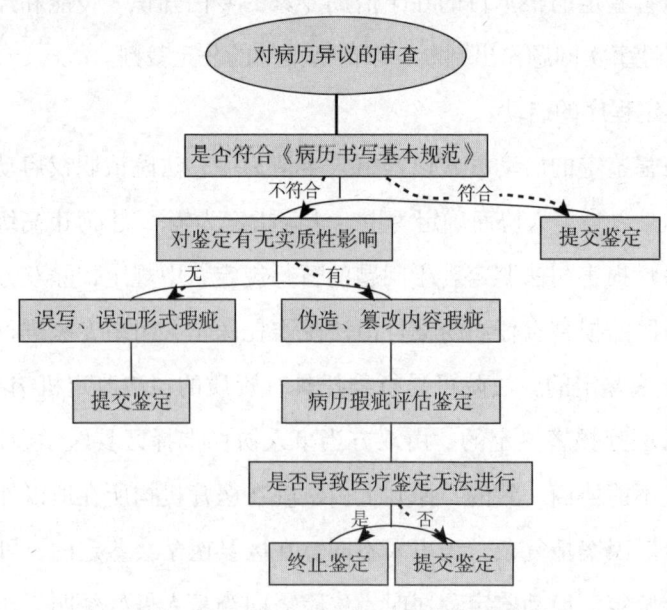

思维导图3：对病历资料异议的审查

解释的情形,由此确定不同的法律后果。病历资料造成鉴定无法客观进行的,则应终止鉴定。

如案例二中,B医院违反医方应该提供真实病历资料的相关规定,导致医疗损害鉴定不能。B医院应承担举证不能的不利后果,承担全部赔偿责任。

(3)医疗损害鉴定的内容。

申请医疗损害鉴定的事项具体包括:实施诊疗行为有无过错;诊疗行为与损害后果之间是否存在因果关系以及原因力大小;医疗机构是否尽到说明义务、取得患者或其近亲属书面同意的义务;医疗产品是否有缺陷、该缺陷与损害后果之间是否存在因果关系以及原因力大小;患者损伤残疾程度;患者的护理期、休息期、营养期;其他专门性问题。

(4)重新鉴定的条件。

根据2019年新修正的《最高人民法院关于民事诉讼证据的若干规定》第40条对重新鉴定的条件作出明确规定,对存在鉴定人不具备相应资格的、鉴定程序严重违法的、鉴定意见明显依据不足的、鉴定意见不能作为证据使用的其他情形等上述情形之一的应启动重新鉴定。有缺陷的鉴定意见可通过补充鉴定、重新质证或者补充质证等方法解决的,不予重新鉴定。《上海市高级人民法院关于委托医疗损害司法鉴定若干问题的暂行规定》规定,经区县医学会鉴定后,当事人仍有异议,法院经审查认为符合重新鉴定条件的,可委托市医学会重新鉴定。

2.鉴定意见审查

(1)形式审查。

鉴定机构出具的鉴定意见是法院审理医疗损害责任纠纷案件的重要证据材料之一。通常经法院审查符合证据真实性、合法性、关联性要求的,即可作为确定案件相关事实的依据。一方当事人自行委托鉴定作出的医疗损害鉴定意见存在程序瑕疵的,只有在另一方当事人认可的情况下才可以对该鉴定意见予以采信。当事人共同委托鉴定作出的医疗损害鉴定意见,一方当事人不认可的,法院应对明确的异议内容和理由进行审查。有证据足以证明异议成立的，法院对鉴定意见不予采信；异议不成立的，应予采信。

（2）实质审查。

鉴定意见作为证据的一种，能否证明待证事实以及能多大程度证明待证事实，仍需经过法院综合其他在案证据后作出判断，法院对鉴定意见不能不作审核直接作为定案依据。

如案例三中，虽然鉴定意见为"本例不属于对患者人身的医疗损害"，但从其分析意见来看，鉴定意见已经明确医方应用降眼压药物与患者发生中毒性表皮坏死松解症之间的因果关系，C医院存在过错。尽管"患者的死亡原因主要为肺部感染及颅内出血"，然而患者中毒性表皮坏死松解症毕竟会造成患者的免疫力低下，难以排除与患者最终死亡之间的因果关系。因此，法院未全盘采纳鉴定意见，而是根据经验法则综合案情，酌定C医院承担10%的赔偿责任。

当事人对鉴定意见提出异议的，法院可借助以下方式对鉴定意见进行实质审查：一是医学会出具复函。法院可向医学会发函，要求医学会就异议出具书面说明，并组织当事人对医学会答复进行质证。二是鉴定人出庭作证制度。患者对鉴定意见提出异议并申请鉴定人出庭，法院审查同意或者认为鉴定人有必要出庭的，应当通知鉴定人出庭作证。经双方当事人同意，鉴定人可通过书面说明、视听传输技术或者视听资料等方式作证。鉴定人无健康原因、自然灾害等不可抗力或者其他正当理由拒绝出庭作证，当事人对鉴定意见又不认可的，对该鉴定意见不予采信。三是专家辅助人制度。经法院准许，当事人可申请通知1至2名具有医学专门知识的人作为专家辅助人出庭，对鉴定意见或者案件的其他专门性事实问题提出意见。专家辅助人提出的意见，经质证可以作为认定事实的依据。

（四）医疗损害责任纠纷案件的责任承担

1. 确定医疗损害责任承担的主体

在医疗损害责任纠纷中，尽管实际从事诊疗活动造成患者损害的是医务人员，但其系因执行工作任务而造成他人损害，故应由医疗机构作为用人单位承担侵权责任。在医疗机构邀请本单位以外的医务人员对患者进行诊疗时，因受邀医务人员的过错造成患者损害的，由发出邀请的医疗机构作为责任主体承担赔偿责任。

需要注意的是，在医疗产品责任纠纷中，患者可以请求医疗机构、药品上市许可持有人、缺陷产品的生产者、销售者或者血液提供机构承担赔偿责任。医疗机构承担赔偿责任后，可以向负有责任的药品上市许可持有人、缺陷产品的生产者、销售者或者血液提供机构追偿；负有责任的药品上市许可持有人、医疗产品的生产者、销售者或者血液提供机构亦可向因过错使医疗产品存在缺陷或者血液不合格的医疗机构追偿。

2.确定医疗损害责任的承担方式

在多个医疗机构承担责任的情形下，法院应根据不同侵权行为认定责任承担方式：多个医疗机构共同实施侵权行为造成患者同一损害的，应承担连带责任；多个医疗机构分别实施侵权行为应承担按份责任，但侵权行为均足以造成全部损害的，应承担连带责任。

在缺陷医疗产品、输入不合格血液与医疗机构的过错诊疗行为共同造成患者同一损害的情形下，医疗机构与药品上市许可持有人、医疗产品的生产者、销售者或者血液提供机构承担连带责任。医疗机构或者药品上市许可持有人、医疗产品的生产者、销售者或者血液提供机构承担赔偿责任后，向其他责任主体追偿的，应当根据诊疗行为与缺陷医疗产品或者输入不合格血液造成患者损害的原因力大小确定相应数额。

3.确定医疗损害责任的赔偿范围

（1）财产损害赔偿的范围。

财产损害赔偿范围包括医疗费、护理费、交通费等为治疗和康复支付的合理费用及因误工减少的收入。造成患者残疾的，还应当赔偿残疾生活辅助具费和残疾赔偿金。造成患者死亡的，还应当赔偿丧葬费和死亡赔偿金。

（2）精神损害赔偿的依据。

侵害他人人身权益造成他人严重精神损害的，被侵权人可以请求精神损害赔偿。医疗损害责任纠纷案件中，法院通常依据已采信鉴定意见确定的伤残等级，结合医疗机构的过错担责比例对精神损害赔偿金额进行认定。

（3）惩罚性赔偿的适用。

医疗产品的生产者、销售者明知医疗产品存在缺陷仍然生产、销售，造成患者死亡或者健康严重损害的，被侵权人可以请求生产者、销售者赔偿损失及2倍以下惩罚性赔偿。

确认劳动关系纠纷案件的审理思路和裁判要点

刘 力　钟嫣然[*]

劳动关系,是指双方当事人通过合意由劳动者一方提供劳动、用人单位一方给付报酬所形成的具有经济、人身从属性的权利义务关系。作为劳动争议案件的基本类型之一,确认劳动关系是解决未签劳动合同双倍工资、经济补偿金、违法解除劳动合同赔偿金、加班工资等争议的先决条件,关涉劳动者的切身利益,故有必要对该类案件的审理思路、审判经验进行梳理、提炼和总结。

⊙ 典型案例

案例一:涉及双方合意的认定

赵某为A公司的物业保安,双方前后两次分别签订为期3个月的《临时劳务合同》。合同到期后,赵某继续在该公司任物业保安,但未再签订书面协议。赵某离职后提起劳动仲裁,主张《临时劳务合同》到期之后未签订劳动合同的双倍工资。A公司辩称根据合同约定双方属于劳务雇佣关系,不存在劳动关系。

案例二:涉及劳动关系与其他民事法律关系的区分

王某在B公司担任网络主播,双方未签劳动合同。王某主要工作是在B公司指定的互联网平台上进行直播活动,B公司为其提供策划、包装、宣传等。王某在直播活动中获得的打赏与B公司按比例分成。后王某以公司未按

---

[*] 刘力,上海市普陀区人民法院党组书记、院长(上海市第一中级人民法院原副院长),法学博士;钟嫣然,民事庭法官助理,法律硕士(法学)。

规定为其缴纳社保为由申请仲裁，要求确认其担任主播期间与 B 公司存在劳动关系。B 公司则主张双方系合作关系。

案例三：涉及劳动关系从属性的判断

李某于 C 公司从事快递员工作，内容包括快递件的分拣、收货、送货等，双方未签劳动合同。工作场所张贴有 C 公司的名称及外派员工作规范并设置考勤机。李某的劳动报酬为收件和派件按件计酬，但需扣除李某每月租赁公司交通工具的费用及盒饭费用，如李某工作中发生丢件，则 C 公司对其处以罚款。李某在工作期间受伤后申请劳动仲裁，要求确认与 C 公司存在劳动关系并要求 C 公司支付未签劳动合同的双倍工资差额。

⊙ 审理难点

（一）当事人双方真实意思表示认定难

确认劳动关系纠纷往往由用工不规范所导致。此类案件的个人方文化程度普遍不高，建立和维护劳动关系的意识淡薄，保留和固化证据的意识也相对较弱。一些单位出于降低用工成本等因素考量选择规避劳动合同，或以彼合同之名掩盖此法律关系之实，如权利义务约定与合同名称所展现的特征不符、实际履行突破或有悖于合同约定、未签订任何书面合同等。非劳动合同制用工的大量存在使认定当事人达成的真实合意相当困难。

（二）劳动关系与其他民事法律关系区分难

在多数确认劳动关系纠纷案件中，单位方的观点可归纳为下列三类：一是单纯地否认双方之间存在劳动关系；二是主张其并非劳动关系的主体，个人系与第三方建立法律关系；三是抗辩双方之间存在雇佣、委托、承揽或合作等关系而非劳动关系。劳动关系与劳务关系、委托关系、加工承揽关系、合作关系等表现形式相似，都具有提供劳务的特征，且因招聘、管理等单位职能需要由具体人员来代为行使，故劳动关系与其他民事关系极易混淆。

（三）对于劳动关系从属性特征判断难

从劳动关系至一般民事法律关系，当事人双方之间的从属性逐渐减弱，个人的独立性逐渐增强，在一般民事法律关系中双方处于平等地位。劳动关系区别于一般民事法律关系的关键即在于从属性特征的判断，包括经济从属及人身从属。

法院确认劳动关系一般参考原劳动和社会保障部2005年《关于确立劳动关系有关事项的通知》（劳社部发〔2005〕12号）所列三项要件：一是用人单位和劳动者符合法律、法规规定的主体资格；二是用人单位依法制定的各项劳动规章制度适用于劳动者、劳动者受用人单位的劳动管理、从事用人单位安排的有报酬的劳动；三是劳动者提供的劳动是用人单位业务的组成部分。后两项要件体现了劳动关系的从属性特征，但对于如何认定劳动关系从属性尚有较大的不确定性。

审理思路与裁判方法

审理确认劳动关系纠纷案件，法院应当坚持依法保护劳动者合法权益和维护用人单位生存发展权并重的原则，审慎衡量个人与单位双方的利益，注重各方利益的平衡，防止认定劳动关系泛化。

（一）审查主体是否适格

建立劳动关系的主体只能是劳动者和用人单位。法院审理确认劳动关系纠纷案件时首先应当审查双方的主体资格。

就劳动者而言，应当为已满16周岁的自然人，但不包括达到法定退休年龄且已经办理退休手续、依法享受养老保险待遇或领取退休金的人员。对于未满16周岁的自然人仅能被文艺、体育和特种工艺单位招用，且需该单位依照国家有关规定、履行审批手续并保障其接受义务教育。企业停薪留职人员、未达到法定退休年龄的内退人员、下岗待岗人员以及企业经营性停产放长假人员与新用人单位发生的用工争议的，若符合劳动关系特征则按劳动关系争议处理。对于外国人及无国籍人,除需持有《外国专家证》并取得《外国专家来华工作许可证》之外,还应依法取得就业证件。而对于我国台港澳地区人员,则无需再办理《台港澳人员就业证》。

就用人单位而言,应为我国境内的企业、个体经济组织、民办非企业单位等组织,但境外公司、处于筹备阶段等未合法设立的公司、被撤销的公司不在此列。依法成立的会计师事务所、律师事务所等合伙组织和基金会,以及国家机关、事业单位、社会团体也能成为用人单位。

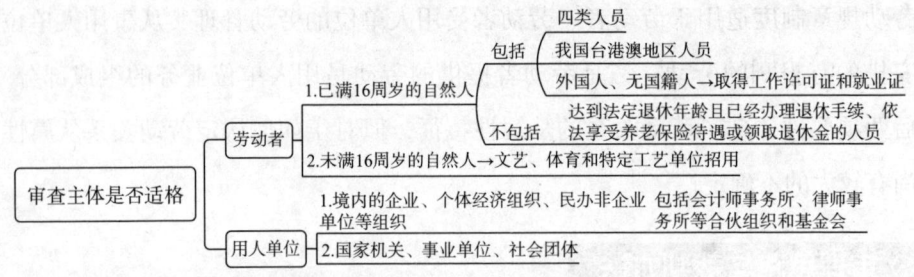

思维导图1:审查劳动关系纠纷案件主体是否适格

(二)确定双方达成的合意

劳动关系的建立需要具备双方当事人的合意。这种合意无需特定的形式要求,但必须要有足够的证据予以证明。请求确认劳动关系的一方应当对双方建立劳动关系的合意承担举证责任。

实践中,当事人一般会提供双方签订的合同、电话录音、短信截屏、邮件往来等予以证明。当存在书面约定时,法院在确定双方合意的过程中:一是不能拘泥于合同名称,应着重审查合同中关于权利及义务的约定。二是不能囿于合同的书面约定而割裂地将其作为判定依据,要将书面约定与其他证据相结合,将约定内容与实际履行的事实相结合。若实际履行与既存约定相悖,则应注重对劳动力交换的实际状况进行审查,发现双方真实的意思表示。三是若当事人主张合同签订时受单位胁迫或合同并非本人所签等,或者认为在缔约时所签订的合同就是劳动合同,法院应审查是否存在缔约时意思表示不自由、意思与表示不一致的情况。若双方当事人均未作此主张，则法院一般不宜主动审查。

如案例一中，赵某与A公司签订了《临时劳务合同》，但结合双方实际履行情况，A公司的考勤制度、作息制度、着装规范等规章制度均适用于赵某，赵某受单位劳动管理，每月依考勤领取相对固定工资，此与双方书面约定相悖。法院根据劳动力交换客观情况认为双方存在建立劳动关系的合意，《临时劳务合同》不足以阻却劳动关系的建立。

在无书面约定的情况下，法院应通过当事人提交的证据材料审查双方当事人的实际履行情况，从而根据经验法则和逻辑推理去推断双方是否存在建立劳动关系的合意。例如，工资支付凭证、社会保险费缴纳记录、工作证件、招聘登记表、考勤记录等均可作为合意的重要佐证。

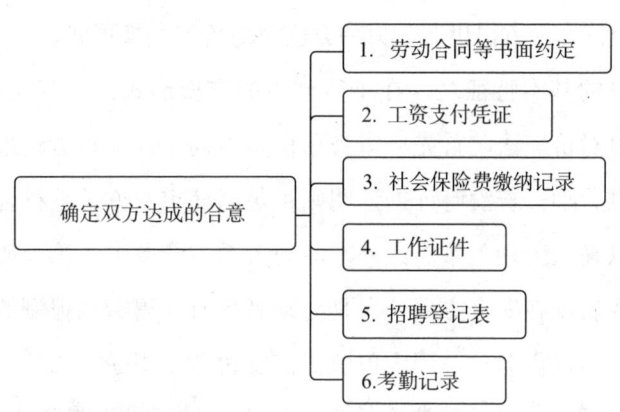

思维导图2：确定双方达成建立劳动关系的合意

（三）审查双方实际履行情况

《劳动合同法》规定用人单位自用工之日起与劳动者建立劳动关系。根据原劳动部及上海市高级人民法院的意见，用人单位与劳动者应当订立而未订立劳动合同的，只要双方事实上行使了劳动权利、履行了劳动义务，应认定双方存在事实劳动关系。主张确认劳动关系的一方应对存在实际用工承担举证责任，但单位有义务提供由其所掌握的材料如工资支付凭证、社会保险费缴纳记录、考勤记录等。法院应根据证据材料判断是否存在实际用工，若不存在则应排除劳动关系；若存在实际用工，则应审查是否符合劳动关系的交换形式及从属性特征。

1. 确定实际权利义务内容

法院应当依据当事人提交的证据材料及陈述梳理双方具体的实际履行内容，通过实际履行内容确定具体的权利义务内容。另外，应注意履行过程中双方权利义务内容是否发生变化。因为劳动力的交换是一个继续性合同关系，故应对用工周期内的劳动力交换、权利义务履行情况进行全面审查，并对履行内容是否变更加以确认，从而对双方是否存在劳动关系及劳动关系的存续期间进行认定。

2. 比对劳动关系特征

法院应当比对劳动关系特征进行审查，确定具体的权利义务内容中是否包含劳动关系的交换内容及从属性特征。

（1）是否符合一方提供劳动另一方支付对价的交换形式。

劳动关系的基本特征之一在于劳动力的交换形式，即劳动者提供劳动、用人单位支付对价。法院首先应审查单位是否向个人支付劳动报酬、个人是否向单位提供劳动。若没有证据证明则不足以认定双方关系符合劳动力的交换形式，难以确认劳动关系。此外，劳动关系与劳务关系等一般民事法律关系的区别主要表现在三个方面：一是劳动者享有获得劳动报酬的权利，即便法定节假日中不提供劳动，用人单位仍需支付劳动报酬；二是劳动者享有休息休假、医疗期等，在这些法定情形下用人单位不得强制劳动者提供劳动；三是不可归责于双方当事人的风险由用人单位负担。

（2）是否符合劳动关系从属性特征。

劳动关系的另一基本特征在于其从属性，包括经济从属性及人身从属性。前者主要在于劳动者对用人单位经济上依赖，后者则主要在于用人单位对劳动者的指挥、控制和支配。双方用工关系只有同时满足两项从属性才能构成劳动关系。法院应围绕权利义务内容，以人身从属性为核心，结合人身与经济从属性作出综合判断。具体案件可参考如下标准进行判定，标准契合度越高则越能体现劳动关系的从属性特征。

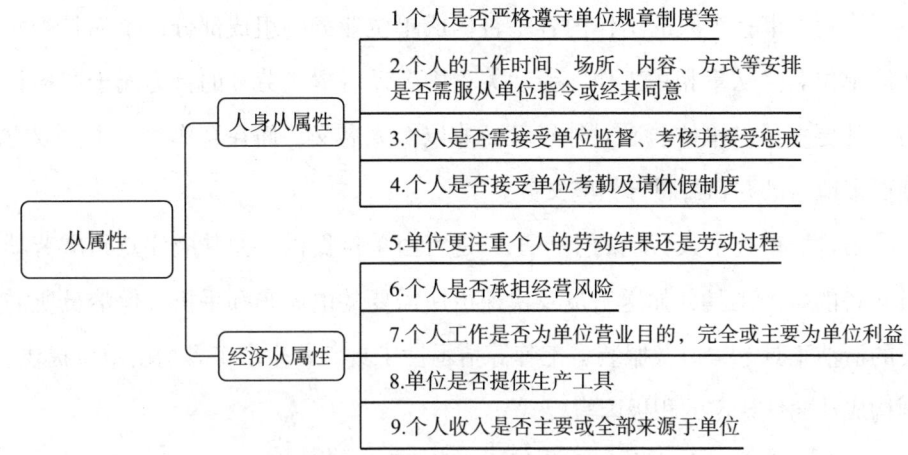

思维导图3：劳动关系从属性特征审查

第一，审查单位是否存在《员工手册》等具体化的规章制度、个人是否知晓这些规章制度并需要在日常工作中严格遵守。

第二，审查个人对工作安排的自主性，对于工作时间、场所、内容、方式等安排是否由单位指定或者需经其同意，是否需服从单位对工作日、上下班时间的安排等管理行为。

第三，审查单位是否对个人实行月/季度/年度考核、绩效考核等，是否根据个人的工作表现及考核结果对其进行相应奖惩。

第四，审查个人是否需接受单位的考勤管理（如上下班打卡、钉钉考勤等），考勤结果是否与个人工资报酬有着直接而紧密的关联性，单位是否有相应的请休假制度并对个人产生约束力。

第五，审查单位对个人的用工过程是否进行全程的监督、管理、控制。劳动关系注重劳动提供的过程，但其他类似关系如承揽关系则更注重劳务提供的成果，至于如何达成最终成果则在所不问。

第六，审查个人的工资报酬是否稳定，是否并不参与单位利润分配。劳动关系中经营风险由用人单位承担，用人单位向劳动者支付的劳动报酬并非参与利润分配的结果,而是用人单位根据自身生产经营特点、经济效益和劳动岗位的不同依法自主决定。

第七,审查个人的工作内容是否构成单位业务的组成部分,个人是否对外以单位名义从事相关工作。劳动关系中劳动者提供劳务的行为属于职务行为,其更多地以单位名义对外经营而非以个人名义,而在合作关系中,双方则更多地为己方利益履行相应义务。

第八,审查个人劳动的生产工具是否由单位提供,尤其应注意相应劳动所必备的生产工具,如送餐员及快递员所需要的电瓶车和手机、保洁员所需要的清洁工具等,以及服装、工牌等指示性工具。若生产工具均由单位提供,则构成从属性认定的积极因素。

第九,审查个人的收入是否主要或全部来源于单位。

3. 分析实质性决定因素

个人主张建立劳动关系的应承担举证责任。法院结合诉辩双方的主张归纳出争议焦点后,应分析构成劳动关系的实质性决定因素,该因素因争点不同而有所区分:

(1) 另一方纯否认的——以劳动关系基本特征为切入点。

当个人提供存在用工的初步证据后单位否认存在劳动关系的,法院应当着重从劳动力的交换形式及从属性特征两方面综合审查劳动关系的基本特征。当单位未提供反驳证据时,个人提供的证据符合劳动关系基本特征的,则法院应当确认双方存在劳动关系;当单位提供反驳证据的,法院应当综合审查双方证据的证明力大小,通过双方的证据优势判定是否存在劳动关系。

(2) 另一方主张并非劳动关系主体的——以用工指向为切入点。

单位主张并非劳动关系的主体,个人系与第三方建立法律关系的,应对其主张承担举证责任。法院应结合实际履行情况重点分析实际用工指向,从劳动力如何交换、交换给谁出发,判断实际用工系指向涉案单位还是指向第三方。应注意个人工作内容是否为单位业务组成部分、个人工资是否由单位以单位名义发放、个人是否受单位管理支配等,并据此明确涉案单位是否系劳务接受主体、工资发放主体、风险承担主体等。必要时还需查明对个人落实管理性事务的人员与单位之间的关系。

（3）另一方主张其他民事法律关系而非劳动关系的——以劳动关系与所称民事法律关系的区分为切入点。

单位主张双方之间存在雇佣、委托、承揽、合作等关系而非劳动关系的，法院应具体分析单位主张的民事法律关系与劳动关系的差异性，并与当事人实际权利义务内容进行比对。如案例二中，王某请求确认双方之间存在劳动关系，而B公司辩称双方系合作关系而非劳动关系。合作关系与劳动关系的区别主要在于两点：一是合作关系中经营风险一般各自负担，而劳动关系中经营风险由用人单位负担；二是合作关系中双方各自独立、不具有从属性，而劳动关系中劳动者则需服从单位指挥管理。王某主要从网络直播活动中获取收益，该收益与B公司按三七开分配，经营风险各自负担，且王某无需遵守B公司的规章制度，双方之间不符合劳动关系特征。法院据此判定双方之间不存在劳动关系。

劳动关系与其他民事法律关系区分

劳务关系 VS 劳动关系	
个人承担一定工作风险	风险由用人单位承担
无需服从规章制度、无从属性	受支配、需服从指挥管理
报酬组成不包括福利待遇	报酬组成包括福利待遇
委托关系 VS 劳动关系	
目的在于处理委托事务	目的在于给付劳动
独立处理受托事务、无从属性	受支配、需服从指挥管理
承揽关系 VS 劳动关系	
更注重劳动成果	更注重劳动过程
风险由承揽人承担	风险由用人单位承担
独立完成承揽工作、无从属性	受支配、需服从指挥管理
劳动工具由承揽人自己提供	劳动工具由用人单位提供
合作关系 VS 劳动关系	
双方均参与利润分配、风险各担	劳动者不参与利润分配、风险由单位承担
双方各自独立、无从属性	受支配、需服从指挥管理

区别劳动关系与劳务、委托、承揽或合作关系的关键在于劳动关系独特

的从属性，分析实质性决定因素时应以此为重点。个人不接受单位管理、约束、支配，以自己的技能、设施、知识承担经营风险，基本无需听从单位有关工作指令，与单位没有身份隶属关系的，法院不应认定双方之间存在劳动关系。若双方存在建立劳动关系的合意，且实际履行的权利义务内容符合劳动关系特征，则可以确认双方存在劳动关系。

如案例三中，李某主张双方构成劳动关系，而C公司则辩称双方系劳务关系。通过对双方实际履行情况进行分析：一是在工资报酬方面，李某无固定的薪资及福利待遇，若无取件则无报酬，且系直接在从客户收取的快递费中扣除部分费用，并非由C公司支付全部报酬；二是劳动工具（运输车辆）系李某租用，并非由C公司提供；三是C公司更注重李某能否及时将快递送至指定地点，即工作结果而非过程；四是李某对工作安排、工作路线具有很强自主性（收派件任务按时完成即可），无需听从C公司调遣；五是虽然C公司处设有考勤机，但打卡结果与李某报酬没有任何关联，李某有事离开数月也无需请假，可见李某无需遵守C公司的考勤、请假制度；六是李某收入完全取决于其收派件数，自担经营风险（运输风险、丢件风险等）。综上，二审法院认为从劳动关系的形成过程来看，并不能认定C公司对李某进行管理控制，也不能认定李某对C公司形成了从属性，所以双方不形成劳动关系。

⊙ 其他问题

（一）关于确认劳动关系之诉是否受诉讼时效限制

根据《劳动争议调解仲裁法》第27条的规定，劳动争议案件受1年仲裁时效限制。对于超过1年时效的确认劳动关系之诉，仲裁委员会一般不予受理。但法院在审理此类案件时一般认为不受时效限制。因为确认劳动关系之诉有别于要求用人单位补缴社保之诉等，其本身只是对于一段法律关系的确认，不具有给付内容，不直接涉及实体权利的处分，因此不属于实体法意义上的债权请求权。

（二）关于涉新型用工及特殊职业的劳动关系确认要点

1. 涉互联网平台用工

法院审理涉互联网平台用工的确认劳动关系纠纷案件应把握以下原则：第一，双方对权利义务的约定能否体现建立劳动关系的合意；第二，个人劳动所得是否为该互联网企业正常自主决定的劳动报酬而非参与利润分配的结果，即个人是为该企业营业目的而非为自己营业目的而劳动；第三，根据个人是否需要到该互联网企业办公场所上班，对工作场所及工作时间可否自行支配，是否需服从该企业包括考勤制度、用工管理制度等情况来判断双方的法律关系是否具备人身从属性特征。

2. 涉外卖行业用工

外卖行业一般存在三种用工模式：商家招聘外卖员专门为其配送外卖订单；由外卖平台管理的外卖员为入驻商家配送；外卖平台与第三方签订协议，由第三方派遣外卖员进行配送。第三种模式中外卖员往往与第三方存在劳动关系，前两种模式则易发生争议。法院应当对以下事实进行审查并作出综合判断：第一，外卖员能否获得相对稳定的报酬，审查收入是否因外卖数量计件或提成而造成不稳定；第二，配送所需的劳动工具、工作服等是否由商家或平台提供；第三，外卖员是否接受商家或平台的日常管理和考核考评；第四，外卖的工作地点、时间、服务要求等是否需服从商家或平台的指挥安排，外卖员对此能否自主决定变更。

3. 涉保险代理人员用工

法院审理涉保险代理人员确认劳动关系纠纷案件应把握以下原则：第一，不宜仅凭保险公司对保险业务员实施了管理和监督即直接认定具有人身上的从属性。法院需要具体审查其管理行为是基于劳动关系从属性特征，还是基于《保险法》及相关规定管理业务员保险代理行为的需要。第二，需审查代理人员的收入是否根据销售业绩确定。根据销售业绩确定收入具有不确定性，且由代理人员自行承担业务风险，不符合劳动报酬的特征，难以体现经济从属性。

劳务派遣合同纠纷案件的审理思路和裁判要点

王剑平　宋虹[*]

劳务派遣,是指由劳务派遣单位与被派遣劳动者签订劳动合同,然后向用工单位派出该劳动者,使其在用工单位的工作场所内劳动,接受用工单位的指挥、监督,以完成劳动力和生产资料结合的一种特殊用工方式。劳务派遣合同纠纷案件即主要围绕劳务派遣用工产生的各类争议案件。审理该类案件需要把握劳务派遣合同下劳动力的雇佣与使用相分离的特点,厘清不同法律主体项下的法律责任。为提高该类案件的办理质量与效率,现以典型案件为基础,对劳务派遣合同纠纷案件的审理思路和裁判方法进行提炼和归纳。

⊙ 典型案例

案例一:涉及劳务派遣法律关系的认定

汪某与A公司签订劳动合同,约定汪某同意由A公司安排至公司项目部担任操作工,项目部服务客户为B公司;合同期内B公司项目为临时性项目,当项目结束或生产发生变化等原因导致工作量减少时,汪某同意按照A公司安排调剂至其他项目部工作。后B公司以汪某在工作中出现重大失误导致严重经济损失为由将其退回。汪某遂主张与A公司、B公司存在劳务派遣关系。

案例二:涉及劳务派遣期间法律责任的确定

于某与C公司签订劳务派遣合同,约定于某经C公司派遣至D公司工

---

[*] 王剑平,民事庭副庭长,法律硕士;宋虹,商事庭法官助理,法学硕士。

作，派遣期间月工资由用工单位D公司支付。C公司与D公司另有合同约定D公司承担于某的工伤责任。后于某在劳务派遣工作期内工伤，鉴定为因工致残程度八级。现于某提起仲裁，要求C公司支付一次性伤残就业补助金等。

案例三：涉及劳务派遣退回的审查

李某经E公司派遣至F公司工作。在派遣期限内，李某因病退回至E公司，其后李某提交为期半年的病假申请，E公司依照本市平均工资标准发放李某病假工资。李某病假期届满后，E公司向其发送通知称"因F公司将你退回且不再向你续聘，鉴于你病假期满，我公司通知你前来报到，并与你继续履行劳动合同。"E公司在重新派遣期内根据当地政府规定的最低工资标准支付报酬。现李某要求E公司依照原工资标准支付重新派遣期内工资。

⊙ 审理难点

（一）劳务派遣法律关系认定难

劳务派遣法律关系既有别于劳动关系，也与普通民商事合同关系不同。首先，劳务派遣法律关系从形式上较易与劳动合同关系、劳务外包关系、人事代理关系等混淆，导致案件审理中不同法律关系下的事实与法律适用难以甄别。其次，劳务派遣的用工模式需要行政许可，部分单位未经行政许可或用工模式不规范的情形下开展劳务派遣用工，导致审判实践中劳务派遣法律关系的认定存在难点。最后，劳务派遣法律关系的特殊性在于劳动力的雇佣与使用相分离，审判实践中对这一实质特征的具体理解与把握存在难度。

（二）劳务派遣中法律责任把握难

劳务派遣法律责任承担中较为复杂的是连带责任认定，对此审判实践存在单向连带责任与双向连带责任两种理解。2008年1月1日起施行的《劳动合同法》第 92 条规定，给被派遣劳动者权益造成损害的，劳务派遣单位与用工单位承担连带赔偿责任，该条通常理解为双向连带责任。修改后于 2013 年 7 月 1 日起施行的《劳动合同法》改为用工单位给被派遣劳动者造成损害的，劳务派遣单位与用工单位承担连带赔偿责任。此条多理解为用工单位给派遣劳动者造成损害时，由用工单位承担责任，劳务派遣单位承担连带责任；反之，由劳务派遣单位承担责任时，用工单位不承担连带责任，即单向连带责任。由此，法律修正导致审判实践中就劳务派遣的连带责任把握不一，相应法律责任的承担主体也有不同理解。

（三）被派遣劳动者退回后的具体处理难

用工单位退回劳动者后，劳务派遣单位通常直接依据用工单位的退回理由与劳动者解除劳动合同。由此导致审查劳动合同是否系违法解除时，法院需要综合考虑用工单位的退回理由与劳务派遣单位的解除理由，增加相关事实的认定难度。

同时，劳动者在退回劳务派遣单位后，在无工作期间劳务派遣单位应按照不低于所在地人民政府规定的最低工资标准按月支付劳动报酬。部分劳动者主张其在劳务派遣期间工资待遇高，在无工作期间仅享受地方最低工资标准有失公平。另有部分劳动者主张其因病、工伤、女职工"三期"遭到用工单位退回，无工作期间的工资待遇应参照病假、工伤、女职工"三期"法律规定发放。上述情形导致劳动者被退回后，工资标准的认定在审判实践中存在一定难度。

⊙ 审理思路与裁判方法

审理劳务派遣合同纠纷案件应注重区分劳动者、劳务派遣单位、用工单位的主体地位及相应的权利义务，区分不同法律关系下的责任界定，在承担主体上厘清劳务派遣单位与用工单位的法律责任，有序规范劳务派遣用工，充分发挥劳务派遣用工的作用，维护被派遣劳动者的合法权益。

（一）劳务派遣法律关系认定的审查要点

审查劳务派遣法律关系认定应注意以下几项要点：第一，有效结合形式要件与实质要件，确认劳务派遣法律关系是否成立；第二，注意区分劳务外包关系、人事代理关系等较易混淆的法律关系；第三，审慎认定违反派遣用工行政法律规定的劳务派遣法律关系。

1. 劳务派遣法律关系认定的一般情形

（1）形式要件：劳务派遣法律关系涉及三方主体。

劳务派遣法律关系在形式要件上涉及三方主体，分别是劳动者、劳务派遣单位与用工单位。由此产生三重法律关系：一是劳务派遣单位与劳动者的劳动合同关系，双方形成订立劳动合同的合意；二是劳务派遣单位与用工单位的民事合同关系，双方形成订立劳务派遣协议的合意，劳务派遣单位将劳动者派遣至用工单位工作；三是劳动者与用工单位系实际用工关系，劳动者向用工单位提供劳务，用工单位对劳动者指挥监督。

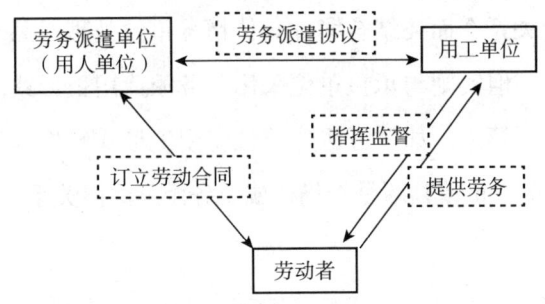

思维导图1：劳务派遣法律关系

（2）实质要件：劳动力雇佣与使用相分离。

普通劳动关系是劳动者向用人单位提供劳动力、接受用人单位的监督以获取劳动报酬。然而在劳务派遣法律关系中，劳动者受劳务派遣单位的雇佣，却向用工单位提供劳动力。劳动力的雇佣与使用相分离是劳务派遣法律关系区别于其他法律关系的本质特征。

如案例一中，虽涉及三方主体，但在形式要件上A公司与B公司并未达成劳务派遣的合意。同时汪某在实际履职中受 A 公司的雇佣与指挥，也不具备劳务派遣法律关系的本质特征，故汪某主张三方存在劳务派遣关系法院未予支持。

2.劳务派遣法律关系认定的特殊情形。

（1）与劳务外包关系的区别。

劳务外包关系，一般是发包单位将企业的部分业务或者服务以外包协议的方式发包给承包单位，承包单位自行招录并指派劳动者为发包单位提供外包协议约定的劳务内容。

劳务派遣法律关系与劳务外包关系的本质区别在于：在劳务外包关系中，发包单位接受劳动者劳务，但不对劳动者进行直接管理；在劳务派遣法律关系中，用工单位接受劳动者劳务，并对劳动者进行管理。

在实际审理中，应结合用工单位的规章制度、行使指挥管理权的强弱程度等因素综合判断，注意审查以下几点：第一，如发包单位基于消防、安全生产、工作场所秩序等管理需要向劳动者行使部分指挥管理权的，不能简单认定为劳务派遣关系，而要结合案件具体情况审慎处理。第二，如发包单位名为承揽、外包，但实则与承包单位采用劳务派遣用工形式的，应认定为劳务派遣法律关系。第三，如劳务派遣单位将用工形式转换为劳务外包的，应结合案件具体情况，审慎判断是否仍构成劳务派遣法律关系。

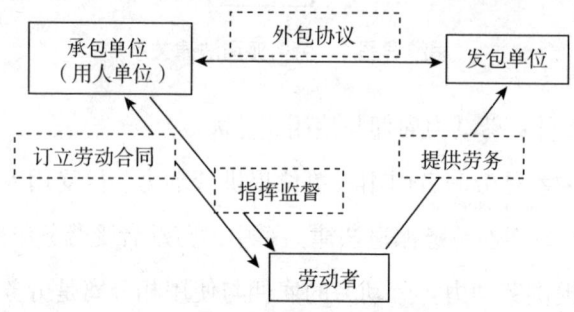

思维导图2：劳务外包关系

（2）与人事代理关系的区别。

人事代理关系，是指用人单位与劳动者直接订立劳动合同，但将劳动者的人事档案管理、社会养老保险金收缴等人事管理内容委托给第三方人事代理公司。

劳务派遣法律关系与人事代理关系的本质区别在于：在人事代理关系中，第三方人事代理公司仅提供劳动者社保缴纳等服务，不参与对劳动者的实际管理，劳动者也不向其提供劳务。在审判实践中要注意审查法律关系的区别，实为人事代理关系但劳动者坚持主张其与第三方人事代理公司存在劳务派遣关系的，法院不予支持。

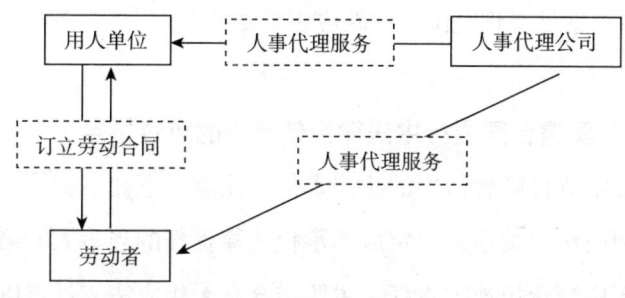

思维导图3：人事代理关系

（3）未经行政许可擅自经营派遣业务的审查要点。

经营劳务派遣业务应具备法律规定的行政许可条件，在实际审理中发现，部分劳务派遣单位不具备劳务派遣资质却与劳动者订立劳动合同，与实际用工单位订立派遣协议，原则上不影响劳动合同的效力认定。案件审理时应遵循以下两点：

第一，劳务派遣单位虽不具备相应资质，但用工单位需要继续使用劳动者，劳动者也同意在用工单位工作的，劳动者与用工单位的劳动关系于明确达成合意之时成立。

第二，用工单位与劳动者就劳动关系成立未能达成合意的，对争议发生前的权利义务可以按原协议履行，劳动者与劳务派遣单位按照现有劳动合同履行。

（4）用工单位违规使用派遣用工的审查要点。

根据《劳动合同法》第66条，劳务派遣用工是企业用工的补充形式，只能在临时性、辅助性或替代性的工作岗位上实施（劳务派遣三性规定）。在审判实践中，部分用工单位为规避劳动法律风险，并未遵循劳务派遣三性规定。

就用工单位违反劳务派遣三性规定使用劳务派遣用工的，案件审理应遵循以下几点：第一，如劳务派遣合同不存在法律规定合同无效的情形，原则上应认定有效。第二，劳动者要求突破劳务派遣法律关系，确认与用工单位存在事实劳动关系的，不予支持。第三，用工单位因违反劳务派遣三性规定，给被派遣劳动者造成损害的，依法承担赔偿责任。第四，因劳务派遣三性规定属于行政管理性规定，劳动者如要求确认某具体岗位是否属于三性岗位的，不属于劳动争议案件受理范围，法院应不予受理。

（二）劳务派遣合同履行中法律责任承担的审查要点

审查劳务派遣合同履行中的法律责任应注意以下几点：第一，需要厘清不同主体之间的法律关系，确定应当承担法律责任的当事人。第二，对于他方当事人是否应当承担连带责任，主要结合有无相应法律规定以及是否符合承担连带责任的条件。第三，双方当事人就法律责任承担另有约定的，不得对抗第三方当事人。

1. 劳动者工资支付法律责任承担的审查要点

工资是企业以货币形式支付给劳动者的劳动报酬，包括基本劳动报酬、奖金、津贴、补贴以及加班工资等。

（1）劳动报酬的法律责任承担。

《劳动合同法》第58条规定，劳务派遣单位按月支付劳动报酬。因此，劳动报酬的支付主体是劳务派遣单位，劳务派遣单位不得以用工单位未及时支付管理费等原因拖欠劳动者劳动报酬。即便实际由用工单位发放劳动报酬，用工单位未能及时支付的，也应由劳务派遣单位承担法律责任。

（2）加班费、绩效奖金、福利待遇的法律责任承担。

《劳动合同法》第62条规定，用工单位应当履行支付加班费、绩效奖金、提供与工作岗位相关的福利待遇等义务。《劳务派遣暂行规定》第9条明确，用工单位应当向被派遣劳动者提供与工作岗位相关的福利待遇，不得歧视被派遣劳动者。因此，加班费、绩效奖金、福利待遇应由用工单位支付。

加班费、绩效奖金、福利待遇与劳动报酬的支付主体存在区别的原因在于：劳务派遣关系中用工单位结合生产经营情况组织劳动者加班、发放绩效奖金与福利待遇，属于用工单位的具体工作安排与激励设置，无法在劳务派遣协议中提前约定，故应由用工单位支付。因此，如用工单位未及时足额支付加班费、绩效奖金、福利待遇的，应由用工单位承担法律责任，劳务派遣单位承担连带责任。

2.工伤赔偿法律责任承担的审查要点

劳动者在用工单位因工作遭受事故伤害时，由劳务派遣单位申请工伤认定，用工单位协助工伤认定的调查核实工作，劳务派遣单位承担工伤保险责任，劳务派遣单位可以与用工单位约定协商补偿办法，但双方协商结果不得对抗被派遣劳动者。

根据《劳动合同法》第62条的规定，用工单位应当履行执行国家劳动标准，提供相应的劳动条件和劳动保护的义务。劳动者因用工单位未履行上述义务导致工伤的，劳务派遣单位承担工伤赔偿责任后，可以用工单位未尽法律义务为由，向用工单位主张相应赔偿。

如案例二中，就于某主张的工伤赔偿，虽C、D公司另行约定由用工单位D公司承担工伤赔偿责任，但C、D公司的内部协商约定不应对抗被派遣劳动者，故劳务派遣单位C公司应承担工伤赔偿责任。

连带责任主体梳理	工资支付	劳动报酬：劳务派遣单位承担法律责任，用工单位无需承担连带责任
		加班费、绩效奖金、福利待遇：用工单位承担法律责任，劳务派遣单位承担连带责任
	工伤	劳务派遣单位承担法律责任，用工单位无需承担连带责任

思维导图4：劳务派遣合同履行中的连带责任

（三）被派遣劳动者被退回以及解除劳动合同的审查要点

审查被派遣劳动者被退回以及被退回而解除劳动合同时应注意以下几项要点：第一，注意区分退回主体与解除主体。第二，综合分析用工单位退回被派遣劳动者依据是否充分。第三，审慎界定被派遣劳动者退回后的工资待遇以及相应的法律责任。第四，审查劳务派遣单位解除劳动合同的依据是否具备合法合理性，不能仅凭用工单位退回依据为准。

1.退回主体与解除主体的区分

劳务派遣法律关系的退回主体是用工单位。由于用工单位与劳动者不存在劳动关系，用工单位不能直接与劳动者解除劳动合同，而需将劳动者退回劳务派遣单位。劳务派遣法律关系中的解除主体是劳务派遣单位与劳动者。劳务派遣单位与劳动者存在劳动合同，故双方均可以提出解除。

2.用工单位退回依据的审查

用工单位将劳动者退回劳务派遣单位的，法院应审查用工单位退回依据是否充分。根据《劳务派遣暂行规定》第12条、《劳动合同法》第65条的规定，具备用工单位客观经营情况、劳务派遣协议期满终止或劳动者不符合录用条件、严重违纪违法、不能胜任工作等情形的，法院可以认定

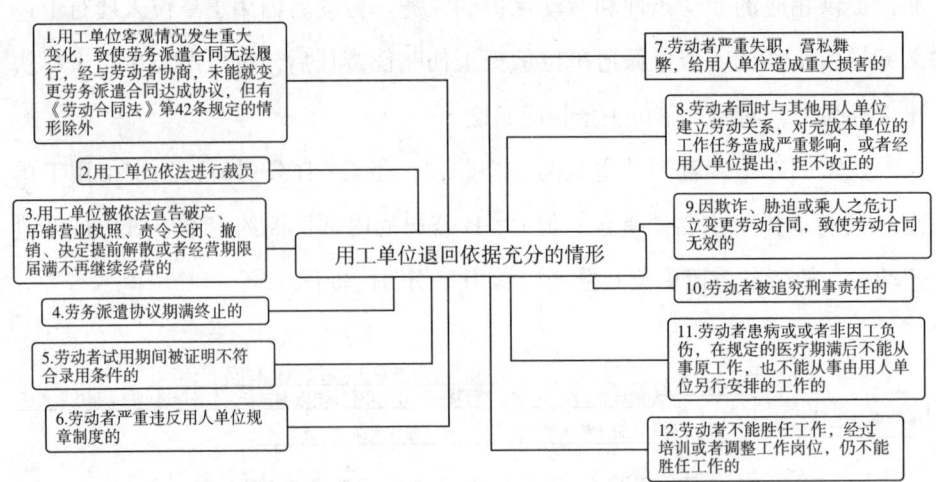

思维导图5：劳务派遣合同中用工单位退回依据充分的情形

用工单位退回依据充分。用工单位未依照上述规定退回的，一般视为退回依据不充分。

3. 劳动者被退回后的工资待遇

劳动者被用工单位退回的，劳务派遣单位应在劳动者无工作期间按照不低于所在地人民政府规定的最低工资标准按月支付报酬，且不能随意解除劳动合同。此处"无工作期间"可以理解为劳务派遣单位未依约派遣劳动者、因客观情况导致派遣无法完成或劳动者虽被用工单位退回又未解除合同等情形。

劳动者因工伤、病假及女职工"三期"等情形导致用工退回的，劳动者被退回后的工资待遇可根据工伤、病假及女职工"三期"的相关法律规定执行。

如案例三中，李某在无工作期间病假已届满，故其无法依照原工资标准支付工资。E公司在重新派遣期间，根据当地人民政府最低工资标准按月支付报酬并无不当。

4. 退回被派遣劳动者的法律责任承担

（1）用工单位退回被派遣劳动者的法律责任承担。

用工单位退回被派遣劳动者依据充分的，用工单位应承担以下法律责任：用工单位应当向劳动者支付在实际用工期间的加班费、绩效奖金、与工作岗位相关的福利待遇以及双方约定的其他费用；用工单位应当按照法律规定和派遣协议约定，与派遣单位结清实际使用劳动者期间的工资、社会保险费、经济补偿金等费用；劳动者发生工伤被退回的，用工单位应当根据《上海市工伤保险实施办法》等规定，与派遣单位结清该劳动者依法享有的一次性伤残就业补助金。

（2）劳务派遣单位就被派遣劳动者退回的法律责任承担。

用工单位因缺乏充分依据退回被派遣劳动者，给劳动者造成损害的，用工单位应承担法律责任，劳务派遣单位承担连带赔偿责任。同时，劳务派遣单位应维持或提高劳动合同约定条件，为劳动者进行重新派遣。

（四）因劳动者被退回而解除劳动合同的审查

1. 劳务派遣单位是否涉及违法解除劳动合同的审查

被派遣劳动者被退回的，即便用工单位退回行为依据充分，也不必然导致劳务派遣单位能够合法解除劳动合同。用工单位退回被派遣劳动者的行为仅代表用工单位与劳务派遣单位法律关系的终结。劳务派遣单位仍需根据《劳动合同法》规定审慎审查是否具备解除劳动关系的情形。

法院在审查劳务派遣单位是否涉及违法解除劳动合同时应注意以下几点：第一，判断是否构成违法解除应以劳务派遣单位提出的解除理由为审查依据，而非用工单位的退回理由。第二，审查劳务派遣单位的解除依据是否符合法律、规章制度规定以及劳动合同约定。第三，在劳动合同或者规章制度对某些劳动纪律事项未予规定、规定不明或者规章制度无效等情形下，法院应对劳动者行为进行审慎的价值衡量，在个案中根据具体情况作出符合法律精神的判断。

审判实践中，部分劳务派遣单位轻信用工单位退回劳动者的理由，并据此作出解除劳动合同的决定，由此产生违法解除劳动合同的法律责任应由劳务派遣单位承担。

2. 劳务派遣合同解除与终止的梳理与比对

劳务派遣合同解除与终止发生在劳务派遣单位与劳动者之间，在法律适用上与一般劳动合同的解除和终止基本一致，特殊性在于：第一，劳动合同解除中的再派遣解除。如果劳务派遣单位重新派遣时降低劳动合同约定条件，被派遣劳动者不同意的，被派遣劳动者可以解除劳动合同；反之如果劳务派遣单位重新派遣时提高劳动合同约定条件，被派遣劳动者不同意的，劳务派遣单位可以解除劳动合同。第二，劳动合同终止包括劳务派遣单位被依法宣告破产、吊销营业执照等劳务派遣合同终止的情形。第三，劳务派遣单位支付经济补偿金的情形包括劳动者不同意再派遣与劳务派遣合同终止。

本文以思维导图的形式将两者在解除与终止上的法律适用进行框架性罗列，并与一般劳动合同加以区分，将劳务派遣合同纠纷案件中关于解除与终止的特殊法律规定予以列明。

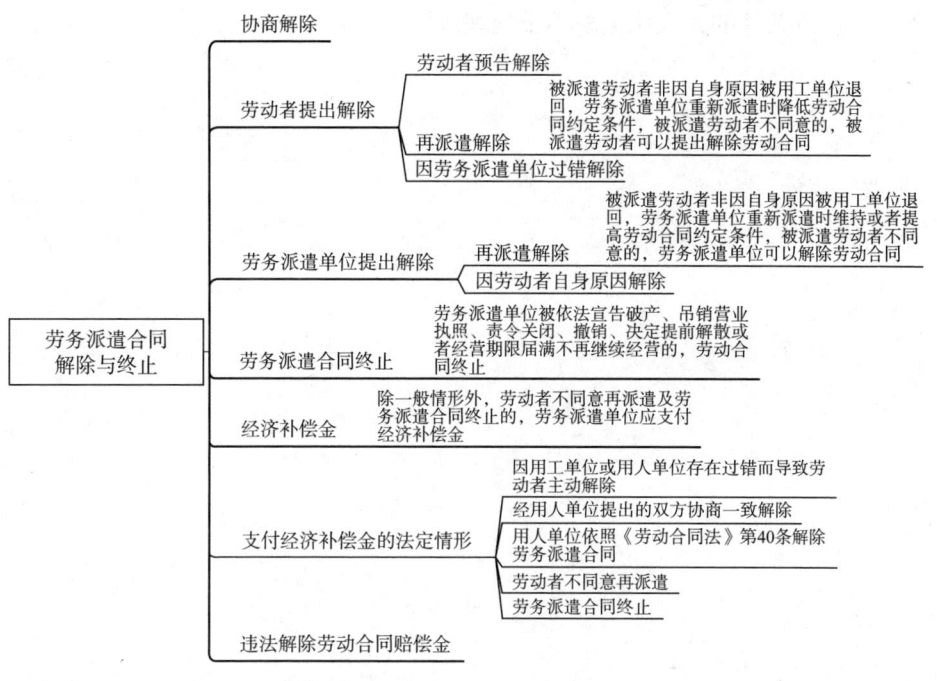

思维导图 6：劳务派遣合同解除与终止

其他问题

（一）本文不涉及涉外劳务派遣与船员劳务合同

涉外劳务派遣依据劳务派遣合同产生劳务合同或商务合同关系，因具有涉外民商事纠纷性质，应依照合同仲裁条款或者司法管辖条款约定的争议解决途径办理。同时，根据《最高人民法院关于海事法院受理案件范围的规定》第 2 条，船员劳务合同纠纷案件列入海商合同纠纷范畴。

（二）本文不涉及劳务派遣业务经营许可范畴及其行政责任

经营劳务派遣业务应具备法律规定的行政许可条件，违反规定的应承担相应的行政责任；拒不整改的，人力资源和社会保障行政部门按照相关规定进行行政处罚。如劳动者在劳动争议案件审理中，坚持主张劳务派遣单位缺乏行政许可条件的，人民法院不予处理。

事业单位人事争议案件的审理思路和裁判要点

陈福才　孙少君[*]

　　事业单位人事争议,是指事业单位与其工作人员之间因辞职、辞退及履行聘用合同所发生的争议。事业单位具有社会服务的功能属性,在人事管理上有其特殊性和复杂性。在处理事业单位人事争议时,法院应以查明事实、分清责任为立足点,合理把握司法干预边界,平衡保护双方当事人的合法权益。审判实践中,事业单位人事争议案件虽然占比不高,但具有相对独立的体系,与劳动争议案件在法律适用、审理思路等方面既有联系又有区别,存在易混淆之处,故对此进行相应的梳理总结。

⊙ 典型案例

案例一:涉及争议受案范围的界定

　　倪某与A学院签订聘用合同,约定倪某从事教学、科研工作。A学院对倪某所在岗位制定有岗位年度考核办法。A学院根据倪某上一年的考核结果,对倪某已预领取的全年校内岗位津贴及新增岗位津贴逐月倒扣,并对其年终一次性奖金扣减30%;因倪某课时不足,对其作相应扣款。倪某为此提起仲裁、诉讼,要求A学院支付其扣减的工资差额及超课时奖金。

案例二:涉及人事方面特有规定的适用

　　陈某与B医院签订有期限的聘用合同。合同期满后,B医院以此为由通知陈某终止聘用关系。后双方就B医院是否应支付聘用合同终止经济补偿金

---

[*] 陈福才,民事庭庭长,法学硕士;孙少君,民事庭审判长,法学硕士。

发生争议。陈某为此提起仲裁、诉讼，要求B医院按《劳动合同法》规定支付聘用合同终止的经济补偿金。

案例三：涉及劳动合同法相关规定的适用

张某经公开招聘与C社区服务中心签订事业单位聘用合同。试用期满后，C社区服务中心解除与张某的聘用合同。张某为此申请仲裁，要求恢复双方聘用关系，并获仲裁支持。C社区服务中心不服提起诉讼，主张张某工作经历严重失实、社会保险缴费年限亦不足3年，不符合招聘公告和招考条件要求，认为解聘张某行为合法。张某则认为其在报考时经过严格审查，符合工作岗位的招聘条件，不存在故意隐瞒工作经历等情形。

⊙ 审理难点

（一）人事争议受案范围边界欠清晰

《最高人民法院关于人民法院审理事业单位人事争议案件若干问题的规定》（以下简称《人事争议司法解释》）将相关人事争议案件的范围限定为事业单位与其工作人员之间因辞职、辞退及履行聘用合同所发生的争议。因"履行聘用合同"发生的争议是仅限定于聘用合同约定内容的履行，还是可扩展到与聘用合同的订立以及聘用合同约定内容之外的工资、奖金、福利、培训等相关争议？如可作扩张理解，扩张的范围又如何界定？对这些问题审判实践中存在一些争议。

（二）人事方面特有规定与劳动法相关规定适用范围难区分

人事争议在审理程序上适用劳动法相关规定。在实体处理上，根据《最高人民法院关于事业单位人事争议案件适用法律等问题的答复》，应当适用人事方面的法律规定；涉及事业单位工作人员劳动权利的内容在人事法律中没有规定的，适用劳动法有关规定。然而，目前尚未制定人事争议方面专门的法律层级规范，相关依据分散在不同层次的法律文件中。对于当事人诉争的权利内容，哪些属于人事法律法规等已作规定的，哪些可以适用劳动法相关规定的，审判实践中存在一些争议。

（三）人事争议裁判规则与劳动争议裁判规则易混淆

事业单位人事聘用合同与劳动合同虽然表现形式有所区别，但其本质上均是当事人在劳动用工过程中对劳动力交换内容的约定。因聘用合同的履行、辞职、辞退所引发的人事争议，与因劳动合同的履行及解除而引发的劳动争议，在纠纷性质、诉请内容上具有相似性。同时，人事争议与劳动争议均需经过劳动人事争议仲裁委员会仲裁的前置程序，且均由法院同一审判业务庭进行审理。因此，上述诸多因素易导致人事争议裁判规则与劳动争议裁判规则混淆而引发误判。

⊙ 审理思路与裁判方法

人事争议可细分为聘用合同争议、辞职争议、辞退争议。审判实践中，因人事争议与劳动争议中的劳动合同纠纷具有相似性，在审查要件、举证责任分配等方面可参照适用审理劳动合同纠纷案件的基本方法。同时，因人事争议与劳动争议的受案范围、适用规则具有明显区别，法院应特别注意对相关争议的可诉性、规则适用的正确性进行审查。具体审查步骤如下：

（一）审查是否属于人事争议

事业单位既是人事聘用关系的适格主体，也是劳动法律关系的适格主体，并非发生于事业单位与其成员之间的争议均属于人事争议。对于事业单位和与之建立劳动关系的劳动者之间发生的相关争议，应纳入劳动争议处理范畴。如审判实践中遇到此类情形，应直接转入劳动争议处理程序，无需进行人事争议的相关审查。

对于事业单位的界定，《事业单位登记管理暂行条例》将事业单位定义为"国家为了社会公益目的，由国家机关举办或者其他组织利用国有资产举办的，从事教育、科技、文化、卫生等活动的社会服务组织"。《上海市高级人民法院关于执行最高人民法院〈关于人民法院审理事业单位人事争议案件若干问题的规定〉的解答》则将之明确为"经过各级编制部门批准使用事业单位编制的单位"。登记管理机关会对准予登记的事业单位发放《事业单位法人证书》，故可将此作为事业单位的主要认定依据。

审判实践中，区分人事争议和劳动争议的主要依据在于劳动者是否为事业单位编制内人员，具体审查有无填写过聘用制干部审批表、有无办理过聘用制干部审批手续等。需要注意的是，退休返聘人员与相关单位形成劳务关系，相关争议按劳务关系处理。

（二）审查是否属于法院人事争议受案范围

1. 审查双方争议是否发生在2003年7月5日之后

因作为法院受理人事争议案件依据的《人事争议司法解释》自2003年9月5日起施行，当时的仲裁时效为60日，《上海市高级人民法院关于受理人事争议案件若干问题的意见》（沪高法民一〔2005〕6号）由此明确：对于符合法院审理人事争议案件受理范围的争议发生在《人事争议司法解释》实施日期之前60日，即2003年7月5日之前的，不属于法院的受案范围；争议既有发生在2003年7月5日之前，也有发生在2003年7月5日之后的，对于发生在2003年7月5日之前的争议法院不予处理。

2. 审查当事人的诉请是否属于法院受案范围

根据《人事争议司法解释》，法院受理事业单位与其工作人员之间因辞职、辞退及履行聘用合同所发生的争议。审判实践中，对于因辞职、辞退所发生争议的理解并无分歧，但对因履行聘用合同发生的争议如何界定存在较大争议。结合审判实践，不属于法院受案范围的人事争议诉请一般包括以下几种：

（1）对涉及本人考核结果、处分决定不服的相关争议。事业单位工作人员对涉及本人的考核结果、处分决定等不服的，可以按照国家有关规定申请复核、提出申诉。同时，因考核结果、处分决定不属于法院受案范围，法院对与考核结果、处分决定直接相关的工资、奖金等诉请亦不予受理，但如处分决定内容为解聘、辞退的，应属于法院受案范围。

（2）因职务任免、职级评定、职称评审产生的争议。此类争议既包括对职务任免、职级评定、职称评审结果不服要求变更或纠正的诉请，还包括与此直接相关的工资、奖金等诉请。

（3）因技术入股、知识产权权属以及利益分配等产生的争议。

（4）因承包问题产生的争议，但承包合同的履行涉及工资、福利待遇以及聘用合同解除的除外。

（5）工龄、特殊工种的认定以及与此直接相关的福利待遇、经济损失等的争议。

（6）恢复聘用岗位的争议。

（7）发放荣誉证书、荣誉称号及相关待遇的争议。

（8）签订或续订聘用合同的争议。

（9）发放住房补贴、住房福利的争议。

（10）缴纳社会保险费、住房公积金、工会会费的争议。

（11）其他非因辞职、辞退及履行聘用合同产生的争议。

如案例一中，倪某主张的工资差额及超课时奖金，均系 A 学院依据岗位年度考核办法，对教职员工进行考核后兑现的岗位津贴等待遇。考核结果涉及教师所在岗位性质以及不同岗位对应工作量的实际完成情况。倪某的诉请实际是对 A 学院考核结论所参照的考核方式持有异议，故上述争议不属于法院受理的人事争议范围。

3. 审查双方争议是否经过仲裁前置程序

当事人双方的争议即便属于法院受理的人事争议范围，也必须经过仲裁前置程序；未经过仲裁前置程序的，法院不予处理。

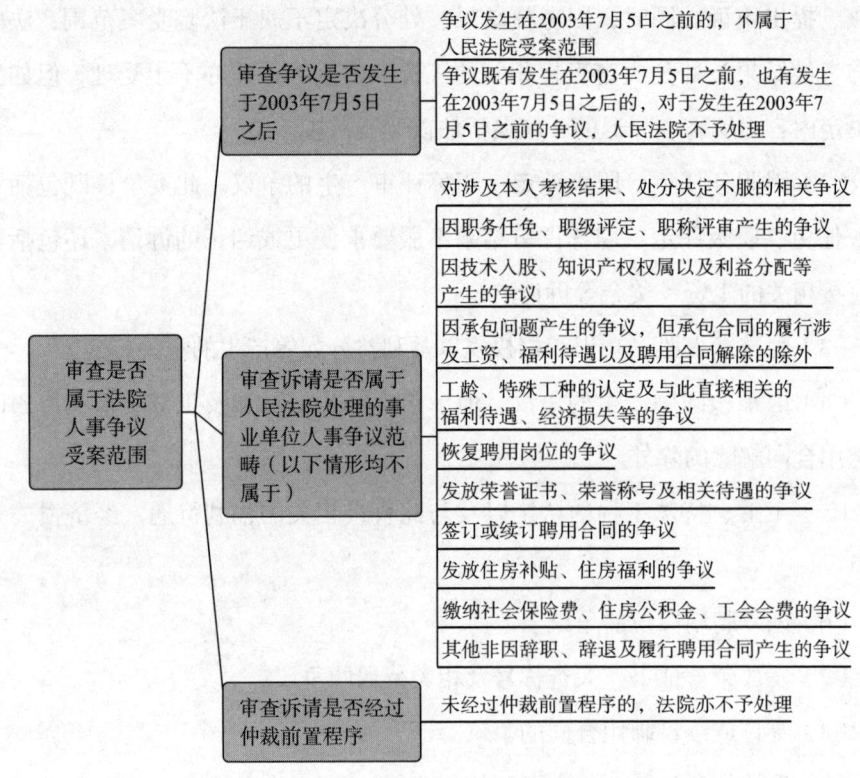

思维导图1：审查是否属于人民法院人事争议受案范围

（三）审查当事人的诉请能否成立

1. 人事争议案件实体审理依据的适用顺序

结合相关规定及审判实践，对上海市人事争议案件进行实体审理的依据包括以下三个方面：

（1）主要依据。具体包括：《事业单位人事管理条例》《国务院办公厅转发人事部〈关于在事业单位试行人员聘用制度意见的通知〉》《上海市事业单位聘用合同办法》《上海市人事局关于实施〈上海市事业单位聘用合同办法〉有关问题的解释》等，另在涉及教师、医生等特定争议主体时，教师法、执业医师法中的相关内容亦可成为裁判依据。

（2）补充依据。人事方面的规范依据未作规定的，补充适用劳动法律实体性规定。

（3）参考依据。事业单位经过职工代表大会通过、予以公告或公示且不违反法律法规强制性规定的规章制度。

2. 人事争议实体审理审查要点

（1）关于受聘人员单方解除聘用合同。

自2014年7月1日《事业单位人事管理条例》实施后，事业单位工作人员提前30日书面通知事业单位的，可以解除聘用合同，但双方对解除聘用合同另有约定的除外。在此之前，除规定情形外，受聘人员提出解除聘用合同未能与聘用单位协商一致的，受聘人员应当坚持正常工作，继续履行聘用合同；6个月后再次提出解除聘用合同仍未能与聘用单位协商一致的，方可单方解除聘用合同。

（2）关于聘用单位单方解除聘用合同。

《事业单位人事管理条例》第四章规定了聘用单位可以解除聘用合同的情形，《事业单位人员聘用制度意见》《上海市事业单位聘用合同办法》与《事业单位人事管理条例》不冲突的规定，亦可成为判断聘用单位解除行为合法性的依据。需要注意的是：

第一，聘用单位试用期内解除聘用合同的，需满足受聘人员不符合本岗位要求又不同意调整工作岗位的条件；而在劳动关系中，用人单位只需证明劳动者试用期间不符合录用条件即可。

第二，受聘人员连续旷工超过15个工作日或者1年内累计旷工超过30个工作日的，聘用单位可以单方解除聘用合同；而在劳动关系中，用人单位可以单方解除劳动合同的旷工天数属于用人单位用工自主权的决定范畴，只要经过法定程序、无明显不合理之处即可。

第三，未经聘用单位同意，擅自出国或者出国逾期不归的，聘用单位可以单方解除聘用合同；而劳动法、劳动合同法并未将其作为法定解除理由。

第四，受聘人员患有现有医疗条件下难以治愈的严重疾病或者精神病的，不适用医疗期相关规定。此种情况下，聘用单位不能以受聘人员医疗期满后不能从事原工作也不能从事单位安排的其他工作为由解除聘用合同。同时，受聘人员正在接受纪律审查尚未作出结论的，聘用单位亦不得据此解除聘用合同。在劳动法、劳动合同法中并无相关限制性规定。

第五，受聘人员年度考核不合格且不同意调整工作岗位或者连续两年年度考核不合格的，聘用单位可以解除聘用合同；而在劳动关系中，对于劳动者不能胜任工作的，在经过培训或者调整工作岗位后仍不能胜任工作的，用人单位方可解除劳动合同。

第六，法院对于聘用单位对受聘人员的考核结果不作审查；而在劳动关系中，法院对于用人单位的考核是否遵守相关程序、是否存在明显错误等应进行适当审查。

如案例三中，C社区服务中心的解除理由并不属于法定解除情形，故该中心解除张某的聘用合同依据不足而构成违法解除。同时，人事方面规定并未涉及违法解除情形下聘用单位的具体担责方式，因此法院依照《劳动合同法》第48条的规定，认定C社区服务中心应当恢复与张某之间的聘用关系。

（3）关于聘用合同的终止。

第一，在人事关系中，允许当事人约定聘用合同终止条件；而在劳动关系中，用人单位与劳动者不得在法定情形之外约定劳动合同的其他终止条件。

第二，聘用合同当事人实际不履行聘用合同满3个月，也不属于聘用合同中止情形的，聘用合同可以终止；而在劳动法、劳动合同法中并无对应规定。

第三，在聘用合同期满或约定终止条件出现时，受聘人员正在接受纪律审查尚未作出结论的，属于聘用合同法定顺延情形；而在劳动法、劳动合同法中并无对应规定。

第四，聘用合同终止情形出现时，如受聘人员患有现有医疗条件下难以治愈的严重疾病或者精神病的，聘用单位不得终止聘用合同；而在劳动法、劳动合同法中并无对应规定。

（4）关于事实聘用关系的终止。

对于应当订立聘用合同而未订立，形成事实聘用关系的终止条件，可区分为以下情形：一是由于用人单位的原因，双方自始未订立聘用合同的，受聘人员可以随时终止聘用关系，用人单位不享有提前30日通知受聘人员终止聘用关系的权利；二是由于受聘人员的原因，双方自始未订立聘用合同的，用人单位可以提前30日通知受聘人员终止聘用关系，国家另有规定的除外；三是聘用合同期满后，双方未续订合同、受聘人员仍在继续工作的，视为双方以原条件继续履行聘用合同，受聘人员可以随时终止聘用关系，聘用单位可以提前30日通知受聘人员终止聘用关系。

（5）关于经济补偿金的支付。

第一，在人事关系中，聘用单位根据《事业单位人员聘用制度意见》《上海市事业单位聘用合同办法》的规定支付经济补偿金，无需支付聘用合同到期终止的经济补偿金；而在劳动关系中，除用人单位维持或者提高劳动合同约定条件续订劳动合同、劳动者不同意续订的情形之外，用人单位均需支付固定期限劳动合同到期终止的经济补偿金。

如案例二中，陈某系与B医院建立聘用合同关系的事业单位在编人员，案件应适用人事方面有关经济补偿金支付的规定，故法院对陈某要求B医院按劳动合同法规定支付经济补偿金的诉讼请求不予支持。

第二，人事争议案件经济补偿金的计算方式与劳动争议案件存在差异：一是计算受聘人员的工作年限，即受聘人员在同一单位连续工作的时间，双方另有约定或军队转业干部、复员退伍军人等国家和本市另有规定的政策性安置人员除外。需要注意的是，工作年限不满6个月部分不享受经济补偿，聘用合同中止期间不计入实际工作年限。二是经济补偿金标准不得高于本市统计行政部门公布的事业单位上年月平均工资的3倍。三是计发经济补偿金的月工资计算基数应为国家统计部门工资总额统计口径确定的项目，不包括按国家或本市规定个人应缴纳的各类税费。

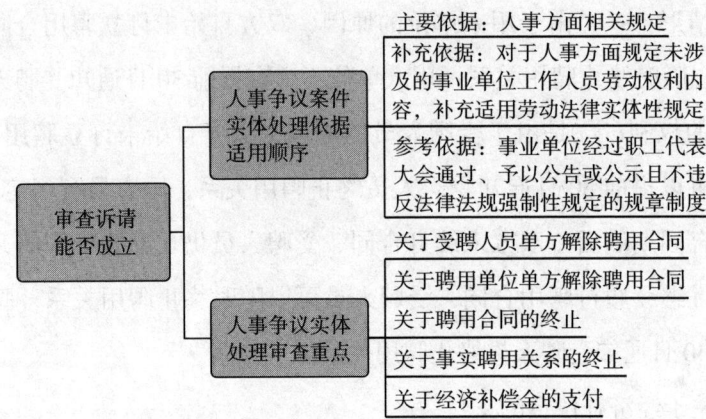

思维导图2：审查人事争议案件当事人诉请能否成立

竞业限制纠纷案件的审理思路和裁判要点

王启扬 叶 佳*

竞业限制,是指对原用人单位负有保密义务的劳动者,于离职后在约定的期限内,不得生产、自营或为他人生产、经营与原用人单位有竞争关系的同类产品及业务,不得在具有竞争关系的用人单位任职。为提高办案质量与效率、规范自由裁量权,现以典型案件为基础,对该类案件的审理思路和裁判方法进行提炼和归纳。

⊙ 典型案例

案例一:涉及主体与同业的审查

张某系A公司员工,从事传感器研发工作。双方签订的竞业限制协议约定:竞业限制的行业领域包括但不限于倾角传感器、加速度传感器等,期限为2年。后张某辞职。张某入职A公司前即投资设立B公司,离职后1年内仍为B公司股东,并历任监事、法定代表人、执行董事等职务。A公司及B公司登记的经营范围均未包括生产、销售传感器。A公司主张与B公司均实际生产、销售传感器,认为张某违反竞业限制约定。

案例二:涉及竞业行为的认定

郎某与C公司签订竞业限制协议,约定郎某在劳动关系存续期间及劳动关系终止之日起3年内不以直接或间接方式经营或加入同业企业。郎某劳动关系存续期间,其妻作为股东之一投资设立D公司。2009年6月8日郎某从

---

* 王启扬,申审庭庭长,大学本科;叶佳,民事庭审判长,法学硕士。

C公司辞职，8月13日郎某任E公司董事。D公司、E公司与C公司均存在竞争关系。

案例三：涉及违约责任的核定

罗某与F公司签订竞业限制协议。后劳动关系解除当日双方签订竞业限制的补充协议，约定竞业限制的补偿金标准为罗某离职前上一年度固定薪酬的18%；违约责任为返还已支付的补偿金及支付相当于年补偿金标准4倍的违约金。罗某离职前一年的固定工资为19500元／月。离职3天后，罗某进入同业的G公司工作。F公司以罗某违约为由要求其支付166752元违约金。罗某辩称其未泄露F公司商业秘密且违约金过高。

◎ 审理难点

（一）主体范围界定难

《劳动合同法》第24条第1款将竞业限制的人员限定为"用人单位的高级管理人员、高级技术人员和其他负有保密义务的人员"。实践中，对其他负有保密义务人员的认定存在争议：一种观点认为，劳动者对用人单位负有忠实义务，只要双方就竞业限制达成合意，法院无需审查劳动者是否负有保密义务；另一种观点认为，对劳动权的限制应以商业秘密的保护为前提，为防止用人单位滥用其优势地位，法院应对劳动者是否负有保密义务进行审查。

（二）竞业行为认定难

劳动者离职后的竞业行为存在多种情形，既包括直接入职或投资同业组织的行为，也包括劳务派遣、关系挂靠、人事代理或股份代持等隐蔽性更强的竞业行为。后几种情形下，劳动者是否存在竞业行为的认定存在较大困难。

对劳动者离职后是否从事与原用人单位"同类产品、同类业务"的认定，因专业性较强，仅凭常识往往难以作出准确判断。实践中对于是否仅对营业执照的经营范围进行比对审查存在争议。

（三）违约责任核定难

在认定劳动者应就其竞业行为向用人单位承担违约责任时，关于违约金是否需要调整、如何调整，是否参照《民法典》及买卖合同司法解释的规定进行审查判断，补偿金是否返还等问题尚无明文规定。劳动者应承担何种程度的违约责任，也缺乏明确的判断标准。

在双方未约定的情况下，用人单位已支付的补偿金是否可以返还在实践中也存在争议。一种观点认为不应当返还，违约金已经涵盖了劳动者违约行为所应承担的法律责任；另一种观点认为应当返还，补偿金系填平劳动者不履行竞业行为的收入损失，违约劳动者在竞业期间收入未因此受到损失。

⊙ 审理思路与裁判方法

竞业限制纠纷案件的审理应注重对用人单位商业秘密和劳动者劳动权的平衡保护，既要规制劳动者的不正当竞争行为，又要防止用人单位的权利滥用。

（一）审查有无竞业限制约定及其合理性

1. 有无竞业限制约定的审查

竞业限制义务属于劳动者的约定义务。如果用人单位未与劳动者签订竞业限制协议，或未在劳动合同或者保密协议中与劳动者约定竞业限制条款，则劳动者不负有竞业限制义务。未作约定时法院可向用人单位释明，引导其提起侵犯商业秘密纠纷诉讼主张权益。

2. 竞业限制适用人员的审查

如果劳动者未在诉讼中对竞业限制主体适格提出抗辩，则法院对该事项不作审查。如劳动者主张其非适格主体，则法院需对此进行审查：对高级管理人员的认定，可以参考《公司法》的相关规定；对高级技术人员的认定，可以参考劳动者的职称、在用人单位担任的职务以及工作内容进行综合判定；对其他负有保密义务的员工的认定，则可以参考侵犯商业秘密纠纷案件的审理规则进行审查。如劳动者职务属于技术研发、销售、财务等敏感岗位，则可推定其具有接触用人单位技术秘密或经营秘密的便利；如劳动者职务并不涉及敏感岗位，则需用人单位举证证明两个方面：一是本单位具有特定技术或经营秘密，二是劳动者存在接触商业秘密的可能。如案例一中，张某虽属一般职务，但从事研发工作，具有接触A公司技术秘密的便利，故认定其属于竞业限制的适格主体。

3. 竞业限制业务、地域、期限的审查

对竞业限制业务的审查，应当明确具体。如竞业限制协议中仅约定"本行业或其他行业""同类产品、业务""相类似的产品、业务"，法院应要求用人单位进一步明确其主营业务以及竞业限制业务的范围。对竞业限制地域的审查，应当以能够与用人单位形成实际竞争关系的地域为限。对竞业限制期限的审查，应当以法律规定的两年为上限，超出部分约定无效。

4. 竞业限制补偿金的审查

关于补偿金的标准，法院应按照当事人之间的约定予以核定。当事人未约定的，按照《最高人民法院关于审理劳动争议案件适用法律若干问题的解释（四）》第6条的规定，以劳动者离职前12个月平均月工资的30%及同期最低工资标准双重标准为下限进行酌定。在核定前12个月平均工资时，应将劳动者于上述期间所获奖金及固定发放的补贴等收入计算在内。

关于补偿金的支付方式，虽然《劳动合同法》第23条第2款仅明确离职后按月给付的方式，但只要能将补偿金与其他待遇显著区分，用人单位可以与劳动者约定在职期间发放等其他给付方式。

关于补偿金的受领条件，应按照当事人的约定进行审查。如果当事人未作约定且用人单位未支付补偿金时，由于劳动者所承担的系不从事竞业行为的消极义务，劳动者从事竞业限制行为的举证责任应由用人单位承担。根据审理需要，法院也可酌情要求劳动者提供离职后的就业或失业登记等材料。

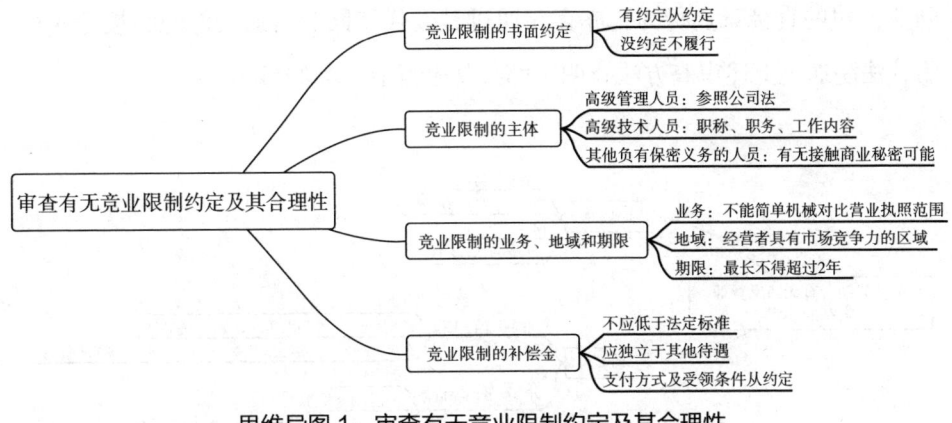

思维导图1：审查有无竞业限制约定及其合理性

（二）审查劳动者有无违反竞业限制的约定

1. 同业的审查

同业的竞争关系应由用人单位承担举证责任。法院可参考但不应拘泥于营业执照登记内容，还可以通过实际产品与服务的调查、企业官网宣传或其他登记资料、共同供应商或客户的证言来综合考量。如案例一中，虽然A公司与B公司营业执照所记载的经营范围均不含传感器的生产与销售，但是法院通过对在案证据的甄别，确认两公司均实际生产和销售传感器等事实，最终认定两公司存在同业竞争关系。

2. 竞业的审查

劳动者直接入职或者投资同业单位的情况可通过用工登记、税费缴费情况（社会保险费、住房公积金、个人所得税等）、公司登记信息等证据查明。对隐蔽性竞业行为的事实认定，法院在分配举证责任时应注意用人单位的取证难度。在用人单位已提供初步证据的情况下，法官宜适时公开心证，要求用人单位进一步举证证明劳动者存在竞业行为的事实，抑或要求劳动者就其存疑行为进行合理解释并提供证据予以证明，继而根据盖然性的标准对法律事实进行综合认定。审理中，法院宜科学衡定当事人与涉案证据的距离远近，妥善处理举证责任与示证义务之间的关系，并灵活运用调查令及依职权调查等审查手段，及时固定证据和正确认定事实。如案例二中，郎某既存在投资同业公司的直接竞业行为,亦存在通过其妻代持同业公司股份的间接竞业行为,法院通过上述审查方法查明了郎某从事竞业行为的事实。

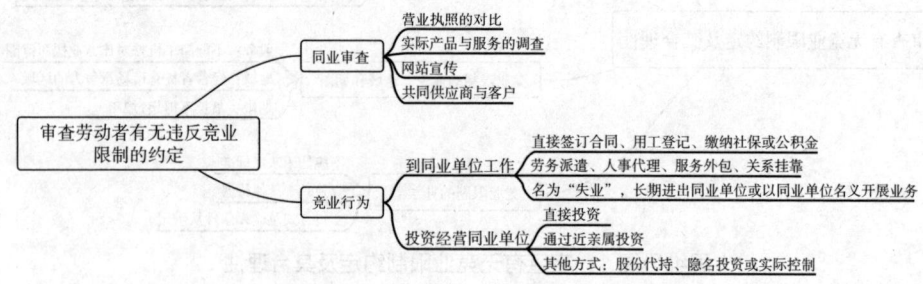

思维导图2:审查劳动者有无违反竞业限制的约定

(三)审查违约责任

1.违约金的审查

用人单位的商业秘密可能因劳动者的竞业行为遭受侵害进而造成利益损失,违约金则是对可能产生的损失进行填补。如当事人请求调整违约金数额,法官在行使自由裁量权时应在诚实信用原则下充分尊重当事人合意。在劳动者主张违约金畸高的情况下,法官可适当分配举证责任,要求用人单位就违约金约定数额的合理性及特定商业秘密的经济价值进行举证。

实践中,违约金条款的审查及违约金数额的调整可酌情参考以下因素:竞业限制协议签订的时间、劳动者原职务、收入情况、过错程度、未履约期限、补偿金是否支付以及支付的数额、用人单位的实际损失等。法院应当秉持谦抑原则,审慎行使自由裁量权调整约定违约金。如案例三中,法院综合上述各种情形,认为双方约定的违约金标准不属于畸高情形而未作调整。

在竞业限制纠纷中,法官应注意把握补偿金与违约金的独立性。在竞业限制协议有效的情况下,劳动者不因用人单位未支付补偿金而免于承担支付违约金的责任;当事人亦不能仅以补偿金过低为由请求调整违约金数额。

2.继续履行协议的审查

竞业限制保护的是用人单位的商业秘密,但劳动者对已发生的违约行为承担责任并不意味着该法益得到完整、永久的保护。劳动者违约后，仍可能在竞业限制期限内实施新的违约行为，导致用人单位的商业秘密继续存在泄露风险。因此在竞业限制期内，劳动者违反竞业限制约定并承担违约责任后，如用人单位提出要求劳动者继续履行竞业限制协议的诉讼请求，法院应在明确履行期限的情况下依法予以支持。

3. 返还补偿金的审查

用人单位常以违反竞业限制协议为由要求劳动者返还已支付的补偿金。如果双方在竞业限制协议中对返还补偿金进行约定，法院应当予以支持；如果双方未作上述约定，法院应以协议明确违约所应承担的责任范围为限综合考量个案情形：劳动者就其竞业行为已经承担了相当数额的违约责任且并未因违约行为而额外获益的，则一般可不支持用人单位要求劳动者返还补偿金的诉讼请求。

4. 赔偿损失的审查

依据《劳动合同法》第90条的规定，用人单位可因劳动者违反竞业限制义务而要求其承担赔偿责任。一般情形下，损失赔偿与违约金的诉讼请求只能择一主张。对于实际损失的认定，应由用人单位承担举证责任。

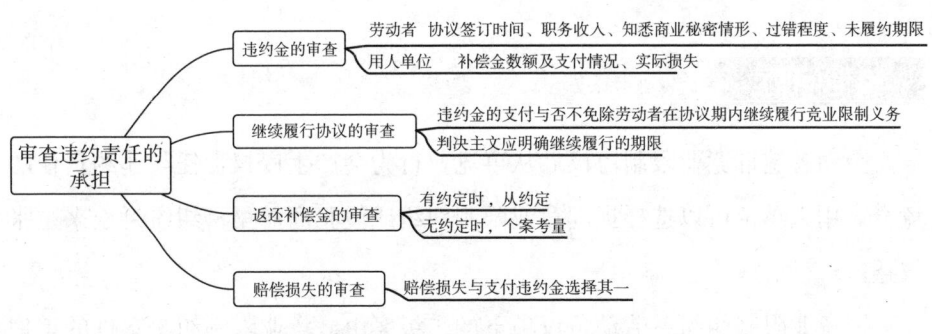

思维导图3：审查违约责任的承担

（四）审查竞业限制协议的终止与解除

在审判实践中，法院应注意竞业限制协议与劳动合同之间的独立性。劳动合同终止或解除并不影响竞业限制协议的效力。即使用人单位违法解除劳动合同，劳动者也不因此免除竞业限制义务。

竞业限制期满后，相关竞业限制协议自然终止，用人单位免除继续支付补偿金义务，劳动者免除竞业限制义务。

竞业限制协议可依法通过用人单位以及劳动者的要式行为予以解除。在劳动关系终止或解除前，用人单位可通知劳动者免除竞业限制义务，继而无需支付补偿金；在劳动关系终止或解除后，用人单位亦有权单方解除竞业限制协议，但需向劳动者额外支付3个月的补偿金。劳动者在用人单位超过3个月未支付补偿金的情况下也可以单方解除协议。协议解除的，劳动者可向用人单位主张已履行期间的补偿金。但在劳动者行使解除权之前，即便用人单位超过3个月未支付补偿金，劳动者也并不当然免除竞业限制义务。

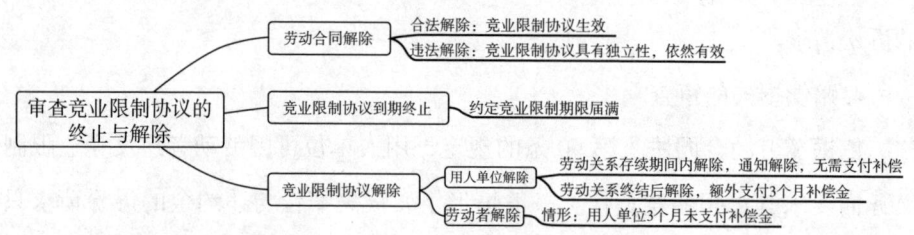

思维导图4：审查竞业限制协议的终止与解除

⊙ 其他问题

劳动者签订竞业限制协议后从事竞业行为会产生侵权责任与违约责任的竞合。用人单位可以选择提起竞业限制纠纷或侵犯商业秘密纠纷诉讼来主张权益。

因竞业限制纠纷系劳动争议项下的二级案由，竞业限制纠纷案件的审理过程中应注意该类案件的审理方法及证明标准与知识产权案件的差别。就用人单位是否客观上具有商业秘密，仅需用人单位提供初步证据予以证明。

申请撤销劳动争议仲裁裁决案件的审理思路和裁判要点

唐春雷　蒋　静*

《劳动争议调解仲裁法》创设了劳动争议仲裁裁决撤销制度,将符合法定条件的劳动争议仲裁裁决确定为终局裁决。用人单位若认为仲裁裁决存在该法第49条规定的撤销情形,可向中级人民法院申请撤销。为充分发挥撤裁制度的优势、进一步提升此类案件的审理效率,现以典型案件为基础,对申请撤销劳动争议仲裁裁决案件的审理思路和裁判要点进行梳理、提炼和总结。

⊙ 典型案例

案例一:涉及仲裁裁决适用法律法规确有错误

某劳动争议仲裁委员会作出裁决:A公司(劳务派遣单位)向李某支付工资差额,并由B公司(用工单位)承担连带责任。A公司与B公司均以仲裁裁决适用法律法规确有错误为由向法院申请撤销仲裁裁决。A公司称其未对李某进行考核管理,无需向其支付工资差额,裁决认定事实错误,致使法律法规适用错误。B公司称其为用工单位,对劳务派遣单位给被派遣劳动者造成的损害无需承担连带责任。

案例二:涉及仲裁违反法定程序

某劳动争议仲裁委员会作出裁决:C公司向陈某支付违法解除劳动合同赔偿金。仲裁委员会作出裁决并将文书送达当事人,后又出具更正决定书,对裁决主文确定的金额进行修正,并将更正决定书送达当事人。C公司收到

---

* 唐春雷,立案庭庭长,大学本科;蒋静,立案庭法官助理,法学硕士。

更正决定书后以仲裁委员会对裁决书主文进行更改违反法定程序为由,向法院申请撤销仲裁裁决。

案例三:涉及裁决所根据的证据系伪造

某劳动争议仲裁委员会作出裁决:D公司向张某支付违法解除劳动合同赔偿金。D公司称张某仲裁时提供的证人证言是伪造的。其主张证人的身份信息以及证人证言内容均不属实,仲裁委员会采信该伪造证据并作出违法裁决,因此向法院申请撤销仲裁裁决。

案例四:涉及对方当事人隐瞒足以影响公正裁决的证据

某劳动争议仲裁委员会作出裁决:E公司向马某支付工资差额及未休年休假折算工资。E公司称马某仲裁时隐瞒其工资收入情况,未向仲裁委员会提交相关证据,以当事人隐瞒足以影响公正裁决的证据为由向法院申请撤销仲裁裁决。

⊙ 审理难点

(一)仲裁裁决适用法律法规确有错误的理解难

对该项撤销事由的理解难点在于审查法律法规适用有无错误是否包括对仲裁已认定事实的实体审查。相较于其余五项撤销事由,"适用法律、法规确有错误"这一表述存在较大的解释空间。申请人往往会以仲裁裁决认定事实不清、证据不足进而适用法律法规错误为由主张撤销裁决,这种情形看似是以法律法规适用错误为申请理由,但本质上是对仲裁事实认定的异议。法院对于事实认定异议是否属于审查范围的不同理解决定了此类案件的审查方向。

(二)仲裁违反法定程序的判断难

仲裁违反法定程序的判断难体现在如何界定"法定程序"包括的仲裁程序规则。一是仲裁委员会在办理案件时适用的《劳动人事争议仲裁办案规则》能否作为法院审查仲裁是否违反法定程序的依据;二是除《劳动争议调解仲裁法》外，仲裁法定程序是否应当包括民事诉讼法及相关司法解释等规定的诉讼程序规则。如《劳动人事争议仲裁办案规则》并未排除仲裁委员会对裁决书中主文金额计算错误进行补正的权限，而民事诉讼法则规定可适用裁定对法律文书予以补正的范围仅限于主文及当事人身份信息以外的笔误。对于何为"法定程序"的不同判断将得出不同的裁判结论，司法实务中目前尚无明确标准。

（三）对方当事人隐瞒足以影响公正裁决证据的认定难

一是对方当事人隐瞒证据的行为认定难。满足何种构成要件可以认定对方当事人存在隐瞒证据的行为，如何评估隐瞒证据的行为对裁决产生的实质性影响，实践观点尚存在分歧。二是申请人在仲裁阶段是否恪尽举证责任的认定难。对方当事人隐瞒足以影响公正裁决的证据并不足以撤销裁决，法院还需审查申请人在仲裁阶段是否已经恪尽举证责任。申请人怠于举证与对方隐瞒证据关系的认定也是此类案件司法审查的难点。

⊙ 审理思路与裁判方法

劳动争议仲裁裁决撤销制度是在案件审理机制层面对劳动争议案件进行的一次"繁简分流"，此类案件的审理应充分发挥"简案快审"的优势，坚持尊重裁决、有限审查、依法纠错的价值理念。尊重裁决，即法院应当尊重仲裁裁决的事实认定和处理结果，避免不必要的实体审查；有限审查，即对当事人提出的法定事项之外的申请事由不予审查，一般不对仲裁裁决作超出申请范围的主动审查；依法纠错，即经审查后法院认定仲裁裁决确实存在应予撤销的情形，则依法准予申请撤销仲裁裁决，维护用人单位合法权益。

劳动争议仲裁裁决撤销案件的司法审查应遵循以下三个步骤：一是核实裁决是否属于终局裁决；二是确定劳动者是否就该裁决向法院起诉并被受理；三是审查用人单位的申请理由是否成立，并裁定是否准予申请。

（一）审查仲裁裁决是否属于终局裁决

《劳动争议调解仲裁法》第49条规定，只有终局裁决才可适用申请撤销仲裁裁决程序。该法第47条对一裁终局案件的范围作了明确规定：一是追索劳动报酬、工伤医疗费、经济补偿或者赔偿金，不超过当地月最低工资标准12个月金额的争议；二是因执行国家的劳动标准在工作时间、休息休假、社会保险等方面发生的争议。其中，经济补偿包括竞业限制期限内给予的经济补偿、解除或者终止劳动关系的经济补偿；赔偿金包括未签订书面劳动合同的2倍工资、违反约定试用期以及违法解除或终止劳动合同的赔偿金。若裁决涉及数项经济补偿或者赔偿金，每项确定的数额均不超过当地月最低工资标准12个月金额的，均按照终局裁决处理。

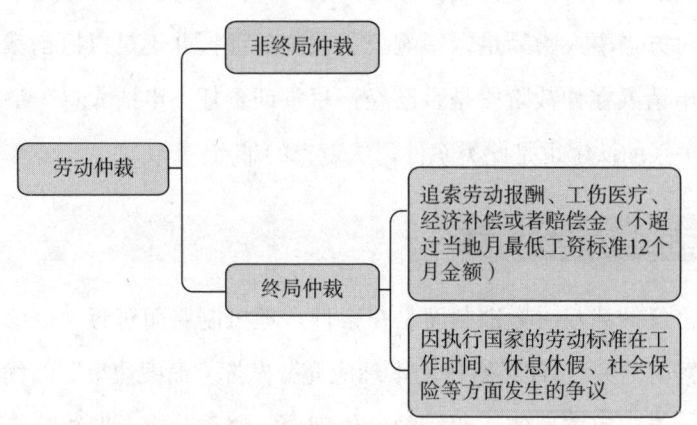

思维导图：审查劳动仲裁裁决是否属于终局裁决

上述是对一裁终局案件类型的明确，是仲裁委员会认定裁决是否属于终局裁决的依据。根据《最高人民法院关于审理劳动争议案件适用法律若干问题的解释（四）》第2条的规定，仲裁裁决的类型以仲裁裁决书确定为准，也即法院对此类案件进行立案审查，仅需要审查仲裁裁决书主文有无写明该案为终局裁决。

该类案件立案及审查过程中需注意以下特殊情况：仲裁裁决书错误告知裁决属于一裁终局，后当事人向中级法院申请撤销该裁决并获受理的，若申请人以仲裁委员会将非终局裁决确认为终局裁决属于适用法律法规错误为由申请撤销裁决，法院经审查发现该案确不属于一裁终局案件，且双方劳动争议不宜通过撤裁程序解决的，应当根据《劳动争议调解仲裁法》第49条的规定准予当事人撤销裁决的申请。

（二）审查劳动者是否已向基层法院起诉

根据《劳动争议调解仲裁法》第48条的规定，劳动者对终局裁决不服的，可以自收到仲裁裁决书之日起15日内向人民法院提起诉讼。劳动者一旦起诉并被法院受理，仲裁裁决即不再发生效力。用人单位申请撤销仲裁裁决的，中级法院应在法律规定的起诉期限到期后审查劳动者是否已向基层法院提起诉讼。劳动者已经起诉的，中级法院应对该案不予受理，并告知用人单位直接作为劳动者起诉案件的被告参加诉讼。中级法院在立案后发现基层法院受理劳动者起诉的，应当裁定驳回申请。

若劳动者起诉后撤诉或者被驳回起诉的，用人单位可以自收到裁定书之日起30日内向仲裁委员会所在地的中级法院申请撤销仲裁裁决，法院应予受理。

（三）审查申请事由是否符合撤销仲裁裁决的法定情形

审查当事人申请理由是否符合《劳动争议调解仲裁法》第49条规定的撤销仲裁裁决情形是审理该类案件的关键要点。若当事人申请理由符合该条规定的情形，则法院准予其撤销仲裁裁决的申请，反之则驳回申请。法院需要明确以下审查要点：

1. 适用法律法规确有错误的认定

对该申请事由的审查，有两个方面需要注意：

第一，适用法律法规错误是指仲裁裁决作出处理结果时所依据的法律法规确有错误。实践中主要指：（1）适用法律、行政法规、地方性法规错误的；（2）适用已失效或尚未生效的法律法规的；（3）援引法条错误的；（4）违反法律关于溯及力的规定的。法院对于一裁终局案件中仲裁委员会已认定的事实一般不作审查，主要审查在已认定事实基础上适用相关法律法规是否正确。

如案例一中，A公司主张仲裁认定事实不清、证据不足，但对事实认定的异议并不属于法院对仲裁裁决的审查范围，因此A公司申请撤销裁决的理由并不成立。对B公司撤销裁决的申请，根据《劳动合同法》第92条的规定，用工单位给被派遣劳动者造成损害的，劳务派遣单位与用工单位承担连带赔偿责任。本案例中给被派遣劳动者造成损害的系劳务派遣单位而非用工单位，仲裁裁决要求用工单位B公司对用人单位A公司的工资差额支付义务承担连带责任不符合法律规定，属于法律法规适用错误，因此法院准予B公司请求撤销仲裁裁决的申请。

第二，法院在审查中要注意区分当事人举证不充分和仲裁委员会举证责任分配错误两种情形。两者都有可能导致事实认定错误，但前者导致的事实认定错误并不属于法律适用问题，因此法院不作审查。后者事实认定错误系因仲裁委员会适用法律法规错误，若申请人以此为由申请撤销仲裁裁决，法院应当予以支持。虽然仲裁委员会未在裁决书主文中援引有关举证责任分配的规定，但此类规定亦属于仲裁委员会作出裁决的法律依据，应当纳入法院对裁决是否适用法律法规确有错误的审查范围。

2. 劳动争议仲裁委员会无管辖权的认定

《劳动争议调解仲裁法》第21条明确以地域管辖分工为原则确定受案仲裁委员会，即劳动争议由劳动合同履行地或者用人单位所在地的劳动争议仲裁委员会管辖。劳动合同履行地为劳动者实际工作场所地，用人单位所在地为用人单位注册、登记地。双方当事人分别向上述两地的劳动争议仲裁委员会申请仲裁的，由劳动合同履行地的劳动争议仲裁委员会管辖。

根据《劳动人事争议仲裁办案规则》第10条的规定，当事人应当在答辩期满前书面提出管辖异议。当事人逾期提出的不影响仲裁程序的进行。因此，若用人单位提出劳动争议仲裁委员会无管辖权，则法院除确认仲裁委员会是否有管辖权外，还需审查用人单位是否在仲裁规定期间提出过管辖异议。用人单位在仲裁期间未提出管辖异议的,应当视为接受仲裁管辖,其再以仲裁委员会无管辖权为由申请撤销仲裁裁决的,法院不予支持。

3. 违反法定程序的认定

"法定程序"是指劳动争议仲裁委员会在仲裁劳动争议案件时所适用的《劳动争议调解仲裁法》以及《劳动人事争议仲裁办案规则》等相关程序规则。若《劳动人事争议仲裁办案规则》与《劳动争议调解仲裁法》不一致的,应以《劳动争议调解仲裁法》的规定为准。此外,除《劳动争议调解仲裁法》《劳动人事争议仲裁办案规则》明确规定参照《民事诉讼法》的事项外,"法定程序"不包括《民事诉讼法》及相关司法解释等诉讼程序规则。

如案例二中,《劳动人事争议仲裁办案规则》第54条规定,对裁决书中的文字、计算错误或者仲裁庭已经裁决但在裁决书中遗漏的事项,仲裁庭应当及时制作决定书予以补正并送达当事人。该规定并未排除仲裁庭对主文错误进行补正的权限。本案裁决主文存在计算错误,仲裁庭有权进行补正并将决定书送达当事人,不属于违反法定程序的情形。

法院在类似案件审查中,需要注意对"及时补正"的时间作出界定,并且重新计算劳动者的起诉期限,在重新起算的起诉期限届满后再对是否撤销案件作出裁定。与此同理,仲裁裁决书记载的当事人名称等身份情况存在错误,仲裁庭亦有权进行补正。申请人主张此种情况违反法定程序的,法院不予支持。

在对撤销仲裁案件的审查过程中,仲裁是否违反法定程序可以参照《劳动人事争议仲裁办案规则》确定的程序予以认定,具体包括以下几个方面:(1)仲裁员依法应当回避而没有回避的;(2)仲裁组织的组成不合法;(3)仲裁委员会没有将仲裁庭的组成情况、开庭时间、地点等事项书面通知当事人的,即违反有关送达、期间的规定;(4)审理程序违法,包括仲裁庭开庭时当事人未能陈述、进行辩论以及裁决所依据的证据未经另一方当事人质证等情形。除上述情形外,实践中申请人提出仲裁存在违反法定程序的具体情况复杂多样,法院在审查中应以是否损害当事人诉讼权利、确已影响案件公正裁决为审查标准进行具体判断。

4. 裁决所根据的证据是伪造的认定

"裁决所根据的证据是伪造的"应符合以下三项条件：(1)该证据已被仲裁裁决采信；(2)该证据属于认定案件基本事实的主要证据；(3)该证据属于通过捏造、变造、提供虚假证明等非法方式形成或获取，违反证据客观性、关联性、合法性要求的证据。当事人以此为由申请撤销仲裁裁决虽不在少数，但实际上申请人对该事由的主张和举证均较为粗疏，在主张"某证据系伪造"或"仲裁庭依据伪造的证据作出裁决"之余，却未见对该主张提供相应证据加以证明。

如案例三中，用人单位称劳动者在仲裁中提供的证人证言是伪造的，但并未提供充分证据证明该证据系伪造。申请人的主张为仲裁委员会在仲裁过程中对于证据的采信及认定问题，属于事实认定的异议，法院不应在证据不充分情况下认定当事人伪造证据。

法院审查中需要注意以下两点：第一，在法律法规未限定伪造证据主体的情况下，不应限定为被申请人一方。在证据系案外人伪造的情况下，亦可适用该法定事由。第二，申请人在仲裁阶段已经认可某份证据的真实性，且未提出该份证据系伪造，若其在撤销仲裁裁决案件中否认仲裁时的意见，除提供证据推翻仲裁庭审中表述的，法院不予支持。

5. 对方当事人隐瞒足以影响公正裁决的证据的认定

符合以下三个条件的，法院应认定对方当事人向仲裁委员会隐瞒了足以影响公正裁决的证据：(1)该证据属于认定案件基本事实的主要证据；(2)该证据仅为对方当事人掌握，但未向仲裁委员会提交；(3)申请人在仲裁过程中知悉存在该证据，且要求对方当事人出示或者请求仲裁委员会责令提交该证据，但对方当事人无正当理由未予出示或者提交。

法院在审查是否存在上述情形时，应注意以下三点：第一，仅主张"隐瞒事实"，而未就其所指向的具体证据进行说明并举证，不属于法定可撤销情形，法院应以申请人未能说明对方隐瞒何种证据为由驳回申请。第二，隐瞒证据行为应当是对方当事人无正当理由未予出示或提交由其掌握的证据。若在仲裁中用人单位一方曾请求仲裁委员会责令对方当事人提交但被仲裁委员会驳回，则不构成对方当事人隐瞒证据。第三，因申请人怠于举证而导致仲裁委员会认定的法律事实和客观事实不一致，法院对其以对方当事人隐瞒证据为由提出的撤销申请不予支持。"怠于举证"不仅指申请人未能及时提交己方掌握或可以掌握的证据，还指己方未掌握但亦未要求对方提交或向仲裁委员会申请调取证据。

如案例四中，E公司虽然主张劳动者一方隐瞒其工资收入情况，但未明确隐瞒的证据名称及内容，且发放工资的凭证并非仅由劳动者方掌握。根据法律规定，用人单位有义务保留工资支付记录两年，因此用人单位亦可提供工资发放记录。

6. 仲裁员在仲裁该案时有索贿受贿、徇私舞弊、枉法裁决行为的认定

索贿受贿，是指仲裁员在仲裁过程中非法索要、接受当事人财物或其他不正当利益的行为；徇私舞弊，是指仲裁员为谋求私利或为报答一方当事人业已给予或承诺给予某种利益，在仲裁过程中弄虚作假的行为；枉法裁决，是指仲裁员玩忽职守、无原则迎合一方当事人，颠倒是非，曲解法律甚至故意错误适用法律的行为。

法院在审查仲裁员是否存在上述情形时，应当严格要求当事人提供相应证据予以证明。一般情况下，申请人在依据该条文申请撤销仲裁裁决时，应当提供审判机关或者纪检监察等机关认定仲裁员在仲裁该案时存在索贿受贿、徇私舞弊、枉法裁决行为的书面文件。若仲裁员确实存在上述情形，法院应当撤销仲裁裁决。

⊙ 其他问题

本文仅针对撤销劳动争议仲裁裁决案件，不涉及撤销商事仲裁、农村土地承包经营纠纷仲裁等案件。劳动争议仲裁裁决被法院裁定撤销的，当事人可以自收到裁定书之日起15日内就该劳动争议事项向人民法院提起诉讼。

劳动合同解除纠纷案件的审理思路和裁判要点

王剑平　徐凌*

劳动合同解除,是指在劳动合同有效成立后,因一方或双方当事人的意思表示致使劳动关系归于消灭的制度,主要包括《劳动合同法》规定的协商解除、单方解除、无过失解除、经济性裁员等情形。实践中,劳动合同纠纷案件大多由劳动合同解除引起,双方对解除的原因、时间、性质等往往存在较大争议,直接影响劳动合同解除的法律后果。对劳动合同解除效力的认定、解除事实的判断、解除条件的把握是此类案件审理的重点和难点,故有必要以典型案件为基础,对该类案件的审理思路与裁判要点进行梳理、提炼和总结。

⊙ 典型案例

案例一:涉及劳动合同解除效力的认定

蔡某与 A 公司签订期限自 2008 年 5 月 1 日起至 2010 年 6 月 30 日止的劳动合同。2010 年 6 月 14 日,A 公司给蔡某劳动合同终止书一份,告知蔡某合同到期后,不再与其续签劳动合同,届时将支付其经济补偿金。后蔡某于 2010 年 6 月 21 日主动提出辞职申请,并于同月 30 日办理了相关移交手续。蔡某认为劳动合同系基于期满而终止,遂起诉要求 A 公司支付经济补偿金。

案例二:涉及劳动合同解除事实的判断

杨某向 B 公司提出事假申请,请假事由为"家里老人生病,请事假 15

---

* 王剑平,民事庭副庭长,法律硕士;徐凌,申审庭法官助理,法学硕士。

天",B公司于当日批准。后杨某在休假期间赴欧洲出国旅游,并通过微信朋友圈晒出游玩照片。B公司发现后向杨某出具严重违纪辞退通知书,以杨某编造请假事由欺骗公司为由解除双方劳动合同。杨某起诉要求B公司支付违法解除劳动合同赔偿金。

案例三:涉及劳动合同解除条件的把握

C公司通知薛某,公司因组织机构调整需转到北京,希望薛某工作地点转至北京,岗位不变并提供房贴,但薛某未予同意。调整后,C公司在上海已无工作人员。后薛某收到C公司的劳动合同解除通知书,称:因双方订立劳动合同时所依据的客观情况发生重大变化,致使劳动合同无法履行。经协商未能就变更劳动合同达成一致,故公司决定解除劳动合同。后薛某收到C公司支付的经济补偿金等。薛某起诉要求C公司支付违法解除劳动合同赔偿金。

⊙ 审理难点

虽然法律对劳动合同解除作了较为详尽的规定,但均较为原则。实践中对涉及劳动合同解除条件、效力等法条的理解和适用存在分歧,审查的标准不统一。

(一)劳动合同解除效力认定难

部分劳动合同解除纠纷案件可能存在解除行为与终止事由共存、双方行使解除行为或单方多次行使解除行为等情形。如案例一中,劳动者的合同期限将近届满、用人单位给出合同终止书、劳动者主动提出辞职申请等情形共存。由于解除、终止的行为或事实会对合同效力产生影响,故真正产生效力的事实或行为应当仅有一项。如何确定劳动合同是否解除、何时解除、由谁解除、以何种理由解除,是审理此类案件的重要前提。

（二）劳动合同解除事实判断难

在实务中，劳动合同解除的理由往往五花八门，法院对于解除事实的判断难度也较大。如案例二中，劳动者因需照顾生病亲人而请事假，也提供了亲人生病的证据，但在请假期间却出国游玩。B公司认为杨某存在骗假行为属于严重违纪故辞退杨某，但能否认定劳动者该行为属于严重违纪，在司法实践中尚无明确判断标准。

（三）劳动合同解除条件把握难

法律对于劳动合同解除条件作了严格限制，但在具体案件中，要做到准确适用这些解除条件进行审查存在一定难度。如案例三中，法院需要审查C公司整体迁移是否属于合同订立时所依据的客观情况发生重大变化、劳动合同约定的工作场所迁移是否导致合同无法履行、双方是否存在协商且未达成一致等诸多解除条件，但实务中对上述解除条件的理解和审查标准并不统一。

⊙ 审理思路与裁判方法

劳动合同解除是劳动合同制度的核心内容之一。劳动合同的解除直接涉及劳动合同的效力、当事人的权利保护和利益得失。法院需充分审查解除的时间与表现形式、解除的提出者与类型、解除的理由、解除的事实、解除的条件与依据、解除的法律后果等六个方面，应当坚持尊重劳动合同规定、限制违法解除、衡平劳资双方合法权益的价值理念。

（一）解除的时间与表现形式

劳动合同的解除时间涉及具体权利义务履行的期间，其应通过当事人的自述、书面通知、公告等证据予以审查确定。解除的表现形式可以通过短信、电子邮件等方式予以呈现，还可以结合证人证言、退工办理情况、劳动手册归还情况、用人单位是否按正常工资结算周期来发放工资等因素，综合判断劳动合同的解除时间。

在审查解除的时间与形式时,应注意以下几点:(1)劳动合同解除的时间是指解除意思表示到达对方的时间,而非解除行为作出的时间。(2)解除的意思表示应向劳动关系的相对方作出。(3)解除的意思表示必须以明示的方式呈现。如实践中用人单位以劳动者长期不来上班为由推定劳动者自动离职,一般不予支持。

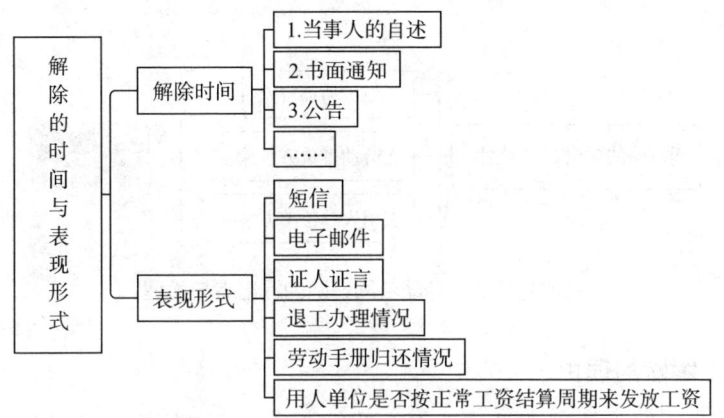

思维导图1:劳动合同解除的时间与表现形式

(二)解除的提出者与类型

劳动合同解除主要分为双方协商解除、劳动者单方解除、用人单位单方解除三种类型,不同的提出主体会导致完全不同的法律后果。一般情况下,用人单位提出解除会发出解除通知书,而劳动者主动解除会递交辞职信,这是事实比较明确的情形。

解除权系形成权,一经到达对方即生效,劳动合同即告解除。无论解除的外在形式是书面通知书、电子邮件还是手机短信,法院对解除通知的内容需严格审查,从中提炼出明确、清晰的解除合同的意思表示。实践中,会出现双方均行使解除权或解除行为与合同终止同时出现的情形,此时应适用时间优先原则。前者需审查哪一方的解除意思表示先到达对方,而后者需比较解除行为生效的时间与终止情形出现的时间哪个更早。如案例一中,双方劳动合同期满的时间为2010年6月30日,蔡某于同月21日递交了辞职信,此时应认定劳动者主动提出解除合同在先，系劳动者单方解除合同的情形，解除时间为2010年6月21日。

此外，实践中还存在一方多次为解除行为的情形，如合同一方考虑到之前的解除通知内容不够完整、通知内容有错误等因素，可能会出现再次或多次发出解除通知的情况，此时需要对解除行为的效力进行审查，以首次发生法律效力的解除行为为准。

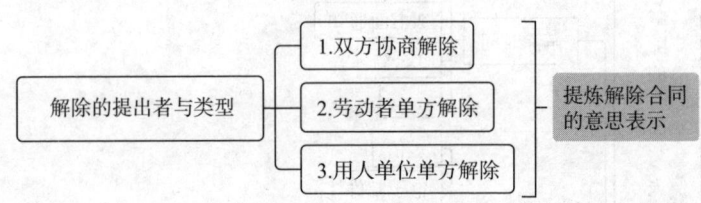

思维导图2：劳动合同解除的提出者与类型

（三）解除的理由

劳动合同解除的理由是法院审查的重要内容。如用人单位的解除理由主要有劳动者不符合录用条件、严重违反规章制度、严重失职给用人单位造成重大损害、不能胜任工作、客观情况发生重大变化等。用人单位在作出解除决定时，需事先将解除理由通知工会并告知劳动者。

在审查用人单位提出的解除理由时，应注意以下几点：（1）用人单位行使解除权时已说明理由，在裁诉阶段变更解除理由的，应以行使解除权时的理由为准。（2）用人单位行使解除权时并未说明理由或理由笼统，在裁诉阶段补强说明解除理由的，应以其在首次仲裁庭审中关于解除理由的表述为准。（3）用人单位行使解除权时有多个解除理由的，需对多个理由逐一审查，只要其中有一个理由符合解除条件，即可认定用人单位的解除行为合法有据。

（四）解除的事实

解除所依据的客观事实往往亦是劳动合同解除纠纷案件中的审查重点。该部分的审查主要涉及事实认定、证据采纳，在双方各执一词、事实难以查清的情况下，应充分运用证据规则来认定事实存在与否。

1. 解除事实的举证责任分配

其一，如果劳动者主张系用人单位解除劳动合同，用人单位认为劳动合同并未解除的，由劳动者对合同是否解除这一基本事实承担举证责任；其二，如果劳动者主张系用人单位解除劳动合同，用人单位虽认为劳动合同已经解除，但并非由用人单位提出，而是劳动者主动辞职的，此时由双方对各自主张进行举证；其三，用人单位认可是自己解除劳动合同，但认为解除行为合法，此时由于关于解除行为本身双方已经确认，免除劳动者对此的举证责任。

2. 解除事实的判断方法

劳动合同解除纠纷案件中，对于劳动合同解除事实的认定更是审查难点，具体可以通过以下三个方法进行判断：

（1）以证据为判断基础。通过劳动合同、规章制度、退工单、工资条、通知等证据来判定劳动合同解除的案件事实。

（2）以经验法则为判断基础。根据法律规定或者已知事实和日常生活的经验对解除事实进行判断。

（3）以价值标准为判断基础。在缺乏明确裁判规范的情况下，运用法律的整体秩序和基本价值原则对解除事实进行判断。

例如，劳动合同解除事实中涉及劳动者严重违纪事实的认定，可以具体运用以下的方法判断：

第一，运用证据进行合规性审查。如果劳动者的行为属于规章制度、劳动合同等证据中有直接明确规定的严重违纪行为，双方对证据本身的理解不存在分歧，可以直接对照该证据判断劳动者行为是否构成严重违纪。

第二，运用经验法则判断行为的后果。如果劳动者的违纪行为已产生严重后果，造成公司财产较大损失、公司安全受到威胁等，可以通过社会经验判断违纪已达到严重程度，此处的严重后果不仅局限于用人单位，还可能包括对第三人、社会造成严重危害的情形。此外，法院可以结合某些行业或岗位的特殊性进行经验判断，如用人单位对于迟到早退的后果虽在规章制度中未作明确规定,某劳动者在两个月内无故累计迟到20多天,且经用人单位多次提醒仍未改正,运用经验法则可以认定该员工已违反劳动者的基本义务,即可认定已达到严重违纪的程度。

第三,运用价值标准进行事实评价。如案例二中,杨某认为以照顾生病亲人为由请假是基于请假时亲人确实生病,所以无法就此得出骗假的结论。如果杨某出现在离家较近的地方且表示系照顾亲人之余的散心,则不能直接认定其骗假。本案中杨某出现的地点为欧洲,需做较多的前期准备工作,且其请假与出国日期间隔较短,足以说明旅行属于事先计划。事后杨某也承认并未照顾生病亲人,充分证明其请假时就存在骗假的主观故意。劳动者的行为虽未造成严重后果,但显然违背了诚实信用原则,可以认定已达到严重违纪程度。

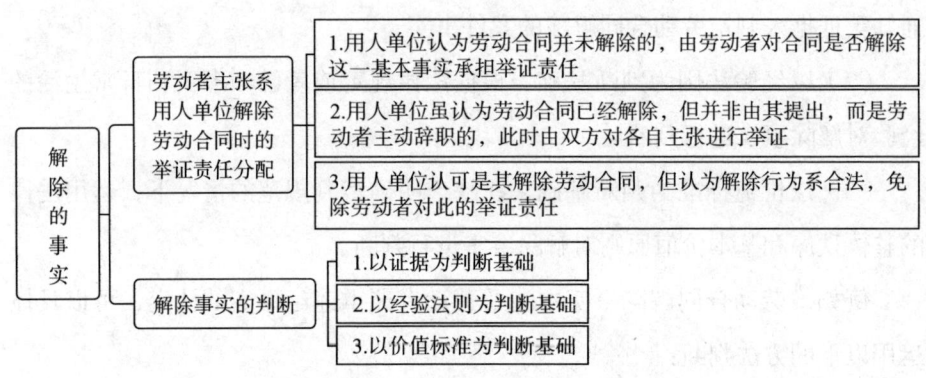

思维导图3:劳动合同解除的事实

(五)解除的依据与条件

1.解除依据的审查标准

对于劳动合同的解除依据应采用如下审查标准:(1)尊重劳动合同和用人单位依法制定的规章制度。(2)用人单位以规章制度作为处理依据时,法院应当审查该规章制度是否经过民主程序制定,是否与法律强制性规定冲突,是否已向劳动者公示。(3)在规章制度对某些劳动纪律事项未予规定、规定不明或者规章制度无效等情况下，法院应审慎地对劳动者的行为进行价值衡量，在个案中根据具体情况作出符合法律精神的判断。

2.解除条件的审查方法

对于劳动合同的解除条件可以运用以下三个方法进行审查：

（1）以法律构成要件为认定基础。劳动合同的解除条件基于法律规定，因此审查解除条件必须以法律构成要件为依据。

（2）以立法目的为认定基础。依照法律所要实现的目的来确定法律的意思，以此来解释劳动合同解除条件的法律规范。

（3）以利益衡量为认定基础。从法律规范来探究立法时对用人单位与劳动者利益的衡量，以此来解释法律所规定的解除条件。

例如，劳动合同解除条件中涉及客观情况发生重大变化的情形，具体可以运用法律构成要件、立法目的、利益衡量三种方法进行审查。

《劳动合同法》第40条第（3）项规定了客观情况发生重大变化的情形，用人单位以此为由行使解除权的，法院应审查：（1）劳动合同订立时所依据的客观情况是否发生重大变化；（2）此重大变化是否使劳动合同无法履行；（3）在此情况下，双方是否经协商而无法就变更合同内容达成协议。

"客观情况"是指履行原劳动合同所依赖的客观条件，因不可抗力或出现致使劳动合同全部或部分条款无法履行的其他情况，如自然条件、企业迁移、被兼并、企业资产转移等原劳动合同不能履行或不必要履行的情况。法院在审查此类案件时应当考虑企业的生存发展、平衡合同双方的利益等因素，根据实际情况作出符合立法目的的判断。如案例三中，C公司的大客户群、品牌资源均集中到了北京，为迎合变化中的培训市场，C公司撤销了上海部门，否则企业将蒙受巨大损失。虽然调整部门是公司自主经营权的行使，但本案的主要原因是外在市场的重大变动，符合"客观情况发生重大变化"这一法律构成要件。

审查该重大变化是否已导致原劳动合同无法履行，重点应落脚在"致使原合同无法履行"上。在认定该构成要件之后，法院需继续审查用人单位在解除时是否履行了协商变更的程序，未履行该法定程序仍有可能导致违法解除情况的发生，如此可以避免用人单位以"客观情况发生重大变化"为由随意解除合同。如案例三中，薛某所在部门整体搬迁至北京，直接导致薛某无法继续在上海工作，可认定原合同已无法继续履行。在协商变更合同的环节，公司先后两次给出转岗提议、多次给原上海员工提供面试机会，协商形式已较为充分。另外，公司为外地来京员工提供房贴，已尽较大努力安置员工居住问题，表现了协商诚意。法院在衡量用人单位的解雇权和劳动者的就业权过程中，最终认定双方已经过协商，但未能就变更合同内容达成一致，符合法律规定的解除条件。

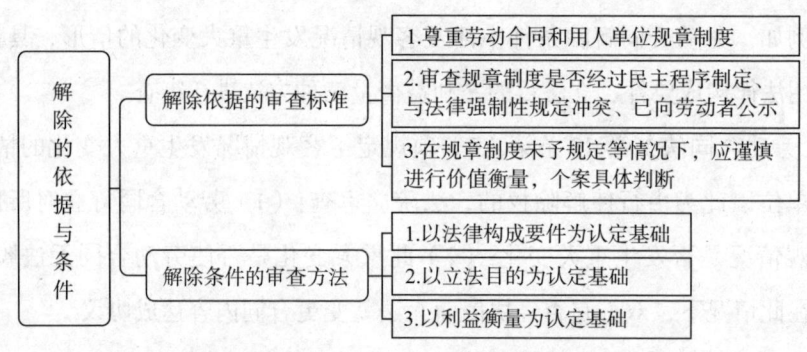

思维导图4：劳动合同解除的依据与条件

（六）解除的法律后果

实践中，法院需根据当事人的解除行为是否与其主张的解除条件和依据相匹配，是否符合法律规定的程序性要求，来判断解除行为的合法性。若构成合法解除且符合《劳动合同法》第46条所规定的情形，则用人单位应当支付经济补偿；符合该法第39条规定的情形，则用人单位无需支付经济补偿。如构成违法解除的，则劳动者可选择继续履行劳动合同或者由用人单位支付赔偿金。

1. 合法解除中关于经济补偿的计算方法

经济补偿按劳动者在本单位的工作年限和月工资基数计算，工作每满1

年按1个月的工资标准支付。6个月以上不满1年的,按1年计算;不满6个月的,支付半个月的工资作为经济补偿。月工资是指劳动者在劳动合同解除前12个月的平均工资,按照劳动者应得的工资计算,包括计时工资或计件工资以及奖金、津贴和补贴等货币性收入。劳动者工作不满12个月的,按照实际工作的月数计算平均工资。劳动者在劳动合同解除前12个月的平均工资低于当地最低工资标准的,按照当地最低工资标准计算;劳动者的月工资高于用人单位所在直辖市、设区的市级人民政府公布的本地区上年度职工月平均工资3倍的,经济补偿按职工月平均工资3倍的数额支付,支付年限不超过12年。

2. 违法解除的法律后果

用人单位违法解除劳动合同,劳动者要求继续履行劳动合同的,用人单位应当继续履行;劳动者不要求继续履行劳动合同或者劳动合同已经不能继续履行的,用人单位应当依照法律规定支付赔偿金。用人单位支付赔偿金的数额应依照前述经济补偿标准的2倍支付。劳动者不可同时主张赔偿金和经济补偿金。

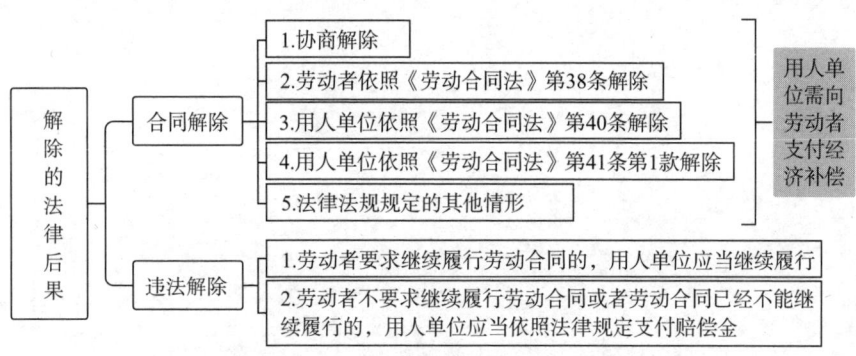

思维导图5:劳动合同解除的法律后果

3 商事篇

股东资格确认纠纷案件的审理思路和裁判要点

郑军欢　俞　悦*

股东资格是公司自治与股东行权的基础，股东资格的认定也是审理其他公司类案件的前提。伴随商事活动的活跃与创新，公司结构日趋复杂多样，股东资格确认纠纷案件数量呈上升趋势。对于该类案件实践中普遍采取"双重标准，内外有别"的审查原则，即对内采取实质审查标准，以出资为核心加以审查；对外采取形式审查标准，以登记为核心进行审查。对本文的涵摄范围，作以下三点说明：第一，该类案件绝大部分为非股东要求成为股东之诉，真实股东的查明确认过程实为公司内部治理问题，因此倾向于采取实质审查标准。第二，该类案件解决的重点为股东资格有无问题，而非股权比例问题。第三，反向股东资格确认主要是冒名股东的认定，不包括股权出让、股东除名等股东资格丧失的情形。

⊙ 典型案例

案例一：涉及出资意思的认定

施甲与A公司签订《股权代持投资协议》，约定合作设立公司，A公司出资55%并将部分股权委托施甲代持，登记股东为施甲持股98%、A公司持股2%。后B公司成立，该公司名称、注册资本与协议一致，但登记股东为施甲持股98%、施乙持股2%，组织机构、管理人员等信息也与协议约定不符。现A公司起诉请求确认其为B公司股东。

---

* 郑军欢，商事庭副庭长，法律硕士；俞悦，商事庭法官助理，法律硕士（法学）。

案例二：涉及出资行为的认定

丁某与陈某原系夫妻关系，且均为C公司登记股东。C公司增资过程中，丁某将D公司向其签发的500万元本票背书后以增资款名义投入C公司。陈某则向D公司出具承诺书，证明500万元增资对应的股权由丁某代D公司持有。现D公司以其为C公司的实际出资人为由请求确认其为C公司股东。

案例三：涉及行使股东权利的认定

张某、李某为E公司股东。张某将F公司所汇款项用于E公司经营，后F公司被G公司合并。李某与G公司间存在大量电子邮件往来，涉及E公司财务状况、人事安排、工资发放等事项。现G公司以实际向E公司出资并行使股东权利为由，请求确认其为E公司股东。

案例四：涉及冒名股东的认定

孙某、韩某为H公司股东。H公司通过股东会决议，吸收严某为公司股东。严某从个人账户转入H公司1000万元用于验资，后抽逃出资。胡某起诉要求严某在抽逃出资范围内对H公司所负债务承担补充赔偿责任。严某辩称工商档案中相关文件上签名并非其本人所签，对验资及工商变更事项均不知情，因此其并非H公司股东，也无需承担责任。

⊙ 审理难点

股东资格是当事人出资后作为公司股东的身份与地位。囿于公司结构的复杂性、公司经营的持续性及公司事务的交错性，股东资格确认纠纷案件在事实认定层面涉及主体多、时间跨度长、法律关系繁，在法律适用层面存在较大的自由裁量空间，主要有四个方面的审理难点。

（一）出资意思精准识别难

出资意思，是指当事人（包括发起人和认股人）在公司设立或者增加资本时，根据协议约定、法律和章程的规定向公司交付财产或履行其他给付义务而取得股权的意思表示。出资意思一般以书面形式予以固定，如出资协书、增资协议书、公司章程等。因出资协议为非要式合同,实践中存在出资协议等书面材料缺失、效力瑕疵、约定不明、条款冲突等情形,给股东出资意思的识别带来障碍。面对基础性协议缺失的情形,法院需通过其他书面材料或当事人行为审查认定出资意思,但书面材料的选取、证明效力的排序及论证思路并未形成统一标准。

(二)出资行为有效认定难

出资行为是认定股权归属的重要判断依据。实践中,完成财产交付并非认定出资行为有效的充分条件,资金来源、价值评估、登记与否均影响出资行为有效的认定。由于存在隐名股东,资金来源可能影响实际出资人的判定。同时,在认缴制背景下,实际出资不再是股东身份认定的必要条件。因此,实践中对股东资格确认纠纷中出资行为有效的认定存在不同观点。

(三)股东行权效果核定难

股东依法享有资产收益、参与决策、选择管理者等权利。实践中,法院认定因实际行使股东权利而获得股东身份的证据,侧重于获得分红和实际参与公司经营。针对公司分红,普遍存在往来款项名称记载不一致、缺乏股东会决议、与法定分红的实质要件不符等现实困难。针对参与公司经营,在所有权与经营权分离的现代公司治理模式下,参与公司经营与股东身份之间并不具有必然联系。判断当事人的经营活动与股东身份是否存在法律上的因果关系,需结合参与公司经营的方式、时间、其余股东的认知等因素综合认定。

(四)冒名股东身份确定难

冒名股东为股东资格的反向确认,旨在推翻登记的公示推定效力,进而免除登记股东补足出资责任及对公司债务不能清偿部分的赔偿责任。对此,法院在审查过程中通常持审慎态度,对主张被冒名者适用较为严格的证明标准。主张被冒名者多能够举证证明公司登记申请材料、公司章程、股东会决议等材料上非本人签字。实践中，由于对被冒名者成为公司股东意思的缺失、对名义被冒用不知情等要件的举证难度较大，法院对认定主张被冒名者主观态度的客观证据相对有限，最终被法院认定为冒名股东的情形较少。

审理思路与裁判方法

法院审理股东资格确认纠纷案件应秉持审慎原则和综合审查原则，注重审查出资意思真实性、意思主体和被出资法人的知悉程度，兼顾第三人利益与交易安全，围绕《民法典》《公司法》《最高人民法院关于适用〈中华人民共和国公司法〉若干问题的规定（三）》（以下简称《公司法司法解释（三）》）的相关规定予以审查。具体审查步骤如下：

（一）审查程序性事项

当事人向法院起诉请求确认其股东资格的，应当以标的法人为被告，与案件争议股权有利害关系的人作为第三人参加诉讼。法院审查应注意三方面问题：第一，股东资格确认之诉的原告包括股东与非股东、隐名股东与名义股东，但应与标的法人具有法律上的利害关系。第二，即使原告实现自身利益的主要障碍是名义股东，但仍应以标的法人为被告，以该名义股东为第三人。第三，股东资格确认纠纷不适用诉讼时效。

（二）审查股东出资的标的法人性质及状态

法院应审查股东出资的标的法人是否为有效存续的营利法人，审查要点主要包括：第一，审查标的法人是否属于《民法典》第76条规定的营利法人，主要为有限责任公司、股份有限公司，排除包括事业单位、社会团体、基金会、社会服务机构等非营利法人，农村集体经济组织、城镇农村的合作经济组织等特别法人，以及个人独资企业、合伙企业等非法人组织。第二，审查标的法人是否有效存续。若法人未依法设立或已注销，则法院可直接驳回确认股东资格的诉讼请求。

（三）审查股权权属

股东资格与股权权属密不可分。审理股东资格确认纠纷，法院应查明股权的真实归属。依据当事人取得股权途径的不同，法院应从股权原始取得与继受取得两个类别分别予以审查：

1. 原始取得情形下股权归属的审查步骤

以股权原始取得为基础享有股东身份者包括公司设立的发起人及公司增资时的新股东。在该情形下，法院应围绕是否存在出资或增资合意、是否实际或认缴出资两个维度进行审查。

（1）审查是否存在股权性出资或增资合意。

当事人向公司转让财产或财产性权利的行为存在多种可能性，如借贷或其他双务有偿合同的履行行为。当事人的股东资格与其他法律关系相区别的关键，在于其与公司间存在股权性出资或增资合意。审查要点主要包括以下方面：

第一，审查股东之间或股东与公司之间的基础性书面协议，如发起人协议、出资协议、增资认购协议等。协议内容需具体明确，一般应包括股东名称、标的公司、股本总额、出资或增资金额、持股比例、认缴期限等。协议应为双方真实意思表示，不存在效力瑕疵且符合公司设立、增资等法律规定。

如案例一中，施甲与 A 公司约定设立的标的公司与实际设立的 B 公司在名称及注册资本上均一致，但约定设立标的公司的登记股东、持股比例、组织机构、公司高管与 B 公司设立后的情形完全不同，难以认定施甲与 A 公司约定设立的标的公司即为本案中的 B 公司。因此，A 公司对约定设立公司的出资意思表示并不能完全指向实际设立的 B 公司，故难以确认 A 公司为 B 公司股东。

第二，如缺乏书面协议，则公司章程、股东名册、出资证明书、工商登记资料等具备股权性合意的推定效力。股东名册、出资证明书、工商登记资料因为属于证权文件而非设权文件，所以可被相反证据所推翻。如上述材料间存在记载冲突，实践中倾向于以公司章程的记载作为认定股权归属的主要依据。

第三，针对股权代持、职工持股会等非直接持股的，除审查上述文件外，尚需进一步审查股权代持协议、职工持股计划等材料以明确股权性合意的真正主体。

（2）审查是否认缴或实缴出资。

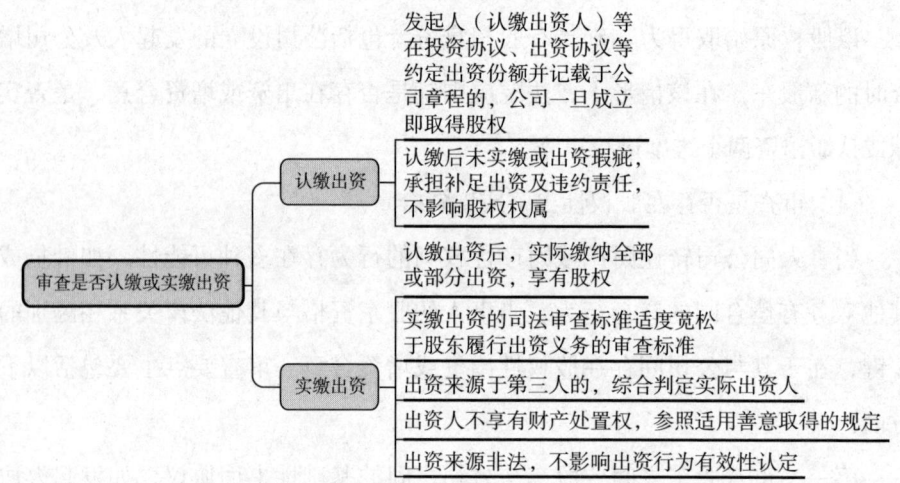

思维导图1：审查是否认缴出资或实缴出资

出资是股东取得股权的实质要件，当事人主张对公司享有股权或股东资格，需要证明已依法向公司出资或认缴出资。

在认缴出资情形下，审查要点主要包括：第一，一般情况下，发起人（认缴出资人）在投资协议、出资协议等约定出资份额并记载于公司章程的，在公司成立时即取得股权。第二，认缴出资后未实际出资或出资瑕疵仅产生未按期缴纳出资的补足出资责任、向其他足额出资股东承担的违约责任以及在公司未能清偿范围内对公司债权人的补充赔偿责任，但并不当然阻却其股权的取得。

在实缴出资情形下，审查要点主要包括：

第一，认缴出资后，实际缴纳全部或部分出资的，依法享有股权。

第二，缺乏书面认缴出资协议但向公司实际出资的，可认定其享有股权。

股东资格确认层面上的出资认定比股东出资审查上的出资认定更为宽松。当事人向公司交付财产后虽未严格履行评估、变更登记、验资等手续而导致存在出资瑕疵，在能证明具有出资意思且公司认可的情形下，一般倾向于认定已实际出资。

第三，股东出资来源于公司外人员的，法院应结合两者身份关系、是否具备代持合意、是否行使股东权利等因素综合判断是否存在委托投资、共同投资、赠予、借还款等其他法律关系，以确定实际出资人。相应的举证责任应分配给主张委托出资关系的一方。

如案例二中，D公司向银行申请500万元本票，票据收款人为丁某，该500万元本票经丁某背书后进入C公司账户作为丁某的增资款。代持股承诺书虽有D公司对C公司出资500万元、丁某系代D公司持股并进行工商登记的内容，但该份承诺书并无丁某签字确认，而系由陈某代签。虽然陈某与丁某原系夫妻关系，但对涉及如此大额的企业资产权属确认，显然不宜适用夫妻之间家事代理权作出认定。D公司的财务账册中亦不能反映存在其所称的500万元对外投资及相应收益。因此，500万元并非D公司直接向C公司支付的款项，而仍应认定为丁某向C公司的增资款。

第四，出资人以不享有处分权的财产出资，当事人之间对于出资行为效力产生争议的，法院可以参照善意取得的规定予以认定。

第五，出资来源非法并不当然影响出资行为的有效性。以贪污、挪用等违法犯罪所得的货币出资后取得股权的，对违法行为进行追究、处罚时，应采取拍卖或变卖方式处置其股权。

2. 继受取得情形下股权归属的审查步骤

以股权继受取得为基础取得股权的途径，包括在公司存续期间依法受让、获赠、继承股权。在该情形下，法院应围绕股东转让协议是否有效、是否完成有效的股权变更、股权变更是否通知公司三个层面进行审查。

（1）审查股权继受的基础协议是否有效。

关于股权继受的基础协议是否有效，法院应依据股权变更基础法律关系的不同分别予以审查。第一，以股权转让方式取得股权。首先，需确定股权转让人与受让人之间存在股权转让的真实意思表示，排除名为股权转让实为融资担保等其他法律关系。其次，股权转让协议不存在《民法典》规定的效力瑕疵，也应满足《公司法》就股东优先购买权、股份禁售期等规定。第二，以股权赠与方式取得股权。与一般的赠与合同不同，以股权为标的物的赠与实质上为股权的无偿转让，实践中比照股权转让的方式予以认定。第三，以继承方式取得股权。法定继承不以协议为基础，遗嘱继承的协议效力比照一般遗嘱进行审查。

（2）审查是否完成有效的股权变更。

在股权继受基础协议有效的前提下，法院应进一步审查股权变更的完成情况。第一，以股权转让或股权赠与获得股权。对于如何判定"已经受让股权"，《公司法》及司法解释均未加以规定。当事人在协议中有约定的从约定，没有约定的实践中多以股权转让协议实际履行作为股权受让的标准。第二，以继承方式取得股权。自然人股东死亡后，其合法继承人可以继承股东资格。如公司章程中并无禁止性规定则继承人可继承股份，同时继承被继承人作为股东的各项权利和义务；如公司对股权转移的事实或效力持有异议，可由法院进行审查并作出判断，股东自法院认定的股权转移生效时取得股权。

（3）审查股权变更是否通知公司。

在股权继受取得中，股东从原股东处取得股权，无论是公司股东之间还是股东与非股东之间的股权转移，均不以事先通知并取得公司认可为前提，但应在转移完成后通知公司。审查要点主要包括：第一，待股权变更完成后，股东应就股权变更事宜通知公司，以便公司办理内部及外部变更登记手续。此处的通知应作宽泛理解，即将各种足以将股权变更事实传达给公司的方式均产生通知效力。第二，通知后公司应修改公司章程和股东名册中有关股东及其出资额的记载，对公司章程的该项修改无需审查是否已召开股东会进行表决。

(四)实际行使股东权利的审查要点

行使股东权利、履行股东义务是具备股东身份的外部表征。审查要点主要包括：第一，审查公司章程、股东会决议等，确定参与股东会、行使表决权的人员身份。第二，审查公司是否进行股息分红及获得分红的主体。需要注意的是，实践中经常出现的固定红利不符合《公司法》对于盈余分配的规定，而更类似于名股实债的固定回报，不应据此认定当事人实际享有股东权利。第三，担任总经理等高管职务、公司实际控制人、参与制定公司经营策略、影响公司经营方针等非以股东身份为必须的管理行为不具有股东身份的证明效力，无需作为审查重点。

如案例三中，李某与G公司间存在大量的电子邮件往来，涉及E公司的财务状况、人事安排、工资发放等事项。李某向G公司沟通E公司的经营情况，可说明G公司的决策意见对E公司产生较大影响力，但经营行为与股东身份并无直接关联，难以认定G公司已实际行使了股东权利。

(五)违反法律法规强制性规定的审查要点

法律对特定类型公司的股东身份及特定主体担任公司股东作出限制，审查要点主要包括：第一，在国家规定实施准入特别管理（负面清单）的外商投资企业中，股东确定或变更应经外商投资企业审批机关的同意。第二，股份合作制企业的个人股东应具有企业职工的身份，职工退休或离职即丧失作为股东的基础。第三，金融机构的法人股东，尤其是控股股东应满足金融监管法律的相关要求，并向金融监督管理部门报告、备案或申请核准。第四，国有企业员工持股应符合国资委、财政部等发布的限制性与禁止性规定。第五，会计事务所、审计事务所、律师事务所和资产评估机构不得作为其他行业公司股东。

(六)特殊情况下股东资格的审查要点

1. 隐名股东的资格审查步骤

《公司法》虽规定应将股东姓名或名称进行注册登记,但并未明确规定只有注册登记才能取得股东身份及股权份额,故注册登记仅是证权程序而非设权程序。实践中,存在大量注册登记的股东与实际股东不一致的情形,法院应从股权代持协议的效力及履行、隐名股东的权利行使及义务承担,以及公司及其余股东对隐名股东身份的认可度三个方面进行综合认定,主要审查要点如下:

(1) 认定股权代持协议的效力及履行情况。

法院应根据《民法典》对有限责任公司中隐名股东与名义股东之间股权代持协议进行效力认定。第一,隐名股东与名义股东之间是否存在股权代持的真实意思表示。该意思表示可细分为隐名股东有意成为公司股东的意思表示和委托显名股东代持股权的意思表示,两者缺一不可。第二,股权代持协议是否存在《民法典》第153条、第154条规定的无效情形。部分股权代持是为规避行业准入的限制性规定,如关于外商投资限制准入行业的规定、国家公职人员禁止投资或入股的规定等,部分是为提高公司经营的便利性,如避免成为一人公司、员工委托持股等,不同情形应区别对待。第三,隐名股东与名义股东的实际履行与股权代持协议的内容也可能存在偏差。法院在判定名义股东代为持股的客观状态是否与约定一致时,应综合协议约定的标的公司、代持方式、代持比例等多种因素予以确定。

(2) 认定隐名股东的权利行使及义务承担。

在股权代持情形下,法院应根据上述一般情形下股东权利行使的认定标准,并结合委托范围对隐名股东的权利行使予以认定。隐名股东的义务承担主要是出资义务,审查要点主要包括:第一,隐名股东向公司支付款项应基于其作为股东履行出资义务,而非对公司的借贷或赠与。在隐名股东出资后,若将出资款进行股转债,则该款项因出资意思已发生转换而不应被认定为出资。第二,根据《公司法司法解释(三)》的规定,对隐名股东出资的认定侧重于实际出资。实践中，被认定为有效出资的情形主要有三种：支付凭证＋代持协议、支付凭证＋摘要备注出资款、支付凭证＋实际行使股东权利。

在当前认缴制背景下，隐名股东认缴出资后委托他人代持也应产生同样的法律效果。对于股权代持协议签订后是否实际履行，审查要点主要包括：第一，审查代持协议的签订时间。签订于公司成立之后或系争法律关系发生之后的代持协议，即事后确认型代持协议在没有相反证据的情形下，倾向于认定已实际履行。第二，审查相关交易。伴随公司增资、并购重组、股权转让等相关交易的代持协议履行情况，应参考相关交易的履行程度予以认定。第三，审查股东权利的行使。审查隐名股东是否参与股东会、获得分红或行使其他股东权利。第四，审查其余股东的认可程度。审查协议签订后公司和双方当事人之间形成的其他书面材料，查明双方当事人、公司及其余股东对股权代持事项所表明的态度。

（3）认定公司及其余股东对隐名股东身份的认可度。

实践中，公司及其余股东对于隐名股东身份的认可方式较为多样。公司的认可既包括书面方式的确认，如在章程、股东会决议、出资证明书的明确记载，也包括行为方式的确认，如接受出资、接受其行使股东权利、向其分配股息红利等。其余股东的认可既包括公司日常经营活动中的确认，如股东之间的往来函件、微信记录等，也包括诉讼过程中的当庭确认。依据公司内部关系审查实质重于形式的原则，只要隐名股东能够证明其股东资格或显名主张已得到公司其他股东过半数的确认，且对其实际行使股东权利没有提出异议的，法院应当认定隐名股东身份并进行显名，并不要求以公司决议的方式就隐名股东身份加以确认或对显名问题进行表决。

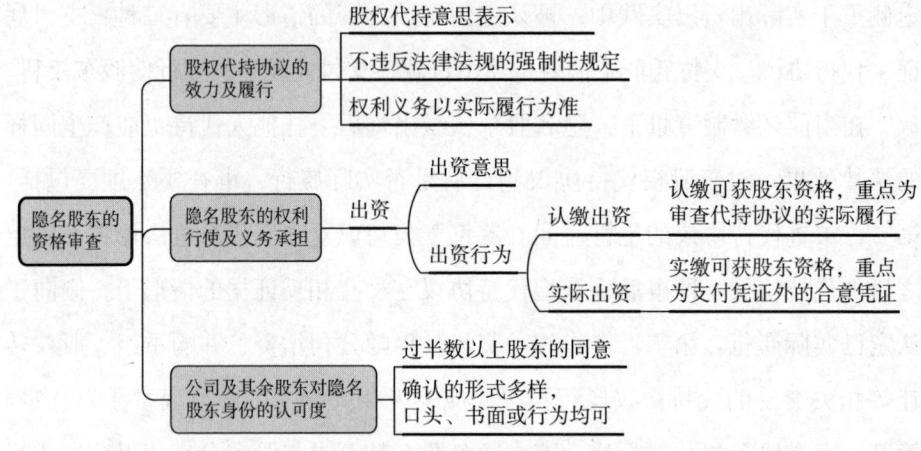

思维导图 2：隐名股东的资格审查

2. 冒名股东的审查步骤

被冒名者没有成为公司股东的意思表示，也没有行使任何股东权益，不应将其视为法律上的股东，继而不应当赋予其任何股东的权利与义务。

实践中，法院对冒名股东的认定适用较为严格的审查标准，审查要点主要包括：

第一，审查主张被冒名者是否存在成为公司股东的动机。同时，严格审查主张被冒名者是否存在逃废债的动机，避免损害公司已知或未知债权人的合法权益。

第二，公司的章程、股东会决议、股权转让协议以及设立公司时所提交资料上的签名是否为本人签字，如非本人签字是否为授意签字。

第三，被冒名者需初步举证证明冒名者未经授权持有其身份证原件，应提供在被冒名登记期间遗失身份证的报失证明原件等。

第四，被冒名者对工商登记等事宜是否知情，如果其知情但未反对的，则不应被认定为冒名登记。

第五，综合考虑其他因素，如被冒名登记的股东与冒名股东或其他股东的关系，以及被冒名登记股东的身份、财产情况，被冒名登记的股东是否参与公司管理、是否参加过股东会、是否有分红等因素进行判断。主张被冒名者应就冒名事实的存在承担举证责任。

如案例四中，H 公司通过股东会决议吸收严某为 H 公司股东，增资验资已完成。即使相关文件上的签名并非其本人所签，但严某是在 H 公司法定代表人许诺给予其公司 20% 股份的情况下加入 H 公司，并担任公司总裁，具体负责公司经营。严某还根据公司要求向公司提供其身份证等相关个人资料。因此，可认定严某对担任股东一事是知晓、默认的，并且从未就此提出异议，其要求确认并非 H 公司股东的主张不能得到支持。

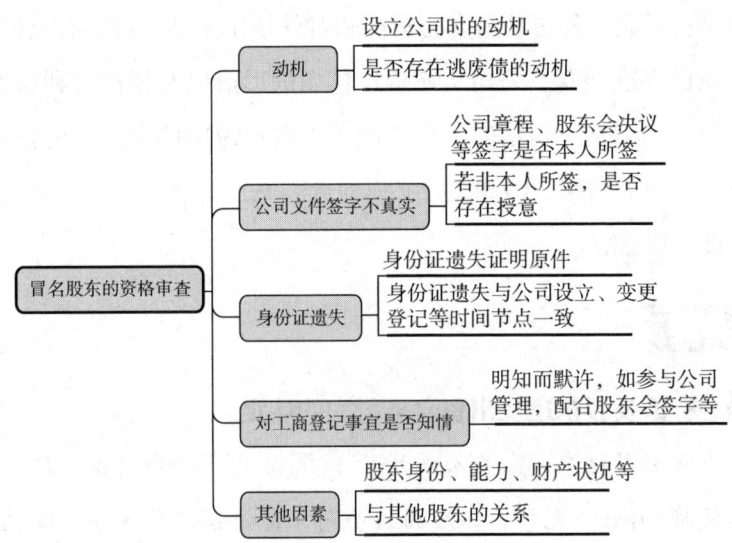

思维导图 3：冒名股东的资格审查

其他问题

股东资格确认问题是股东知情权、股东出资、公司解散等其他类型公司纠纷中亟需解决的基础性问题。依据相关法律规定，股东知情权纠纷及相关的公司决议撤销纠纷等可与股东资格确认纠纷一并审理。如隐名股东在执行异议之诉中要求确认股东资格，因两项诉请不属必要的共同诉讼，故不应合并审理。

股东出资纠纷案件的审理思路和裁判要点

陆文芳　程勇跃*

股东出资形成了公司最基本的资产和对外信用基础。真实有效的股东出资对于公司的存续经营、公司实质资产信用的形成以及债权人利益的保障，都有极为重要的意义。司法实践中，股东出资纠纷案件存在行为方式多样、法律规范不明确的问题，因此实有必要对此类案件的审理思路与裁判要点予以梳理、提炼和总结。

⊙ 典型案例

案例一：涉及股东违反出资义务行为的认定

沈某为A公司股东，向A公司增资1000万元。验资完成次日，沈某即以借款名义将1000万元转出。后因A公司未能清偿对外债务，债权人起诉要求沈某在抽逃出资范围内承担赔偿责任，沈某则辩称该款项为向A公司的借款，并非抽逃出资。经查，该笔款项并未签订借款合同，未经股东会决议，沈某亦未返还。

案例二：涉及股东补足出资行为有效性的认定

陈某为B公司股东，在B公司验资完成当日即将出资款500万元转出，现B公司要求陈某补足出资。陈某辩称其在公司经营过程中向B公司通过注入流动资金的方式已补足出资。经查，陈某多次向B公司转账，公司账册中仅记载为"往来款、划款"，陈某亦未能提供合同或其他材料证明款项性质。

---

* 陆文芳，商事庭审判长，法学硕士；程勇跃，商事庭法官助理，法学硕士。

案例三：涉及股东违反出资义务的责任承担

王某为C公司股东，李某为C公司执行董事。王某在出资款转入C公司账户的当日，即将该款项以C公司出具转账支票、加盖李某法定代表人印章的方式转出。现C公司的债权人起诉李某，主张李某因协助抽逃出资应与王某承担连带责任。

⊙ 审理难点

股东违反出资义务的行为在实践中往往具有隐蔽性和复杂性的特点，其责任承担在法律规定上不够完备，审判实践中亦存在不同理解，故该类案件在审查中存在以下难点：

（一）股东违反出资义务行为的事实认定难

股东违反出资义务的行为种类繁多、形式多样，在行为方式上通常借用合法形式掩盖非法目的，如名为借款或分配利润实为抽逃出资，或者通过虚构交易合同、采取关联交易等方式违法侵蚀公司资产等。对此类行为的审查需要揭开虚假表象进而发现行为实质，事实查明难度较大。如案例一中，A公司股东沈某假借借款名义抽逃出资，形式上虽具有合法性，但实际上并没有与公司达成过借款合意，也没有任何利息约定或偿还借款行为，因此该行为实质系抽逃出资。

（二）股东补足出资行为的有效性认定难

股东出资纠纷案件中，违反出资义务的股东往往抗辩其已通过代偿债务、注入资金等多种方式补足出资。然而我国法律对于补足出资行为的有效性认定并无相关规定，且现实中部分公司缺少规范的财务制度，会计账簿亦难以准确反映款项性质，法院审查判断该款项是否为股东的补足出资存在较大困难。如案例二中，B公司财务账册混乱，对股东所称的注资款项性质均无法体现，法院对该补足出资行为的有效性认定存在一定困难。

（三）股东违反出资义务责任承担认定难

股东违反出资义务行为涉及公司内部的资本充实、其他股东和公司债权人利益的保护，在责任承担方式上呈现多样性。《公司法司法解释（三）》虽然就不同主体分别规定了不同的责任承担方式，但责任的具体承担方式有待进一步明确，导致司法实践中存在适法困难。如案例三中，一审法院认为无法证明执行董事具有协助抽逃出资的行为，但二审法院认为在股东明显存在抽逃出资行为的情形下，执行董事仍为其开具转账支票用以转出相应款项，已然构成协助抽逃出资。

⊙ 审理思路与裁判方法

我国的公司注册资本制度尚不完备，股东违反出资义务的行为屡有发生。在当前优化营商环境的总体要求下，有必要通过审慎严格的股东出资义务审查来保证公司资本充实，维护其他股东和公司债权人的合法权益，从而有效保障市场交易安全与秩序。

（一）股东出资纠纷案件中诉讼主体的确定

依据《公司法》及相关司法解释规定，股东出资纠纷案件中原告主体的范围包括：公司、股东、债权人、清算组、破产管理人。公司债权人在股东出资纠纷案件中可将公司和违反出资义务的股东一并起诉，也可在公司未能清偿债务时单独起诉违反出资义务的股东。

股东出资纠纷案件中被告的主体范围包括：违反出资义务的股东、协助抽逃出资的高管、瑕疵股权的受让人。原告可以单独起诉违反出资义务的股东，也可以选择将协助抽逃出资的董事、高管和瑕疵股权的受让人作为共同被告一并起诉要求承担连带责任。

（二）违反出资义务行为的认定

《公司法司法解释（三）》将违反出资义务行为区分为瑕疵出资与抽逃出

资两种。实践中瑕疵出资行为主要集中在非货币财产出资情形，货币财产的瑕疵出资表现为未按期限足额出资，抽逃出资行为则主要集中在货币财产出资情形。

1. 货币财产瑕疵出资行为的认定

股东以货币出资时是否存在瑕疵出资行为的审查要点在于出资数额是否充足、出资期限是否符合章程规定。

现行《公司法》规定的注册资本认缴制允许股东通过公司章程约定在一定期限内向公司出资，无需在公司设立或增资时即将认缴出资全部缴足。股东在公司章程中约定的出资数额、出资时间构成对公司和公司债权人所作认缴出资的承诺，并已通过公司章程对外进行公示，公司债权人基于该章程公示的内容产生信赖和预期利益。当股东在章程规定的出资期限届满后仍未足额缴纳出资，或者出资期限届满后通过修改公司章程恶意延长出资期限的，均构成瑕疵出资。

2. 非货币财产瑕疵出资行为的认定

（1）非货币财产是否实际交付与办理过户。

股东以非货币财产出资的应当实际交付公司使用，需办理登记的还应办理权属变更登记，缺少任何一项均构成瑕疵出资。法院对于不同情形的处理存在一定差异：若股东既未进行登记，亦未交付使用，则此时构成瑕疵出资；若股东已将非货币出资财产实际交付公司使用，但尚未办理权属变更登记手续，此时法院应责令当事人在法庭辩论终结前或庭审结束后一定期限内办理权属变更登记，未能办理的则认定为瑕疵出资；若股东未将非货币出资财产实际交付使用，即便已办理权属变更登记的，依然构成瑕疵出资，且公司和其他股东可主张瑕疵出资人交付财产后方可享有相应股东权利。

（2）非货币财产是否经评估作价。

股东以非货币财产出资，公司、其他股东或公司债权人主张出资人未履行出资义务的，若该非货币财产未进行评估作价，法院应委托具有合法资质的评估机构进行评估作价。若评估得出的价额低于公司章程所定价额，则应认定为瑕疵出资。

（3）非货币财产是否设定权利负担。

股东以设定权利负担的土地使用权或其他财产出资，或者以划拨土地使用权出资的，法院应当责令股东在合理期限内办理土地变更手续或者解除财产权利负担；逾期未办理或者未解除的，应认定为瑕疵出资。

（4）对非货币财产是否享有处分权。

股东应当以其个人财产进行出资。股东以不享有处分权的非货币财产进行出资的，法院对该出资行为的效力以及公司是否取得该财产所有权的判断，应当依照《民法典》第311条的善意取得条款进行审查。审查要点应当包括：该财产的价值与股权份额之间是否匹配；出资财产需要登记的是否已经登记至公司名下，无需登记的是否已经交付给公司；公司或公司设立时的其他发起人受让该财产时是否为善意。

3. 抽逃出资行为的认定

股东抽逃出资同瑕疵出资虽然都会造成公司资本的减损，但两者存在较大差异。瑕疵出资是股东自始至终均未及时足额履行过出资义务，而抽逃出资则是股东在履行了出资义务后又将出资财产取回。对股东抽逃出资行为的认定应从如下两个方面进行审查：

（1）股东有抽回出资的行为。

股东抽回出资存在积极和消极两种行为方式：积极方式是指股东从公司直接将资产转出的行为，例如股东将转入公司验资账户的款项再次转入个人账户等；消极方式则是指股东虽未从公司转出资产，但存在免除股东对公司应负债务的行为。例如增资过程中公司以自有资金进行增资、为公司内部股东之间的股权转让支付价款等。股东抽回出资行为的构成应当仅限于公司成立之后，在数额认定上应以股东出资数额为限，超过出资数额部分的资金转移仅能由公司依据侵权责任损害赔偿的方式予以救济。

（2）抽回出资行为未经法定程序。

实践中，股东抽逃出资往往是以借款、交易等形式进行，因此在认定是否构成未经法定程序的抽回出资行为，需审查该行为外观的真实性。具体的审查过程中，可结合以下要点综合认定：

一是对于以借款名义抽回出资的，应审查借款金额是否达到出资数额的全部或大部分，是否约定有借款利息和偿还期限，是否经过公司股东会决议或董事会决议等内部决策程序，是否在公司财务会计报告中作为公司应收账款处理。

二是对于以交易名义抽回出资的，应审查是否有明确的交易磋商签订过程，交易相对方与股东之间是否存在特定关系，标的物价格是否偏离正常价值，交易双方是否有真实的货物交付行为，交易内容是否超出公司日常经营需求。

三是对于以利润分配名义抽回出资的，应审查公司的真实盈利情况，以及利润分配是否经过股东会决议、弥补亏损等程序。

如案例一中，股东沈某虽名义上向A公司借款，但借款金额与其出资金额相同，验资完成当日即向公司借款，且借款也未经过公司内部决策程序，综合上述要点法院最终认定沈某的行为实为抽逃出资。

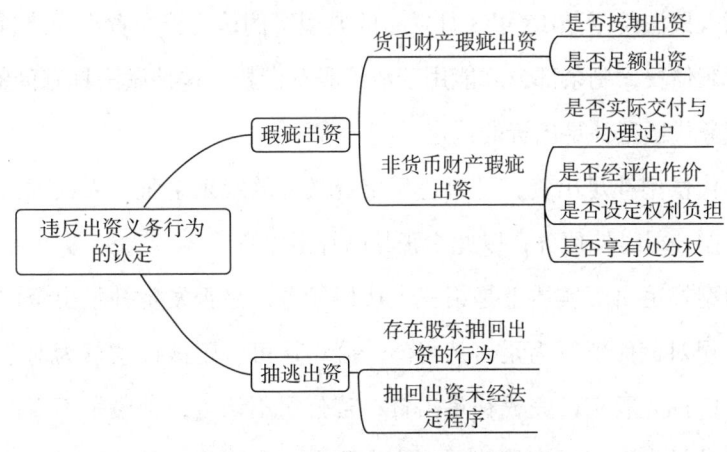

思维导图1：违反出资义务行为的认定

（三）股东补足出资行为有效性的认定

股东出资纠纷案件中，违反出资义务的股东往往主张其已补足出资，具体可分为债务抵销型、债务代偿型、股东注资型三种类型，对其有效性应做以下审查：

1. 债务抵销型补足出资的认定

债务抵销型补足出资是指违反出资义务的股东主张公司对其负有债务，并以此债务与自己对公司所负补足出资责任相互抵销，进而主张其已完成补足出资。

法院在审查公司对股东所负债务真实的基础上，应认可股东补足出资的有效性。股东对公司的出资义务本质上是股东对公司的所负债务。因此，当股东以其对公司所享有的债权来补足对公司的出资时，本质上属于股东行使抵销权。法院应依照行使抵销权的要件对该补足出资行为的有效性进行审查：审查公司对股东所负债务是否真实、两项债务清偿期限是否均已届满、是否存在难以抵销的障碍。

需注意的是，此处讨论的仅为公司同股东之间内部关系的情形，公司外部债权人对股东主张抵销及债权清偿顺序提出异议的情形实践中存在较大争议。最高人民法院于2015年3月发布的典型案例认为公司资产应当首先用于清偿非股东债权，剩余部分才能用于清偿股东借款，这种做法具有借鉴意义。

2. 债务代偿型补足出资的认定

债务代偿型补足出资，是指违反出资义务的股东主张本人或通过第三人已代为清偿公司对外债务，以此主张其已补足出资。

该类型补足出资实质上是第三人代偿债务，是否发生补足出资的效力应取决于公司对该代偿行为是否认可。若公司认可，则该代偿行为对公司发生效力，可以视为股东已完成补足出资；若公司不认可，则股东不得以此代偿行为主张补足出资，对该代偿行为应由股东另案主张。与此同时，法院还应审查该代偿债务是否真实存在，公司与股东是否存在虚构债务来抵偿股东出资义务的情形。

3.股东注资型补足出资的认定

股东注资型补足出资,是指违反出资义务的股东在公司经营过程中与公司存在资金往来,其主张向公司注入的一笔或多笔资金为补足出资。

对于此种主张是否可以认定为有效的补足出资,核心在于查明注资款项是否实际注入公司并由公司使用。法院可审查公司是否经过决议流程对该注资形成股东会或董事会决议,是否在财务账册中计入为"实收资本";可要求该股东提供合同、划款凭证等,就其向公司注资的原因、基础关系等予以证明;可审查该款项的用途和走向以查明是否由公司使用。

如案例二中,陈某虽然声称自己通过注资已补足对B公司的出资,但无法提供证据证明款项的性质,也无法证明转入的资金已由公司使用,因此最终认定陈某未有效补足出资。

(四)违反出资义务责任的承担

1.违反出资义务股东对公司债务的补充赔偿责任

违反出资义务的股东对公司负有补足出资的义务,还需对公司债务承担补充赔偿责任。债权人既可在向公司主张债权的同时将违反出资义务的股东一并列为被告,也可在债权人与公司的基础债权债务关系确定后,另案提起股东损害公司债权人利益纠纷诉讼,要求股东承担赔偿责任。在审理中法院应注意以下两点:

(1)违反出资义务的股东仅对公司不能清偿的债务部分承担赔偿责任。法院在判决中应当明确在公司不能履行债务时,由该股东对公司不能清偿的部分承担赔偿责任。

(2)违反出资义务的股东向全体债权人承担赔偿责任的范围应以未履行出资义务的本金及利息范围为限。法院应当查明该股东是否已经在出资本息范围内承担过责任,对已经承担过的部分应当予以扣除。

对于股东已在前案判决中承担补充赔偿责任的,后案判决中是否应当扣除相关赔付金额,法院应区分情况处理:

一是若后案查明了股东已承担补充赔偿责任的事实,则在后案判决中扣除股东已赔付金额,判令股东在剩余未出资本息范围内承担赔偿责任。

二是若在后案审理中因当事人缺席、前案执行情况无法查明等,致使前案判决中股东责任的履行情况无法查明,后案裁判文书可采用以下表述方式:"被告××(瑕疵出资股东)在未出资本息×××元范围内,对被告×××(债务人公司)上述判决第×条应承担的×××元债务不能清偿的部分,承担补充赔偿责任。被告××(瑕疵出资股东)在其他案件中已实际赔付的部分,不再承担赔偿责任",以明确后续履行或执行的标准。

2. 董事、高管等协助抽逃出资的责任承担

公司的董事、高管等协助抽逃出资的,应与抽逃出资的股东承担连带责任。董事、高管的身份界定应结合《公司法》和公司章程规定,依据公司规模和权力架构作具体判断,在行为方式上需要行为人存在主动协助抽逃出资的行为。例如,签发股东用于抽逃出资的转账支票、对伪造的合同加盖公章、对用于抽逃出资的用款申请单进行署名签发等,主观上则要求行为人知道或应当知道在协助抽逃出资。此种主观因素的认定应依据经验法则,结合股东抽逃出资行为的时间、方式、金额,以及董事、高管具体的工作职责和发现抽逃出资行为的可能性等综合判断。

如案例三中,C公司股东王某在出资款转入公司账户当日就用转账支票的方式转出全部出资,公司执行董事李某在股东有明显抽逃出资可能性的情形下仍然盖章并签发了支票,因而构成协助抽逃出资。

3. 瑕疵股权受让人的责任承担

公司股东瑕疵出资的,受让人在知道或应当知道股权存在瑕疵的情况下依然受让该股权的,公司及债权人可一并主张该受让人承担连带责任。对此,法院的审查要点在于受让人的主观状态,即如何认定受让人为知道或应当知道。

对于受让人的主观状态应由公司或债权人负责举证。法院在审查过程中可以根据以下要素进行判断:转让协议中是否对股权出资状况和出资义务负

担有过约定，转让价格是否明显背离正常价值，股权数额的大小，受让人在公司中是否任职及职务高低，受让人与瑕疵出资股东之间是否有特殊关系等。若股权转让价格明显偏低或者股权数额较大时，受让人应当更加审慎地查明股东是否已经充实出资，此时即可认定受让人的主观状态为知道或应当知道。

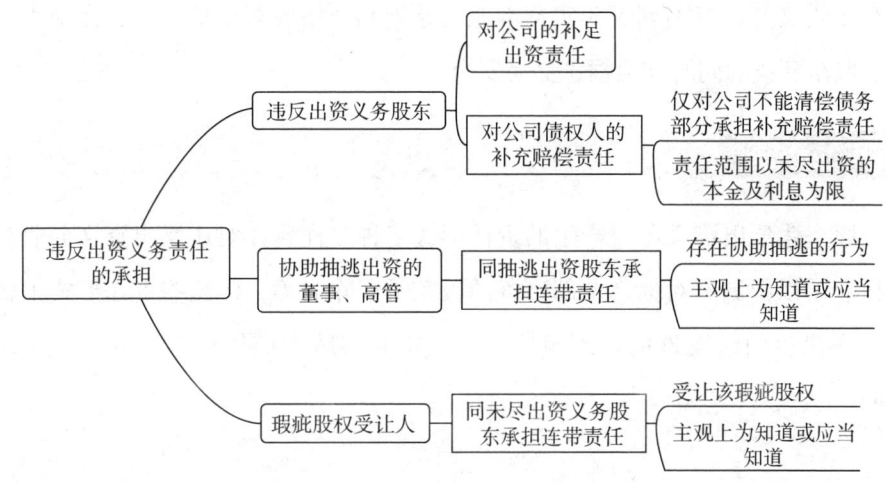

思维导图2：违反出资义务责任的承担

（五）举证责任分配和诉讼时效问题

股东出资纠纷案件适用一般举证规则，由原告提供对股东履行出资义务产生合理怀疑的证据后，再由股东就其已履行出资义务进行举证。

在证明标准上原告只需初步证明达到产生"合理怀疑"的程度即可。股东抽逃出资或瑕疵出资行为均具有较强隐蔽性，认定是否违反股东出资义务的关键证据，如公司的业务往来账册、资产负债表等会计账目均保存于公司内部，甚至仅由控股股东掌控，其他股东或公司债权人往往难以知悉或获取。因此，公司其他股东、债权人等只需提供对股东抽逃出资或瑕疵出资行为产生合理怀疑的初步证据后，即应由该股东就其已如实履行出资义务或已经履行补足出资义务进行证明。

另需注意的是，股东违反出资义务的初步证明标准因主张者身份不同而存在一定差异：公司外部债权人由于难以获知公司内部管理和运营信息，因此初步证明标准较低；公司、其他股东等则因参与公司管理和运营的程度较高，则证明标准相应较高。

股东对公司所负出资义务不受诉讼时效限制，违反出资义务的股东不得以此为由对抗要求其补足出资的主张。原因在于，若因期限届满则股东不再履行出资义务，将不利于落实资本充实原则和严格股东出资义务，在损害公司、股东利益的同时亦会损害交易安全。

⊙ 其他问题

股东违反出资义务所产生的责任形式多种多样，如对违反出资义务股东的权利予以限制、对抽逃全部出资的股东予以除名等，但这些责任形式不属于股东出资纠纷案件的审理范围，或在审判实践中应用较少，故未予全部列明。

股东知情权纠纷案件的审理思路和裁判要点

黄英 钱滢*

股东知情权是股东享有的基础性权利,有助于中小股东了解公司经营状况、监督公司经营管理、维护自身合法权益,也是股东实现决策权、分红权以及进行相关诉讼的基础和前提。实践中存在股东行使知情权边界不清晰、具体裁判标准不统一等问题。为依法保护股东知情权的有效行使,兼顾查阅的合理性与必要性,平衡股东知情与公司保密之间的关系,同时进一步提升此类案件的审理效率,本文选取典型案例进行分析、梳理,结合法律规范和司法实践中的审理难点,总结股东知情权纠纷案件的审理思路和裁判要点。

⊙ 典型案例

案例一:涉及股东知情权主体资格的认定

A公司系股份有限公司。B公司曾与C公司达成口头的代持股协议,将C公司持有的A公司股权登记在B公司名下。B公司向A公司发函要求查阅、复制A公司相关文件,A公司拒绝提供。现B公司以其作为A公司的登记股东有权行使股东知情权为由起诉至法院,A公司则主张B公司并非实际出资人,不具备行使股东知情权的资格。

案例二:涉及股东知情权客体范围的认定

陈某是D公司的股东,其向D公司发函要求查阅公司财务会计报告、会计账簿(包括账簿会计报表、记账凭证、原始凭证、审计报告、评估报告

---

* 黄英,商事庭审判长,法学硕士;钱滢,商事庭法官助理,法学硕士。

等），全部合同文本，查看现存货物、出入库清单、货物清单，D 公司未作回应。现陈某起诉至法院要求 D 公司配合其行使股东知情权，D 公司则主张陈某提出查看合同文本、存货、清单等没有法律依据。

案例三：涉及查阅会计账簿具有不正当目的的认定

张某作为 E 公司持股 50% 的股东，多次向 E 公司寄送查阅公司会计账簿的书面请求并说明查账目的，E 公司未给予任何答复。现张某起诉至法院要求 E 公司提供会计账簿供查阅以便进行资产评估和股权转让，E 公司则主张因张某在与 E 公司有竞争关系的 F 公司工作，其查阅公司会计账簿具有不正当目的。

⊙ 审理难点

（一）股东知情权主体资格的认定难

股东权利与股东身份不可分离，因此股东知情权的权利主体自然是公司股东。公司章程、股东之间的协议等均不能剥夺股东的该项权利，而涉及隐名股东、瑕疵出资股东、退股股东等股东身份争议是知情权行使主体资格审查的重点。《最高人民法院关于适用〈中华人民共和国公司法〉若干问题的规定（四）》（以下简称《公司法司法解释（四）》）第 7 条将公司原股东行使知情权条件限定为"有初步证据证明在持股期间其合法权益受到损害"，但显然现有条文尚不能涵盖所有争议类型，司法实践中的裁判观点也不尽一致。

（二）股东知情权客体范围的框定难

《公司法》采用列举的方式明确规定了股东知情权的客体范围。然而，在诉讼中股东经常会就其他文件材料主张知情权，有些明显超出法律规定范围，有些则在性质上存在争议，通常集中在股东能否查阅公司会计凭证。对于这些《公司法》尚未明确规定的文件材料，司法实践中并不存在统一的分类和裁判标准。《公司法司法解释（四）》正式出台前曾在征求意见稿中规定股东可以查阅会计凭证，可见已经注意到扩大股东知情权客体范围的实践诉求。对于这些虽不属于法定材料范围，但可能与法定材料存在高度关联的客体，法院在裁判时应当审查股东了解公司经营状况所需材料的合理性和必要性。

（三）"查阅会计账簿有不正当目的"的判断难

会计账簿是公司的核心资料。《公司法》第33条规定了股东查阅公司会计账簿的程序和要求，其核心在于确保股东查账目的具有正当性、不损害公司合法利益，否则公司有权拒绝提供查阅。目前对判断目的正当与否并无统一的审查标准，《公司法司法解释（四）》第8条以列举的方式对可能存在的不正当目的加以细化，并且以股东有不正当目的的其他情形作为兜底条款。上述规定虽然在一定程度上明确了公司拒绝提供查阅的范围，但对于具体情形的认定尚需法院在个案中合理分配举证责任，根据相关事实和证据材料进行具体认定。

⊙ 审理思路与裁判方法

《公司法》第33条、第97条明确了股东查阅、复制公司相关文件材料的权利，《公司法司法解释（四）》则对适用细则作了进一步明确。法院应当坚持审慎原则依法进行裁判，注重原则性和灵活性相结合，在个案审查中兼顾股东知情权的保护和公司的正常经营及有效治理。

（一）主体资格的审查步骤和要点

1. 一般原则

公司股东是知情权的行使主体，但法律并未对股东的股权份额作出限定，也即持有任意比例股份的股东均可提起股东知情权诉讼。公司有证据证明原告在起诉时不具有股东资格的，法院应当驳回起诉。对此类纠纷中原告主体资格的审查要点在于股东资格的确认。对公司股东身份的审查应以公司登记信息为依据，同时注意隐名股东、瑕疵出资股东、退股股东这三类特殊情形。

股东资格存在争议的，当事人应先提起股东资格确认之诉。

2. 隐名股东的审查步骤和要点

隐名股东由于缺乏具有公示效力的股东身份证明，一般只能通过名义股东行使知情权。法院原则上应当驳回隐名股东关于知情权的诉请，但隐名股东已经或正在履行相应的显名手续，且公司和其他股东均认可其股东身份的，法院可允许其行使股东知情权。

如案例一中，B公司是A公司的登记股东但非实际出资人，其主体资格的认定是该案的争议所在。由于C公司另案提起股东资格确认之诉并经生效裁判确认，同时A公司其他半数以上股东亦认可C公司为A公司实际股东，法院认为在C公司成为A公司股权的实际持有人后，B公司因丧失股东身份而失去行使股东知情权的资格，故对B公司的查阅诉请不予支持。

3. 瑕疵出资股东的审查步骤和要点

根据《公司法》的规定，股东应当按期足额缴纳公司章程中规定的认缴出资额。未到认缴期限并不影响股东行使知情权；已到认缴期限而股东未按期足额缴纳的，属于股东违反对公司的出资义务，瑕疵出资股东依法承担补足出资责任和对已出资股东的违约责任，但并不直接导致其丧失股东资格。如果公司仅以股东存在瑕疵出资为由拒绝其行使知情权，法院不予支持。

如果有限责任公司的股东未履行出资义务或者抽逃全部出资，经公司催告缴纳或者返还，在合理期间内仍未缴纳或者返还出资的，公司可以通过股东会决议解除其股东资格。如果公司能够证明股东存在瑕疵出资，且公司股东会已经决议解除其股东资格，法院应当驳回股东行使知情权的诉请。

4. 退股股东的审查步骤和要点

退出公司的原股东一般因丧失股东资格而不再享有股东知情权。然而，《公司法司法解释（四）》第7条赋予公司原股东有限诉权，即考虑到保护公司原股东在持股期间的合法权益，允许其查阅或者复制持股期间公司的特定文件材料。退股股东负有举证责任证明其在持股期间的合法权益受到损害，如公司真实经营状况被隐瞒导致原股东在转让股权时利益受损等。

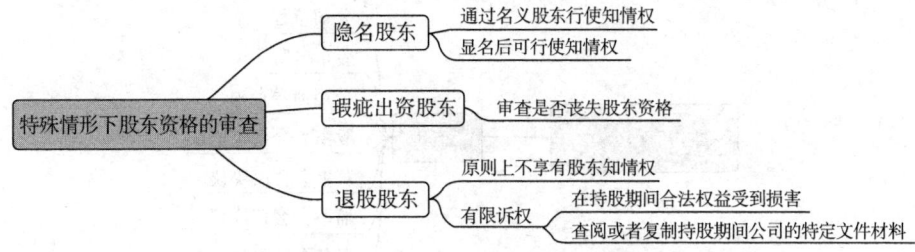

思维导图1：特殊情形下股东资格的审查

（二）被查阅客体范围的审查步骤和要点

1. 审查是否属于法律规定的客体范围

《公司法》第33条、第97条分别对有限责任公司和股份有限公司股东知情权的客体范围作了明确规定。审查中应当注意以下几点：

第一，有限责任公司股东有权查阅、复制的范围包括公司章程、股东会会议记录、董事会会议决议、监事会会议决议和财务会计报告；可以要求查阅的是公司会计账簿但附有条件。

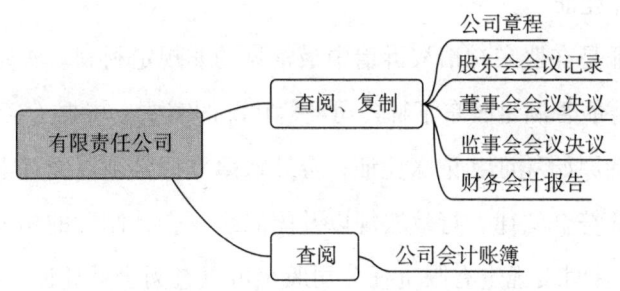

思维导图2：有限责任公司股东有权查阅、复制的范围

第二，股份有限公司股东有权查阅的范围包括公司章程、股东名册、公司债券存根、股东大会会议记录、董事会会议决议、监事会会议决议、财务会计报告，在行使方式上并不包括复制。

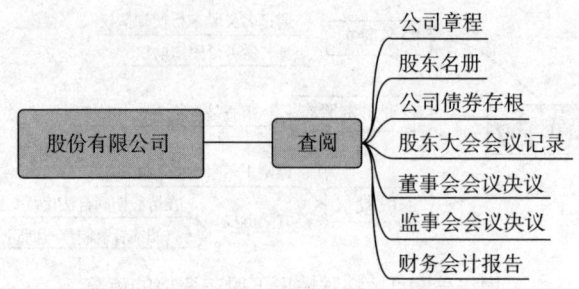

思维导图3：股份有限公司股东有权查阅的范围

第三，财务会计报告由会计报表、会计报表附注和财务情况说明书组成，会计账簿包括总账、明细账、日记账和其他辅助性账簿。

第四，对于符合法律规定范围、行使方式适当的股东知情权诉请，法院应予支持。对于规定范围之外的材料查询请求，由于缺乏法律依据法院一般不予支持，但由于公司文件材料形式具有多样性，为确保股东知情权的有效行使，法院可以依据该原则进行个案审查。

2.非规定材料的审查要点

（1）会计凭证。

会计凭证是在股东知情权诉请中最常见的非规定材料。法院的审查要点在于会计账簿能否满足股东了解公司经营状况的需要。根据《会计法》规定，会计凭证包括原始凭证和记账凭证，会计账簿登记必须以经过审核的会计凭证为依据，并符合法律、行政法规以及国家统一会计制度的相关规定。虽然《公司法》没有明文规定有限责任公司股东可以查阅会计凭证，但在实践中，股东经常将会计凭证和会计账簿一起列为查阅对象。通常而言，不应当随意超越法律的规定扩张解释股东知情权的范畴，但由于股东仅凭会计账簿未必能完全知晓公司的经营状况，会计凭证往往能够充分直接反映公司的实际经营状况，故应当从确保所查阅会计账簿的有效性、信息的真实性等角度予以审查。当会计凭证对于会计账簿的查阅具有必要性和印证作用，或者会计账簿确实存在明显问题时，法院可支持股东查阅会计凭证的诉请。

（2）其他非规定材料的审查要点。

考虑到股东知情权制度的立法本意，法院应当遵循以下思路进行审查。

首先，《公司法司法解释（四）》第7条规定，股东可以依据公司章程起诉请求查阅或者复制公司特定文件材料，故公司章程对查阅程序和范围作出明确规定的，法院应当依照章程的规定进行审查。

其次，公司章程未对查阅程序和范围作出规定的，法院不宜随意扩大知情权的客体范围，而应审慎审查以下几个方面：一是股东的查阅目的；二是知情权的行使是否超出股东了解公司经营状况的合理范畴，特别是在已经查阅法定材料的前提下，再要求查阅非规定材料的必要性、所要求查阅材料与待印证法定材料的关联性、查阅行为是否损害公司的合法权益等。法院经审查后认定股东的查阅目的并无不当且确有查阅必要性的，可以支持股东的诉请。

如案例二中，法院将陈某行使股东知情权的客体范围分为三类进行审查：第一类是财务会计报告，已由《公司法》明文规定，故予以支持；第二类是会计账簿及作为会计凭证的相关原始资料，直接影响记账的真实性和完整性，故予以支持；第三类是合同文本及存货部分，明显超出法律规定范围，且并无证据证明D公司提供的法定材料不真实、不完整，故未予支持。

3. 公司不愿提供或无法提供材料的审查要点

公司如果提出股东主张的文件材料不存在，法院应当根据具体情况作出相应处理：

第一，公司有充分证据证明确实无法提供的，如存在失窃、失火并有处置记录的，而股东并无充分证据反驳其主张的，对股东的诉请不予支持；对于公司能够部分提供文件材料的法院仍应予以支持，或者要求公司在合理时间补齐材料供股东查阅或复制。

第二，公司以股东已知悉公司经营和财务状况或者已通过其他方式获取相关文件材料为由不愿提供的，法院经审查认为属于公司能够提供的，对股东诉请仍应予以支持。

（三）查阅公司会计账簿条件的审查步骤和要点

1. 审查前置程序

股东诉请查阅公司会计账簿必须经过前置程序，即股东应当首先向公司提出书面请求并说明查阅目的，公司自股东提出书面请求之日起15日内拒绝提供查阅或不配合股东查阅请求的，方才符合前置程序要求。

如果股东未履行公司内部救济程序而直接起诉要求行使查阅权的，法院驳回股东诉讼请求。实践中需重点审查查阅请求是否以书面形式提出、是否说明查阅目的、公司是否明确拒绝或逾期不予配合，并应结合公司和股东的实际情况判断前置程序的履行是否存在瑕疵。股东未履行完整的前置程序也并不必然导致诉讼条件未成就，当股东穷尽所知公司地址仍无法有效送达、无法联系，即股东向公司提出书面请求不具备客观条件的，对公司关于前置程序存在瑕疵的抗辩不予支持。

2. 审查股东查阅目的

（1）审查法定列举的不正当目的。

股东应当初步举证查阅目的的正当性。《公司法司法解释（四）》第8条列举了股东查阅公司会计账簿不正当目的的常见情形，包括股东自营或者为他人经营与公司主营业务有实质性竞争关系业务的，但公司章程另有规定或者全体股东另有约定的除外；股东为了向他人通报有关信息查阅公司会计账簿，可能损害公司合法利益的；股东在向公司提出查阅请求之日前的3年内，曾通过查阅公司会计账簿，向他人通报有关信息损害公司合法利益的。经审查符合上述三种列举情形的，法院对股东的诉请不予支持。

需特别注意的是，公司主张适用《公司法司法解释（四）》第8条关于同业竞争的认定。首先，股东在投资目标公司外另对其他公司进行投资属于正常的商业行为，我国《公司法》对此并无禁止性规定。"股东自营或者为他人经营"强调股东实际参与其他公司的经营决策或者担任其他公司的相关职务，仅凭其他公司股东的身份或者与其他公司存在关联关系并不必然导致其丧失查阅权。其次，同业竞争涉及"公司主营业务和实质性竞争关系"的界定,需注意以下两点:一是主营业务是指企业为完成其经营目标而从事的日常主要活动,通常根据公司的经营范围加以确定,但并非主营业务范围相同或相似,就认定两者之间必然存在实质性竞争关系,进而认定股东行使知情权具有不正当目的。二是经营范围仅作为判断是否构成实质性竞争的考量因素之一,法院还应审查经营的时间和区域、商品和服务的可替代性、客户范围、公司市场地位和交易机会等,审查标准实质在于避免损害公司合法利益。

如案例三中,法院认为E公司并未提供充分证据证明张某系F公司股东或在F公司就职,F公司与E公司的经营范围和主营业务并非完全重合,仅凭F公司的宣传手册、活动照片、招聘信息等无法直接证明两公司间业务构成实质性竞争关系,E公司并未举证证明张某行为具有损害其合法利益的不正当目的,故对张某的查阅请求予以支持。

(2)审查非列举情形的不正当目的。

司法实践中,公司提出的不正当性抗辩主要包括:股东与公司管理层或其他股东存在矛盾、为其他诉讼收集证据、侵害公司商业秘密或其他利益等,公司对此应承担相应的举证责任。法院对于股东是否确实存在不正当目的应当遵循诚实信用原则,审查其与公司及其他股东之间的关系、查阅的合理性与必要性、查阅的成本与风险、公司的保密需要等。

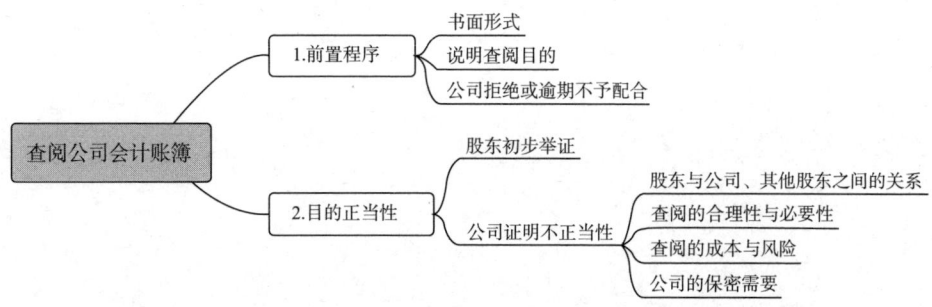

思维导图4:查阅公司会计账簿条件的审查步骤和要点

(四)裁判主文的表述与执行

根据《公司法司法解释(四)》第10条的规定,法院如果支持股东行使知情权的诉讼请求，应当在判决中明确查阅或者复制公司特定文件材料的时间、地点和特定文件材料的名录。裁判主文应表述为"（公司名）于本判决生效之日起（数字）日内在（地点）向（股东名字）提供自（年月日）至（年月日）止的（文件材料名）供（股东名字）查阅（复制）"。

具体执行过程中，在提起知情权诉讼股东在场的情况下，查阅公司文件材料可以由会计师、律师等依法或者依据执业行为规范负有保密义务的中介机构执业人员辅助进行。对于股东及相关辅助人员在行使知情权后泄露公司商业秘密导致公司合法利益受到损害的，公司有权请求其赔偿相关损失。

股权转让纠纷案件的再审审理思路和裁判要点

赵卫平　张弘毅[*]

股权转让纠纷是公司法纠纷的主要类型之一。近5年来上海市第一中级人民法院辖区被再审的公司法纠纷案件中，股权转让纠纷案件数量最多。为更好地实现公司法相关制度的立法目的和功能，提升案件审判质量，我们对近5年来被再审的股权转让纠纷案件进行分析梳理，选取问题突出的典型案例，总结此类案件的再审审理思路和裁判要点。

⊙ 典型案例

案例一：涉及标的"股权"定性问题

龚某与梁某签订《股权转让协议》约定："梁某将其持有的A民办学校100%股权转让给龚某，股权作价60万元。"后龚某认为梁某不具有转让A民办学校的主体资格，故诉至法院请求判决确认系争《股权转让协议》无效，并判令梁某返还已收到的转让款20万元。经审理，一审法院判决梁某向龚某返还转让款20万元。该案再审发现问题：A民办学校不存在公司法意义上的股东，需判断一审判决使用"股权转让纠纷"案由是否有误。

案例二：涉及股权代持及复数转让主体的股权转让

B公司全体股东王某、陈某等7人共同签订《关于B公司股权、债权转让的决议》，约定B公司股权、债权等全部打包转让给王某。陈某为B公司法定代表人，其名下部分股权系替其余6人代持。后部分股东认为王某未按

---

[*] 赵卫平，二级高级法官，法律硕士；张弘毅，申审庭法官助理，法学硕士。

约定足额付款，诉至法院要求王某支付剩余款项。一审、二审法院的审理焦点在于系争《决议》是否明确约定了"打包价"即为王某应支付的金额。该案再审发现问题：当事各方的初始出资比例、系争《决议》签订时B公司的实际股权结构、"打包价"是否覆盖王某自己的股权等案件基本事实均未查明。

案例三：涉及判决超越当事人诉请

彭某与张某签订《股权转让协议》，约定张某将持有的C公司股权作价10万元转让给彭某。后因协议没有履行，张某欲解除该协议。彭某诉至法院请求确认《股权转让协议》有效。一审法院判决确认系争协议已经解除并驳回彭某诉请。该案再审发现问题：彭某仅诉请法院确认系争协议有效，一审在判决主文中确认系争协议已解除是否超出了彭某的诉请范围。

⊙ 审理要点

通过分析上述案例及其他股权转让纠纷案件被再审的原因及再审结果，对此类案件的再审审理要点总结如下：

（一）应当正确认定"股权"属性

基于合同自由原则，当事人在法律允许范围内的"股权转让"协议均应予以尊重。但实践中约定转让的"股权"是否对应公司主体、是否为转让方合法持有、是否存在出资瑕疵等问题，均应作出正确认定。如案例一中，当事人约定转让民办学校的"股权"，但该案中的民办学校系民办非企业单位，属于非营利法人中的社会服务机构。该案件应适用"合同纠纷"案由，适用《民法典》《民办教育促进法》等法律规范。

（二）应当查明标的公司真实股权结构

查明公司股权结构的目的在于明确系争股权转让的相关利益主体，也是正确认定股权转让标的及对应价款的基础。如案例二中，原一审、二审判决均未查明公司股权结构及转让协议所涉及的股权份额，最终导致案件因认定基本事实不清而发回重审。案件审理过程中，往往还涉及认缴出资和实缴出资、名义出资和实际出资等问题，对此亦应查明并作出正确认定。

（三）应当避免判决超出当事人诉请范围

审理股权转让纠纷案件在力求解决纷争的同时应避免判决超出当事人诉请范围。如案例三中，当事人起诉时只请求法院判决系争《股权转让协议》有效，但原审在判决主文中确认系争协议已经解除，显然超出了当事人的诉请范围。

⊙ 审理思路与裁判方法

股权转让，是指股东将其对公司所有之股权转移给受让方，由受让方继受取得股权而成为公司新股东的法律行为。审理此类再审案件应以合同自由和财产转让自由为原则，兼顾限制性法律规定和公司内部约定，妥善保护当事各方合法权益并注意维护公司外部交易安全。法律适用顺序应以《公司法》及其司法解释为先，在没有规定的情况下，可适用《民法典》及相关司法解释。具体审理思路提示如下：

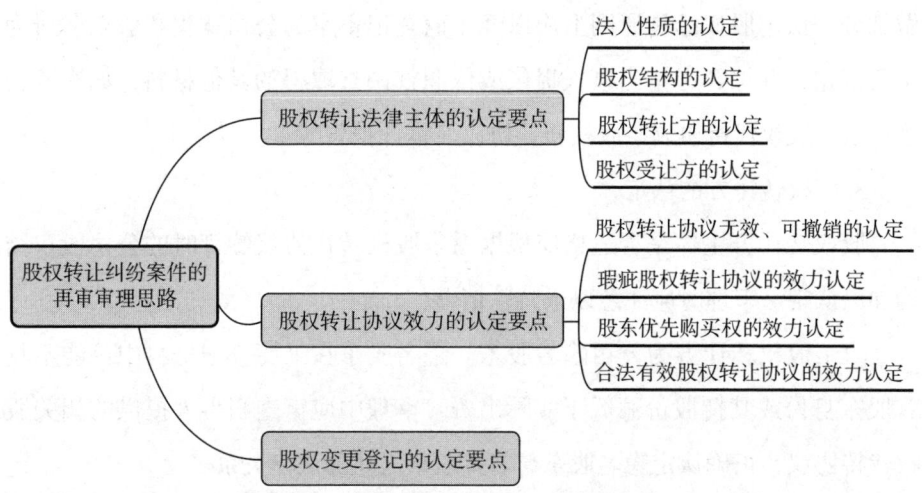

思维导图1：股权转让纠纷案件再审审理思路

（一）股权转让法律主体的认定要点

审理股权转让纠纷首先应认定标的公司的法人性质，进而明确其股权结构，同时还应注意股权转让方和受让方的特殊主体问题。

1.法人性质的认定

根据现行《民事案件案由规定》，股权转让纠纷属于"与公司有关的纠纷"项下，故对"股权转让"的理解应以《公司法》为准，具体分为出资转让和股份转让，分别对应有限责任公司和股份有限公司。对于有限责任公司、股份有限公司以外的标的实体，不存在真正的"股权转让"。审理时应根据实体的法人性质，如非营利法人、特别法人甚至非法人组织，具体判断系争转让合同的类型及效力，进而选择正确的民事案由并适用相应法律规范进行审理。此类案件审理一般不参照适用《公司法》相关规定。对于有限责任公司、股份有限公司的股权转让纠纷，应适用《公司法》第三章、第五章第二节及相关司法解释的规定。

2.股权结构的认定

审理时至少应认定三个节点的公司股权结构：（1）公司初始设立时的出资比例；（2）系争股权转让协议签订时的股权比例；（3）原告起诉时的股权比例。视案情需要可能需对认缴出资和实缴出资、名义出资和实际出资等再做细分。认定股权结构原则上应以经工商登记备案的公司章程和股东名册为主要依据，并综合考量当事人提供或依职权调查取得的其他材料，如出资转账记录、股权代持协议、股权转让协议、审计报告等。

3.股权转让方的认定

股权转让方主体是否适格应根据系争股权转让协议签订时的公司股权结构加以认定。审理时应注意以下特殊情形：

（1）股权转让方为公司隐名股东。隐名股东在工商登记材料中可能不具有股东身份或其持股份额低于实际出资。审理中应审查当事人提供的相关股权代持协议，正确认定隐名股东与名义股东之间的法律关系。

（2）股权转让方为公司名义股东。审理重点同样在于认定隐名股东与名义股东之间的合法关系，进而确定股权转让行为是否有效。但在股权已转让给善意第三人的情形下，应注意参照适用《民法典》善意取得的特别规定。

（3）系争股权转让协议签订时，转让方尚未实际取得全部或部分标的股权。此时转让方对于尚未取得的部分股权并不具备现实的物权，而是基于其他股权转让合同享有嗣后获得股权的期待利益。系争股权转让协议实为以此种期待利益为转让标的。法院审理时，应以审查转让方能否合法取得标的股权为基础，判断系争股权转让协议能否实际履行。

（4）股权转让方为复数主体。如案例二中，系争股权转让协议的转让方包括B公司多名自然人股东。此时应审查系争股权转让协议中包含的复数股权转让关系是否相互独立，即部分股权转让关系的效力或履行问题是否会导致当事各方整体合同目的无法实现。

4.股权受让方的认定

根据股权受让方的法律地位，审理时应注意区分认定：

（1）股权受让方系公司股东。法院应注意审查公司章程对股权转让事宜是否存在限制性约定。

（2）股权受让方系非股东的外部主体。因有限责任公司的人合性，《公司法》对外部出资转让设定限制但并不禁止。法院应注意审查公司章程中的相关限制性约定，并结合股东优先购买权审查审慎认定系争股权转让行为的效力。

（3）股权受让方系公司自身。原则上标的公司自身不能成为适格的股权受让方，但有允许股份回购的六种特殊情形：一是减少公司注册资本；二是与持有本公司股份的其他公司合并；三是将股份用于员工持股计划或者股权激励；四是股东因对股东大会作出的公司合并、分立决议持异议，要求公司收购其股份；五是将股份用于转换上市公司发行的可转换为股票的公司债券；六是上市公司为维护公司价值及股东权益所必需。上述情形下股份有限公司可以成为该公司股权转让的受让方。

（4）股权受让方为复数主体。审理中同样应注意认定系争股权转让协议中包含的复数股权转让关系是否相互独立。

（二）股权转让协议效力的认定要点

股权转让协议的合同效力认定是股权转让纠纷案件的常见争议焦点，也是被再审风险较为集中的领域。

1. 股权转让协议无效、可撤销的认定

审理中应按照以下思路审查系争股权转让协议是否存在无效或可撤销的情形：（1）当事人主张股权转让协议无效。法院应以当事人主张为限，审查系争股权转让协议是否违反了《民法典》《公司法》等法律规范中的禁止性规定。（2）当事人主张股权转让协议可撤销。法院应以当事人主张为限，审查系争股权转让协议是否存在重大误解、欺诈、胁迫、乘人之危等法定可撤销情形。

审理中应当注意，当事人如果仅请求确认系争股权转让协议无效，则法院应判决确认系争协议无效或驳回诉请，不应超出该诉请对合同履行、变更、解除等事项作出判决。当事人仅请求依法撤销合同或确认协议合法有效的，也应注意避免发生同样的问题。

2. 瑕疵股权转让协议的效力认定

对于采用注册资本实缴制的公司，股东可能因出资瑕疵而对公司负有相应责任。转让此类股权会涉及瑕疵股权转让问题。审理中法院应以当事人主张为限，审查转让方作为公司股东是否存在出资瑕疵。具体审查内容包括：（1）转让方是否已依据法律规定及章程约定按时足额将货币出资存入公司银行账户；（2）转让方是否已对非货币出资依法办理财产权转移手续；（3）转让方是否存在后续抽逃出资的行为。

如查明确有出资瑕疵，法院应进一步区分以下情形：（1）转让方对受让方实施了欺诈行为的，则法院应根据受让人诉请判断是否撤销系争股权转让协议。（2）受让方明知股权有出资瑕疵而受让的，则系争股权转让协议的效力一般不会因此受到影响，且受让方取得标的股权后应承担连带瑕疵责任。（3）股权转让双方均不知股权存在瑕疵的，双方如果无法协商一致，则法院应根据受让方诉请，参照《民法典》关于买卖标的物瑕疵担保责任的相关规定，判断转让方是否应承担相应责任。需要注意的是，《公司法》经过2013

年修正后，公司注册资本已由实缴制改为认缴制，但实践中仍需注意法律有特别规定或公司章程有特别约定的情形。

3. 股东优先购买权的效力认定

股东优先购买权，是指股东对外转让股权时，标的公司其他股东享有的以同等条件优先于外部受让方购买该股权的权利。既要注意保护其他股东的优先购买权，也要注意保护股东以外股权受让人的权益，正确认定有限责任公司股东与股东以外股权受让人订立的股权转让合同效力。审理此类问题应注意以下事项：（1）优先购买权的效力。如其他股东主张依法行使优先购买权，则法院应根据股权转让方是否存在继续交易的意愿，认定其他股东成为股权受让方或系争股权转让终止。（2）系争股权转让协议的效力。其他股东是否主张行使优先购买权不影响生效股权转让协议的效力，但法院应区分认定系争股权转让协议的履行状态：对于尚未履行的股权转让协议，当事人主张行使优先购买权会导致协议履行不能的，法院应根据股权转让方或外部受让方的诉请判断是否解除合同；对于已经履行完毕的股权转让协议，如其他股东主张优先购买权符合法定期间规定（知道或应当知道权利未超过30天，且股权变更登记未超过1年），则法院应对其他股东主张按照同等条件购买该转让股权的诉请予以支持。

4. 合法有效股权转让协议的效力认定

排除上述合同效力问题后，法院应审查系争股权转让协议是否合法有效，且合同效力及于三个层面：（1）对于转让人和受让人：股权转让协议达成时即发生效力，受让人可要求公司为其办理过户手续，转让人应当提供协助；（2）对于公司：受让人办理过户手续后取得股东地位，其股份或者出资上一切权利均归于受让股东享有和行使，标的公司须对新的股东负责；（3）对于第三人：股权转让经合法变更登记后即具有对抗第三人的公示效力。一般情况下标的公司并非股权转让关系的当事人，但标的公司在系争股权转让协议的履行过程中，对股权受让方负有办理过户手续等义务。审理时法院应根据受让方诉请，正确认定标的公司的诉讼地位，进而判断标的公司是否应承担相应责任。

(三）股权变更登记的认定要点

股权变更登记指在公司登记机关（市场监督管理部门）对股权变动的登记。股权变更登记与股权转让协议的效力一般没有直接联系，但其作为股权变动对外公示的重要环节直接影响当事各方利益。此外，未向公司登记机关办理股权变更登记的，不得对抗善意相对人。法院应根据不同情形区分认定：（1）纠纷涉及外部第三人的，一般以对外公示的股权登记为准，相关问题可参照《民法典》善意取得的特别规定；（2）纠纷涉及公司内部主体的，应根据当事人主张审查系争股权转让协议、股权代持协议、转让款收条收据等内部材料综合判断。

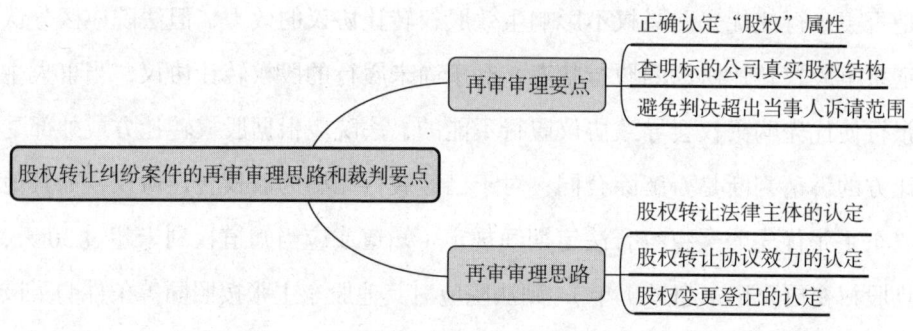

思维导图 2：股权转让纠纷案件再审审理思路和裁判要点

⊙ 其他问题

由于再审案件往往经年历久，案件发生时、案件再审时所适用的法律，常与现行法律规范存在差异，司法实践中应对此格外加以注意。股权转让纠纷案件再审审理思路的总结，对于商事审判庭审理一审、二审案件也具有识错、辨错、防错的提示作用，可结合相关法律最新修改情况及商事条线的审判执法意见加以实践应用。

公司解散纠纷案件的审理思路和裁判要点

施 杨 闫伟伟[*]

我国公司股东解散公司请求权的法律规范仅有《公司法》第182条及《最高人民法院关于适用〈中华人民共和国公司法〉若干问题的规定（二）》（以下简称《公司法司法解释（二）》）相应条款，且具体裁判标准并不明确，实践中观点亦不统一。我们根据现有法律规范，结合实践中的典型案例总结审判经验，对公司解散纠纷案件的审理思路与裁判要点进行梳理、提炼和总结。

⊙ 典型案例

案例一：涉及"经营管理严重困难"的认定

A公司股东吴某、徐某合计持股50%，李某持股50%。公司章程规定股东会决议须经代表二分之一以上表决权的股东通过。吴某、徐某与李某之间一直存在矛盾且多次涉诉。由于公司并未亏损，李某曾向法院提起公司解散之诉但被驳回。现吴某、徐某以A公司已连续四年未召开股东会为由，起诉要求解散公司。

案例二：涉及公司"继续存续会使股东利益受到重大损失"的认定

B公司股东毛某持股10%、法定代表人邹某持股90%。两股东曾因股权纠纷而涉诉，后B公司经营决策均由邹某一人作出，毛某不参与经营管理也未提请要求召开股东会。现毛某以公司股东会机制失灵、连续两年以上未召开

---

[*] 施杨，二级高级法官，大学本科；闫伟伟，商事庭法官助理，法律硕士（法学）。

股东会、股东间僵局长期无法解决为由,起诉要求解散公司。

案例三:涉及"通过其他途径不能解决"的认定

C公司股东张某持股3.62%,瞿某、彭甲、高某、D公司分别持股7.59%、0.67%、7.43%、80.67%,法定代表人、董事长及总经理均为彭乙。张某除显名持有的股份外,还与彭乙分别隐名持有股份,两人因股权转让问题多次涉讼。现张某以公司连续两年以上无法召开股东会、公司经营管理发生严重困难为由,起诉要求解散公司。

⊙ 审理难点

由于公司纠纷中股东矛盾的复杂性,司法实践对《公司法》第182条及《公司法司法解释(二)》关于公司解散"三要件"的理解存在差异,使该类案件审理存在一定难度。

(一)"经营管理严重困难"的理解存在差异

针对"公司经营管理发生严重困难",司法实践中的审查重点在于判断该"困难"是公司经营困难、管理困难抑或两者兼具;何种程度方能认定为"严重困难"。《公司法司法解释(二)》第1条以列举的形式对此作进一步细化,在表述中均重申"公司经营管理发生严重困难"的要求,在兜底条款还补充了"公司继续存续会使股东利益受到重大损失"的限定条件。该条文列明的前三种情形均指向管理性困难,对经营性困难未作明确。如案例一中,A公司提供了相关合同来证明其处于正常经营之中,履行合同将会给公司带来收益,一审法院基于审慎原则驳回了解散公司的诉请。二审法院认为,公司本身是否处于盈利状态并非判断公司经营管理是否发生严重困难的必要条件,改判公司解散。

(二)"继续存续会使股东利益受到重大损失"的认定难度大

由于股东利益损失通常包括权利受损和利益受损两个方面,个案审查中是否要求权利和利益两方面均受损存在争议。同时，由于该要件是对股东利益在将来是否受损的判断，股东提供证据证明该要件成立的难度较大，各法院的裁判尺度也不够统一。如案例二中，邹某控制B公司并排除毛某介入公司经营，一审法院认为两股东无意与对方继续共同经营致使公司人合性完全丧失，继续存续会严重损害毛某股东利益，故判决解散公司。二审法院认为，双方的股权比例清晰且不存在结构性障碍。毛某并无证据证明其不担任公司职务、不参与公司经营情形下的公司存续会使毛某利益遭受重大损失，改判公司不解散。

（三）"通过其他途径不能解决"的适用标准不明

解散公司是对公司类纠纷最严厉的处理方法。作为"公力救济"的司法解散应当本着"尊重公司自治、司法谨慎干预"的原则对案件进行审查。该类纠纷应首先考虑通过公司自治方式解决矛盾，防止股东滥用诉讼权利终止公司经营。但《公司法》第182条及《公司法司法解释（二）》对何为"穷尽内部救济"均未作出具体明确的规定。如案例三中，一审法院仅以经法院主持调解双方未达成一致意见为由，认定各股东无法通过其他途径解决公司僵局而判决公司解散。二审法院则认为，虽然各方股东曾就股权转让多次涉讼，但并未就通过股权回购或股权转让退出公司加以沟通协商，尚有可能通过其他途径解决，故改判公司不解散。

⊙ 审理思路与裁判方法

由于公司解散涉及各股东、公司债权人的合法权益以及公司存续的社会公共利益，法院应最大限度地尊重公司通过自治方式解决公司僵局。由于司法解散公司在结果上的终局性、不可逆转性，法院应坚持全面审查和严格审查的标准，以谦抑的态度审慎判决解散公司。审理思路与裁判过程应主要围绕《公司法》第182条及相应司法解释规定的要件进行判断。

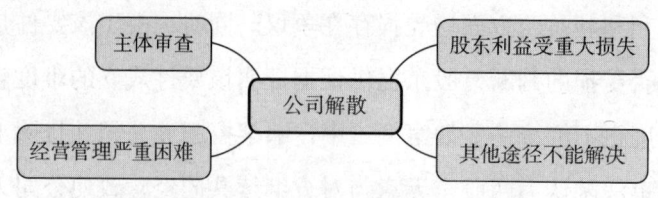

思维导图1：公司解散纠纷案件审理思路

（一）判断诉讼主体是否适格

1. 适格原告的确定

根据法律规定，提起公司解散纠纷案件的原告应当是单独或合计持有公司全部股东表决权10%以上的股东。我国法律仅要求股份公司必须"同股同权"，所以有限责任公司股东的表决权并不必然与登记的股权比例一致。尤其在当前注册资本认缴制的情况下，公司可通过章程设计与认缴比例不同的表决权，如约定按实缴比例行使表决权。因此，审查此类纠纷中原告的主体资格，应对登记的股权比例与公司章程一并审查。

由于公司解散之诉的结果涉及公司债权人等第三方利益，隐名股东又缺乏具有公示效力的股权证明，法院原则上应当要求其先提起股东资格确认诉讼，使自己成为显名股东后再向法院提起公司解散诉讼。即便其他股东对该隐名股东身份均不持异议，法院也需审慎处理。如案例三中，D公司曾向张某转让部分股权但未作工商变更登记，工商登记资料仅显示张某持有公司3.62%的股份，法院考虑到隐名股东彭乙对张某的持股比例存在异议，故要求张某通过诉讼途径先行确定持股比例。

2. 适格被告与第三人的确定

《公司法司法解释（二）》第4条规定，股东提起解散公司诉讼应当以公司为被告，公司其他股东可以共同原告或第三人身份参加诉讼，有关利害关系人可作为第三人参加诉讼。原告股东应当告知其他股东参加诉讼，或者由法院通知其他股东参加诉讼。至于其他股东究竟以共同原告还是第三人身份参加诉讼，应视该股东的主张区别处理：其他股东以与原告股东相同主张申请参加诉讼的，应列为共同原告；其他股东以案件处理结果与其有利害关系为由申请参加诉讼的，应列为无独立请求权第三人。

（二）审查公司经营管理是否发生严重困难

1. 公司管理发生严重困难

《公司法司法解释（二）》第1条列举了公司僵局的三种常见情形，即公司持续两年以上无法召开股东（大）会、公司持续两年以上不能做出有效的股东（大）会决议，以及公司董事长期冲突导致的董事会僵局。在具体认定过程中需要注意四点：一是"无法召开"指的是应当召开而不能召开，客观上长期没有召开过会议不能当然认定为"无法召开"；二是"两年以上"的时间要求必须是持续的状态，一旦召开了会议或做出过有效决议即发生期间中断，不能再据此认定公司僵局；三是董事会僵局应已尝试通过股东（大）会进行解决；四是机构运行困境必须进行综合认定，单纯发生三种情形之一并不足以认定为"经营管理发生严重困难"。

2. 公司经营发生严重困难

"公司经营管理发生严重困难"的侧重点在于界定公司僵局。公司经营状况可作为认定"经营管理发生严重困难"的重要考量因素，但并非认定的充分条件。公司经营状况与经营管理困难之间的逻辑关系需要审慎判断，公司经营性的严重困难并非短期的经营不善或严重亏损，通常需要考虑公司是否长期处于亏损状态、是否具备扭亏为盈的能力、是否造成股东经济利益的重大损失等情况。

3. 公司经营管理发生严重困难的其他情形

《公司法司法解释（二）》第1条的列举方式基本排除了司法实践对"经营管理发生严重困难"作扩张解释的可能性，即使该条规定的"其他情形"亦应参照前三项列举情形进行比对适用。实践中部分案件对公司管理困难的认定，时常会论及大股东利用表决权优势实质剥夺中小股东的公司经营管理权，即理论界通常所称的"股东压迫"。

然而单纯的"股东压迫"情形并不符合公司解散事由。"股东压迫"情形只有在同时满足"经营管理严重困难"和"公司继续存续会使股东利益受到重大损失"的条件下方才对案件起到补强说理的作用。如案例二中，虽然一审法院认定邹某独占公司经营权，但除了要求全体股东一致通过的表决事项外，即便毛某不配合也不会使公司陷入股东会表决僵局。毛某对公司经营现状不知情并不能证明公司继续存续会对其利益造成重大损失。

4.公司经营管理发生严重困难的排除性规定

根据《公司法司法解释（二）》第1条第2款的规定，股东以知情权、利润分配请求权等权益受损，或公司亏损、资不抵债等为由请求解散公司的，法院不予受理。

判断公司经营管理是否出现严重困难，应当从公司组织机构的运行现状进行综合分析，审查重点在于判断公司组织机构运转是否因存在严重的内部障碍而形成了管理上的僵局，并因此导致公司治理结构的决策、执行、监督等功能瘫痪，严重影响公司经营。

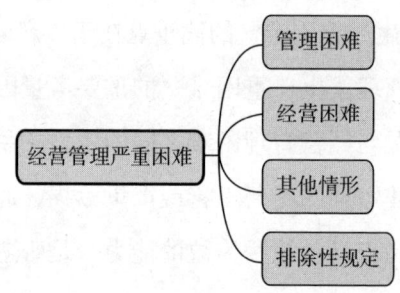

思维导图2：审查公司经营管理是否发生严重困难

（三）审查公司继续存续是否会使股东利益受到重大损失

根据文义解释，"股东利益损失"通常并非指股东利益具体、直接或有形的损害，而是指股东利益整体、间接、可能的损害。这涉及利益受损范围与重大损失的界定两个问题。

1.利益受损范围

由于股东利益可分为公司管理控制权益和投资收益权益两方面并以后者

为侧重点，法院应主要从公司经营状况及注册资本是否充实两个角度加以审查。公司形成僵局后即进入非常态经营模式，单方股东的经营管理即便没有使业务停滞，也会因持续亏损而显著削弱公司经营能力与偿债能力。公司注册资本均未足缴的情况下，股东各方因冲突无法继续共同经营公司，预期经营目的则无法实现。需要注意的是，公司的亏损状况并非必然符合股东利益严重受损的条件。进而言之，公司仍在盈利亦不能当然否定股东利益受损的可能性。对于起诉时公司仍处于盈利状态的案件，法院应当结合股东矛盾的激化原因、持续时间以及化解可能性等因素进行综合判断。

2. 重大损失的界定

由于"重大"程度并不存在统一的量化标准，实践中通常根据公司当下的经营和管理状态进行综合认定。公司处于停业、亏损状态或被列为经营异常名录的，法院应审查公司是否持续处于停业状态且无力恢复经营、亏损是否在持续扩大且扭亏无望、经营异常的原因是否可以短时间消除等；公司处于盈利状态的，法院应结合股东对公司管理控制权益的受损程度进行综合认定。

（四）审查通过其他途径不能解决

"通过其他途径不能解决"的立法本意是促使原告在起诉解散公司之前尽力化解公司矛盾，也是法院判定股东之间矛盾是否已经不可调和的标准之一。"其他途径"一般包括内部途径与外部途径两个方面：内部途径，如申请召开股东会、行使知情权、行使质询建议权、协商内部股权转让、请求公司收购股权等；外部途径，如请求行业协会或行政部门等第三方进行矛盾调解、股东提起知情权或股东权益受损责任之诉等。

需要注意的是，该要件并不要求原告股东在诉讼前穷尽全部救济途径，否则将因欠缺现实可操作性而在客观上废止公司解散之诉。法院认定原告股东已通过其他多种途径仍不能解决公司僵局状态且符合其他法定要件的，经组织调解无果后应及时依法作出判决。如案例一中，三名股东之间存在历史矛盾且已多次涉讼，股东李某也曾向法院提起解散公司之诉但被驳回，客观上各方股东已充分探寻其他途径来化解公司僵局，据此可认为 A 公司的股东已经穷尽其他救济途径。

⊙ 其他问题

（一）注重调解的审理原则

本着弱化当事人之间矛盾以达到解决争议的目的，法院组织调解时可通过促成公司收购股份、股东之间转让股份、公司减资等途径使异议股东退出公司以保证公司主体继续存续。

法院调解还需特别注意两种特殊情形下的合法性问题：一是股权转让后公司全部股权归于一人时，应当审查公司是否符合一人有限公司的法定条件；二是公司股东之外主体有受让股权意向的，应当保障现有股东的优先购买权。此外，《公司法》《证券法》等相关法律对特定类型公司股权转让有着特殊要求，对公司减资及收购本公司股份亦有着严格的限定条件。因此，在当事人达成相应调解合意后，法院应严格审查调解协议的内容防止违反强制性规定。

（二）第三人利益保护

解散公司是终结公司的独立法人人格，对公司员工、交易方、债权人、关联公司等利益相关方均有重大影响，公司解散后还会引发公司关系的转变和连锁反应，法院应当结合"第三人利益保护"原则，公正、理性地维护和平衡各方权益，审慎处理此类案件。

有限责任公司清算清偿责任纠纷案件的审理思路和裁判要点

赵卫平　须海波[*]

清算清偿责任纠纷，是指公司清算义务人因怠于履行公司清算义务，公司债权人起诉要求其就公司债务承担连带清偿责任的纠纷。有限责任公司清算清偿责任纠纷案件在审理时应以侵权责任构成要件为总体审查标准，以过错推定为归责原则，同时兼顾公司债权人与公司股东间的利益衡平，在注重股东权利与义务的对等性以及个案差异性的基础上，把握好"怠于履行公司清算义务行为"与"股东抗辩事由"的审查尺度，慎重认定股东清算清偿责任，避免过度冲击股东有限责任制度。现结合典型案例对此类案件的审理思路和裁判要点予以梳理和总结。

⊙ 典型案例

案例一：涉及怠于履行清算义务的认定

张某系A公司小股东，在A公司出现解散事由之日起15日内未依法组织清算。公司债权人王某起诉张某，要求张某对公司不能清偿债务承担连带清偿责任。张某主张其系公司小股东，未实际参与公司经营管理且不掌握公司账册，故客观上无法组织清算，不能认定其存在怠于履行清算义务的行为。王某认为股东无论占股多少均为法定清算义务人，且无论其是否实际参与公司经营或掌握公司账册，均应承担清算清偿责任。

---

[*] 赵卫平，二级高级法官，法律硕士；须海波，商事庭法官助理，法学硕士。

案例二：涉及"怠于履行清算义务"与"公司主要财产、账册、重要文件等灭失"间因果关系的认定

赵某系 B 公司股东，在 B 公司出现解散事由之日起 15 日内未依法组织清算，且 B 公司财产在该期间被法院依法查封拍卖。B 公司主要财务账册在发生解散事由前已不完整。B 公司债权人李某起诉赵某，要求赵某对 B 公司不能清偿债务承担连带清偿责任。赵某主张因法院查封致其无法控制公司主要财产，且公司的主要财务账册事前已不完整，故赵某并未"怠于履行清算义务"导致"公司主要财产、账册、重要文件等灭失"。李某认为赵某负有保管公司账册和主要财产的职责，故其不可免责。

案例三：涉及"公司主要财产、账册、重要文件等灭失"与"公司无法进行清算"间因果关系的认定

孙某系 C 公司股东，在 C 公司出现解散事由之日起 15 日内未依法组织清算。C 公司债权人钱某申请启动清算程序后，法院以 C 公司主要财产、账册、重要文件等灭失为由裁定终结清算程序。钱某遂以终结裁定为依据，起诉要求孙某对 C 公司不能清偿债务承担连带清偿责任。孙某主张法院在出具终结裁定前未严格按照《最高人民法院关于审理公司强制清算案件工作座谈会纪要》的有关要求进行审查，故该终结裁定不能作为认定因果关联的证据。钱某认为生效裁定具有证明力，可作为定案证据。

案例四：涉及损害结果的认定

吴某系 D 公司股东，在 D 公司出现解散事由之日起 15 日内未依法组织清算，且 D 公司在出现解散事由前已无财产。D 公司债权人周某起诉吴某，要求其对公司不能清偿债务承担连带清偿责任。吴某主张因公司早已无财产，故债权人的债权不可能得到清偿，即便其存在怠于清算的行为亦不会损害债权人利益。周某认为清算义务人的清算清偿责任，不因公司解散时的实际财产不能清偿全部债务而免责。

审理难点

（一）怠于清算行为认定难

实践中，如何认定清算义务人怠于履行清算义务存在困难。法院能否直接根据公司主要财产、账册、重要文件等灭失的结果推定股东主观上存在不作为的过错，以及能否根据股东为公司清算作出过努力而认定其不存在怠于清算行为，相关审查尺度如何把握尚无明确标准。

（二）因果关系认定难

此类案件至少需确定三层因果关系：一是股东不作为与公司主要财产等灭失之间的因果关系；二是公司主要财产等灭失与公司无法清算之间的因果关系；三是公司无法清算与债权人利益受损之间的因果关系。对于可切断因果关系的事实认定标准，尤其在涉及小股东的纠纷中尚存在争议。

（三）董事清算义务人及其责任认定难

依据《民法典》第70条规定，法人的董事为清算义务人，法律、行政法规另有规定的除外；董事未及时履行清算义务造成损害的，应当承担民事责任。该规定与现行有限责任公司清算义务人为公司股东的认定标准存在出入，债权人能否基于上述条款追究有限责任公司董事的清算清偿责任，实务中尚存在困难。

审理思路与裁判方法

完善公司退出机制是当前法院优化法治化营商环境的重要任务之一。公司法人制度、股东有限责任作为现代公司制度的基石，亦不应被随意突破。因此，法院在审理有限责任公司清算清偿责任纠纷案件时尤需注意内外利益的平衡。对外，应注意公司债权人与负有清算义务股东间的利益平衡；对内，应注意怠于履行清算义务的大股东与其他较少或不参与公司经营管理的中小股东间的利益平衡。

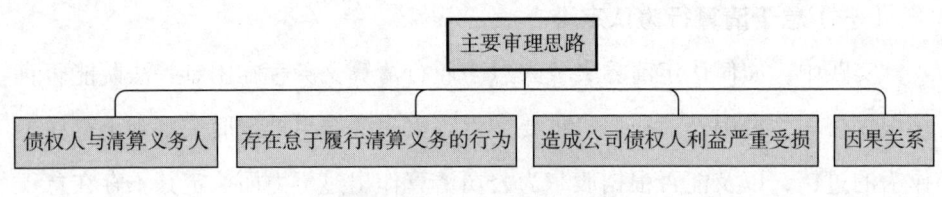

思维导图1：主要审理思路

有限责任公司清算清偿责任纠纷案件应按照民事侵权责任的认定标准，结合《公司法》《公司法司法解释（二）》，从严审查主体、行为、结果等构成要件；在因果关系的认定方面宜采取举证责任分步骤分配的审查方式；在归责原则上一般适用过错推定原则。实践中，法院应审慎认定主观过错及因果关系，不宜纯粹以推论形式认定怠于行为成立，也不宜在因果关系存疑时判令股东承担清算清偿责任。具体审查步骤和要点如下：

（一）诉讼主体的审查要点

1. 原告的公司债权人资格

公司债权人与公司间的基本债权债务关系不存在争议是首先需确认的事实，一般以生效法律文书为证。清算义务人如对此提出异议并初步举证的，原则上应另案先行解决债权债务纠纷。

2. 被告的清算义务人资格

清算义务人是基于其与公司间的特定法律关系而在公司解散时对公司负有依法组织清算义务，并在公司未及时清算给相关权利人造成损害时依法承担相应责任的民事主体。依据《公司法司法解释（二）》第18条的规定，有限责任公司的清算义务人为公司股东，一般应以工商登记为准。被告如否认其股东资格并初步举证的，原则上应另案先行解决股东资格纠纷。在审查时应注意以下要点：

（1）与清算人的区分。清算人是指具体负责执行公司清算事务的主体，但并不负有法定清算义务。清算人虽可能与清算义务人发生重合，但其承担的是清算责任，与清算义务人的清算清偿责任不同，应注意区分。

（2）仅起诉部分股东的。清算清偿责任属于侵权责任纠纷，债权人有权起诉部分或全部清算义务人。为查清事实，法院在必要时可依法追加其他清算义务人作为第三人参加诉讼。

（3）主张追究公司董事清算清偿责任的。根据第九次全国法院民商事审判工作会议精神，清算清偿责任作为一项突破股东有限责任制度的严格责任，在适用上具有特殊的构成要件。《公司法司法解释（二）》将清算清偿责任人限缩为"因怠于履行清算义务致使公司主要财产、账册、重要文件等灭失的股东"。因此，在《公司法》修改前，不宜直接认定公司债权人可依据《民法典》第70条追究有限责任公司董事的清算清偿责任。

（二）存在怠于履行清算义务行为的审查要点

怠于履行清算义务，是指有限责任公司的股东在法定清算事由出现后，在能够履行清算义务的情况下，故意拖延、拒绝履行清算义务，或者因过失导致公司无法进行清算的消极行为。依据《公司法》第183条的规定，公司应当在解散事由出现之日起15日内成立清算组开始清算。实践中，股东的怠于履行清算义务行为主要表现为：股东没有按要求启动清算程序、成立清算组；清算组成立后，股东怠于履行清理公司主要财产以及管理好公司账册、重要文件等义务。股东如举证为确保清算顺利进行已采取必要行为的，可认定其怠于履行清算义务行为不成立。在审查时应注意以下要点：

1.归责原则的适用

股东怠于履行清算义务行为的归责原则适用过错推定责任原则。公司债权人初步举证存在"有限责任公司的股东逾期不成立清算组进行清算"或"未履行清理公司主要财产以及管理好公司账册、重要文件"的事实，股东则需举证证明其已为履行清算义务采取相应的积极措施；股东举证不能的，可推定其怠于履行清算义务行为成立。

2. 积极措施的认定

积极措施，是指股东为确保清算顺利进行而已采取的必要行为。如清算前或清算中确遇障碍的，法院需审查股东是否及时采取适当、必要的措施排除妨碍，包括其是否提起知情权诉讼等司法救济途径。个案审查时，可根据股东的职务大小与性质、是否参与公司经营管理、参与程度等综合认定其是否有义务采取措施以及采取的措施是否达到积极程度。

3. 不构成"怠于履行清算义务"的认定

（1）"持股少、不参与公司实际经营管理"是清算义务人主要的抗辩理由之一。有限责任公司股东如举证证明其既不是公司董事会或者监事会成员，也没有选派人员担任该机关成员，且从未参与公司经营管理，以不构成"怠于履行清算义务"为由，主张其不应当对公司债务承担连带清偿责任的，法院可予支持。如案例一中，清算义务人如证实符合上述条件的，其免责抗辩可予支持。

（2）公司股东申请法院指定清算组对公司进行清算是股东的权利而非义务，在出现"公司解散逾期不成立清算组进行清算的""虽然成立清算组但故意拖延清算的""违法清算可能严重损害债权人或者股东利益的"情形时，与造成上述情形无关的公司股东未申请法院指定清算组对公司进行清算的，不构成"怠于履行清算义务"。

（三）造成公司债权人利益严重受损结果的审查要点

公司债权人利益严重受损是清算义务人承担清算清偿责任的重要条件。法院需审查确实存在股东因怠于履行清算义务致使公司债权人利益已严重受损的事实，相关举证责任由公司债权人承担。如公司债权人能够证明"公司无法进行清算"且其债权未受偿的，原则上可推定其利益严重受损。

（四）因果关系的审查要点

鉴于公司债权人客观上无法详细掌握公司运营情况和财务信息，在因果关系的认定上，法院宜采取举证责任分步骤分配的审查方式。在公司债权人就必要事实作初步举证后，由清算义务人就不存在因果关系的抗辩承担举证责任。此类纠纷存在三个层层递进的因果关系。如任一因果关系断链的，法院宜认定因果关系就此阻却，不能得出侵权行为与损害结果之间存在关联的判断。

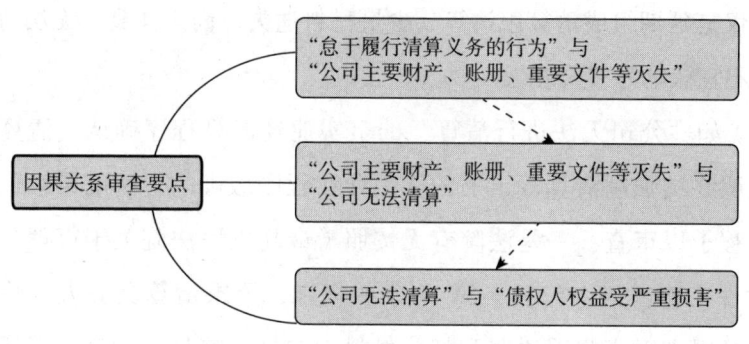

思维导图2：因果关系的审理要点

1."怠于履行清算义务的行为"与"公司主要财产、账册、重要文件等灭失"之间因果关系的审查步骤和要点

首先，审查公司债权人是否初步证明存在"股东怠于履行清算义务"与"公司主要财产、账册、重要文件等已灭失"的事实，一般以法院终结清算裁定为证。其次，审查清算义务人是否举证证明其不存在"怠于履行清算义务行为"，或"怠于履行清算义务行为"与"公司主要财产、账册、重要文件等灭失"之间没有必然联系。清算义务人举证不能的，法院可推定因果关系成立。

如案例二中，清算义务人如举证证明其对公司主要财产、账册、重要文件并不负有保管义务或灭失责任与其无关的，法院可据此认定阻却因果关系，清算义务人因此免责。

2."公司主要财产、账册、重要文件等灭失"与"公司无法清算"之间存在因果关系的审查步骤和要点

首先,审查公司债权人是否初步证明存在"公司主要财产、账册、重要文件等灭失"与"公司实际未进行清算或清算程序因清算不能终结"的事实。其次,审查清算义务人能否证明"认定公司无法清算依据不足"或"公司可以清算"。清算义务人举证不能的,法院可推定因果关系成立。审查时应注意以下要点:

(1)"灭失"的程度需与公司无法清算相称,一般的损耗、遗失不应计入。如仅是延期组成清算组清算、少量材料遗失,尚未达到"无法清算"程度的,不宜认定为"灭失"。

(2)如"公司无法进行清算"的事实业经清算程序确认,清算义务人举证证明终结强制清算裁定书的认定存在程序瑕疵的,法院可对裁定书的形成过程予以审查:一是法院有无按照《最高人民法院关于审理公司强制清算案件工作座谈会纪要》第28条的规定,要求清算义务人、管理层及相关人员提交财产状况说明和相关材料;二是法院是否对直接责任人员释明或采取罚款等民事制裁措施;三是对于公司尚有部分财产,依据现有账册等材料可以进行部分清偿的,法院是否参照《企业破产法》的规定对现有财产进行公平清偿。如没有履行上述程序直接终结强制清算的,法院不能将终结强制清算裁定书作为认定"公司无法进行清算"的唯一依据,还应结合其他证据进行综合认定。如案例三中,清算义务人如能举证证明法院终结清算存在相关瑕疵,债权人如无其他证据补强的,原则上可阻却因果关系。

3."公司无法清算"与"债权人权益受严重损害"之间存在因果关系的审查步骤和要点

首先,审查公司债权人是否初步证明存在"公司无法清算""债权未受偿"的事实。其次,审查清算义务人是否举证证明"公司应当清算时已无财产"的事实。清算义务人承担清算清偿责任的前提是公司解散事由出

现时公司能够全部或部分清偿债务。该前提条件不存在的，清算义务人不产生清算清偿责任。如案例四中，清算义务人如能举证证明公司解散事由出现时公司已无财产的，则可阻却因果关系，清算义务人不承担清算清偿责任。

（五）诉讼时效的审查要点

清算清偿责任请求权的诉讼时效应从公司债权人知道或者应当知道公司无法进行清算之日起计算。此处知道或者应当知道的是"清算义务人怠于履行清算义务导致公司无法清算"的事实，而非公司法定解散事由出现的事实。

1. 经清算程序后债权人起诉的

公司债权人如先申请公司强制清算，法院经审理后以无法清算或无法完全清算为由终结清算程序的，应当以终结裁定送达债权人之日为知晓之日。清算义务人有证据证明公司债权人在终结裁定作出前知道或应当知道的，以该时点起算诉讼时效。

2. 债权人直接起诉的

公司债权人如直接起诉清算义务人的，法院经审查认定公司确实无法清算，清算义务人又以时效抗辩的，由清算义务人就债权人何时已经知晓无法清算的事实进行举证。如清算义务人不能证明无法清算的事实状态在诉前即已确定且已为债权人知晓的，可认定通过本次诉讼程序确认无法清算的事实。

3. 特殊情形

公司债权人若为实际参与公司经营管理的股东、董事等，基于其职务身份可认定知道或应当知道"公司法定解散事由""被诉股东怠于履行清算义务"等事实的发生。此类债权人提起诉讼的，应当严格按照法律规定自公司法定解散事由之日起15日后计算诉讼时效。此外，原告如系受让取得公司债权的，根据具体案情，对其诉讼时效可从宽把握。

⊙ 其他问题

本文仅适用于有限责任公司清算清偿责任纠纷案件,而不适用于其他类型法人清算清偿责任纠纷案件,其他类型的纠纷案件应适用相应的法律法规及相关司法解释。

4 执行、程序篇

見えない同調

涉租赁房产拍卖执行案件的办理思路和执行要点

康邓承 琚璐[*]

房产是执行中的重要财产类型。在涉租赁房产拍卖执行案件中，被执行人与案外人虚构租赁协议、损害申请人权益、阻挠法院执行的情形较为常见。为进一步提升该类执行案件的办理效率和效果，打击虚构租赁协议阻挠执行的行为，保护合法承租人的权益，我们以典型案例为基础对此类执行案件的办理思路和要点作简要梳理总结。

⊙ 典型案例

案例一：租赁权可以对抗申请执行人

A 银行与 B 公司金融借款合同纠纷案执行过程中，法院拟对被执行人 B 公司名下涉案房产进行拍卖。案外人 C 公司向法院提出异议认为其对涉案房产享有租赁权，提供证据证明在涉案房产设定抵押及执行查封之前已与 B 公司签订租赁协议，并在签订租赁协议后一直占有使用且已支付租金。经审查，法院支持了其异议请求，遂以涉案房产负担租赁权的方式公开拍卖（以下简称"带租拍卖"）。

案例二：租赁权不能对抗申请执行人

D 银行与 E 公司金融借款合同纠纷案执行过程中，法院拟对 E 公司名下设定抵押且被查封的房产进行拍卖。案外人 F 公司向法院提出异议认为其对该房产享有租赁权，并提供了与 E 公司在查封前签订的租赁协议、租金交纳

---

[*] 康邓承，执行局执行指挥中心原主任，法学硕士；琚璐，执行局法官助理，法学硕士。

等证据。经审查,法院认为该租赁协议系抵押权设立后签订,不能对抗抵押权,故仍决定以涉案房产上无租赁协议方式拍卖(以下简称"无租拍卖")。

案例三:不承认租赁权并处罚虚假租赁责任人

沈某与G公司民间借贷纠纷案执行过程中,法院拟对被执行人G公司名下已查封的涉案房产进行拍卖。案外人孟某向法院提出异议认为其对涉案房产享有租赁权,并提供租赁合同等证明其对该房产的租赁期限为17年且租金已一次性抵债,但并未提供与G公司债权债务关系合法存在的证据。法院认为孟某租赁权明显不成立并要求其腾退房屋。孟某腾退部分房屋后,又将剩余房屋转租给H公司。后法院以孟某虚构租赁协议、严重妨害执行、私自违法转租且未在限定期限内消除违法后果为由,对其采取拘留15日的强制措施,并决定对涉案房产无租拍卖。

类型及办理难点

(一)涉租赁房产拍卖执行案件的类型

根据涉案房屋的最终拍卖方式,我们将涉租赁房产拍卖执行案件分为带租拍卖和无租拍卖两类:

1. 带租拍卖

案外人通过案外人执行异议程序主张租赁权并提供相应证据得到法院支持后,申请执行人或其他相关主体未在规定期限内提起执行异议之诉或其提起执行异议之诉案外人仍得到法院支持的,法院应按照相关裁判认可涉案房产的租赁权并裁定带租拍卖。如案例一中,案外人C公司对涉案房产主张的租赁权成立且不存在虚假租赁等情况,故法院将涉案房产进行带租拍卖。

2. 无租拍卖

无租拍卖包括两种情形:一种是待拍卖的房产上纯粹无租赁负担;另一种则如案例二,即案外人通过执行异议程序主张租赁权未得到法院支持,后该案外人或其他相关主体未在规定期限内提起执行异议之诉或其提起执行异议之诉案外人仍未得到法院支持的，法院应将涉案房产进行无租拍卖。另外，法院经审查认为涉案房产上存在明显虚假的租赁协议导致租赁权不成立的，即可对涉案房产进行无租拍卖；案外人或相关主体拒不腾退房屋的，法院可以强制清场并对相关主体进行惩处，如案例三中涉及的情形。

（二）涉租赁房产拍卖执行案件的办理难点

1. 执行机构能否直接认定虚假租赁行为存在争议

对于被执行人与案外人串通虚构租赁协议（转租协议）的行为，根据"执裁分离"原则，执行实施权与执行裁判权应当分由不同机构行使。案外人主张租赁权显属执行裁判事项，应由执行裁判机构认定虚假租赁行为，但虚假租赁属于严重妨害执行、逃避法律文书义务的行为，执行机构依法享有处罚的权力。因此执行机构能否为了提高执行效率、实现惩罚的即时性，直接认定虚假租赁行为并对相关主体进行处罚存在争议。

2. 认定虚假租赁行为存在一定困难

一是由于信息不对称等原因，申请执行人难以与被执行人、案外人形成有效对抗并提供其恶意串通的有力证据，相关的证据材料需要法院依职权调取，调查取证过程较为繁琐。二是认定虚假租赁行为需要综合审查协议签订时间、租赁期限、租金支付等情形，存在一定复杂性。

3. 房屋腾退工作存在较大难度

部分案件中房屋占用人既不在执行法院限定的期限内提出异议，也不按照要求腾退房屋，甚至有些案外人执行异议被驳回后仍非法占据涉案房产。根据上海市高级人民法院的相关规定，法院应当在拍卖前清除案外人的非法占有或者确保拍卖成交后能够顺利交付买受人，而实现这一目的往往需要强制腾退。因腾退房产常遭致案外人或实际占用人的激烈对抗，法院需要动用较多人力物力。特别是涉案房产在外地时，需要更多的部门协调、人员安排等工作，导致房屋腾退操作困难，严重影响涉案房产拍卖变现。

⊙ 执行步骤

在此类执行案件的办理过程中,应注意程序的规范性以及对各方当事人利益的平衡。由于带租拍卖和无租拍卖的执行步骤基本相同,故下文仅在必要时作区分说明。

(一)确认处置权

在决定对涉案房产进行拍卖前,法院应先审查对涉案房产是否拥有处置权,主要包括以下几方面:一是法院是否对涉案房产进行了查封。若法院的查封系轮候查封且本案申请执行人对涉案房产拥有抵押权等优先受偿权,则法院需按照《最高人民法院关于首先查封法院与优先债权执行法院处分查封财产有关问题的批复》等规定取得处置权后再进行拍卖。二是拍卖是否为无益拍卖。若涉案房产上有其他人的抵押权等优先受偿权,经初步估算本案申请执行人无法受偿或者受偿金额过少,法院原则上对该涉案房产不予拍卖。

(二)公告

法院在作出拍卖裁定后启动评估前,应在涉案房产现场张贴公告。此环节办理要点为:一是公告张贴位置要醒目,以确保相关主体能够知晓法院即将对涉案房产进行处置,并拍下照片或视听资料备查。二是公告内容要载明法院处置涉案房产的方式。为了便于后续工作可预先设定为无租拍卖,但应预留不少于15日的异议期,保障相关人员在合理期限内可以提出异议。三是尽量向占用人当场告知涉案房产即将拍卖及相关权利救济等事项,并以制作笔录为宜。若占用人当场主张租赁权但租金未支付的,法院应告知其不得再向被执行人支付租金,应将租金付至法院指定账户,并送达冻结租金裁定书和协助执行通知书。四是尽量要求物业公司及居委会等协助公告,查询涉案房产占有、使用等情况并制作笔录。

(三）等待异议

由于在公告预留的异议期内存在异议人主张权利的可能，该主张成立与否对涉案房产的估价影响较大，故不宜在异议期内启动确定处置参考价程序。如案例一中，案外人C公司对涉案房产的租赁权主张获法院支持，带租拍卖的评估价值与无租拍卖的评估价值存在较大差异。

（四）确定处置参考价及腾退房屋

在异议期满无人异议或异议被驳回后，法院即可启动确定处置参考价程序。该环节应注意以下几点：一是如果异议人在法定期限内提起执行异议之诉，法院可暂缓启动确定处置参考价程序。但申请执行人提供适当担保并请求以无租拍卖方式确定处置参考价的，经审查后以无租拍卖的方式启动该程序。二是如果涉案房产占用人既不提出异议又不在限定期限内腾退房屋的，法院应组织腾退。具体的腾退方式包括：（1）法院按照《上海市高级人民法院关于加强和规范强制腾退类案件执行若干问题的解答》强制腾退。（2）要求实际占用人承诺必须配合法院对涉案房产的处置，且在法院拍卖成功后自行腾退或与买受人另行达成租赁协议等。

在异议人主张的租赁权获得法院支持的情况下，若申请执行人在法定期限内提出执行异议之诉且不同意以带租拍卖方式处置涉案房产的，法院应当暂缓启动确定处置参考价程序，待相关诉讼程序终结后再行启动；若申请执行人既不在法定期限内提出执行异议之诉，又不同意以带租拍卖方式评估处置涉案房产的，法院可以决定以带租拍卖方式启动确定处置参考价程序。

（五）拍卖及过户

该类执行案件拍卖具体操作与其他类型案件财产拍卖基本相同，需注意以下几点：一是在拍卖公告中要明确是否带租拍卖；二是若系带租拍卖，拍卖公告中需说明租赁期限、租金支付等相关情况；三是需注意依法保障承租人的优先购买权。

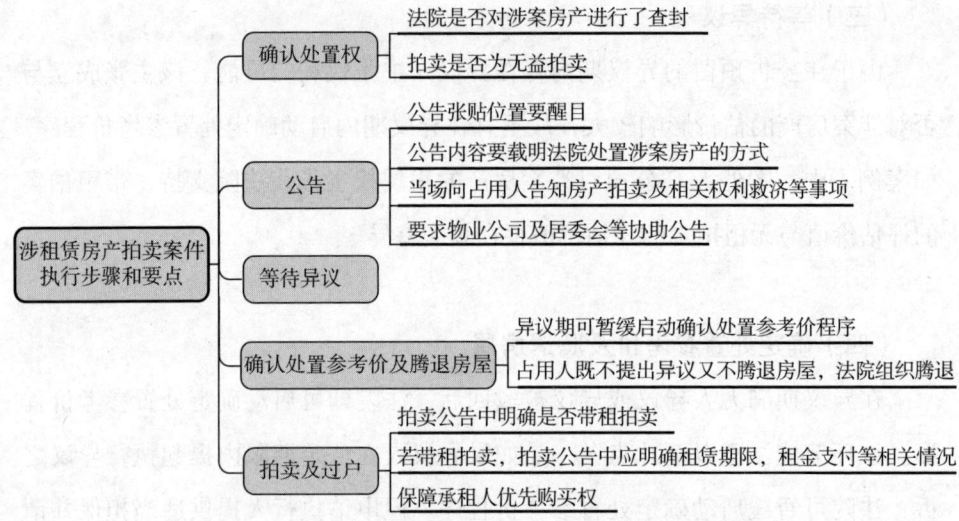

思维导图1：涉租赁房产拍卖案件执行步骤和要点

⊙ 执行要点

实践中由于案外人提出执行异议的程序简单、成本低廉等，虚假租赁行为在执行程序中较为常见，因此有必要对其进行规制。

（一）认定虚假租赁行为的主体

根据"执裁分离"原则，由法院执行裁判机构还是执行机构审查认定虚假租赁行为存在一定争议。我们认为由执行机构对该行为进行审查更为合理，理由如下：一是根据《民事诉讼法》及《上海市高级人民法院关于在执行程序中审查和处理房屋租赁权有关问题解答（试行）》（以下简称《解答》）规定，法院可以处罚恶意串通逃避法律文书义务的行为，但并未限制法院执行机构认定事实并进行处罚的权利。二是执行裁判机构在执行异议程序中一般只是支持或者不支持案外人的异议请求，不会对虚假租赁事实进行认定，故执行异议程序结束后仍无法对虚假租赁行为进行处罚。即使在执行异议程序结束后再对该行为进行处罚，处罚的及时性与效果均会大打折扣。三是执行机构对该行为作出认定后，并不影响相关主体的救济权利。

（二）虚假租赁行为的构成要件与认定方法

根据《最高人民法院关于人民法院民事执行中查封、扣押、冻结财产的规定》（以下简称《查封规定》）《解答》等相关规定，结合执行工作实际，虚假租赁行为应当具备以下要件：

一是主观上的故意，即双方虚构租赁协议具有对抗申请人的故意或者抗拒执行的恶意。二是有虚构租赁协议的行为，包括伪造租赁协议、恶意倒签协议签订时间、延长租赁期限等情形。三是造成严重妨害执行的后果，包括执行严重迟延、执行司法成本显著上升、严重损害申请执行人利益等。如案例三中，案外人孟某不仅通过执行异议程序迟滞执行，而且会导致申请执行人损失涉案房产近20年的收益，故法院对其进行严厉处罚。四是虚构租赁行为与严重后果之间存在因果关系，但如果有多个行为产生妨害执行的后果，法院应审查各行为对后果的影响力。

具体而言，应从以下几个方面对虚构租赁协议行为进行审查：

1. 租赁协议签订的时间

法院应主要审查协议签订时间与抵押权等优先受偿权的设定时间、法院查封时间等关键时间点的先后顺序。按照《查封规定》，法院查封涉案房产后被执行人在其上设置权利负担的不能对抗申请执行人。因此，法院应重点审查在法院查封以及抵押权等优先受偿权设立之前签订的租赁协议，结合其他证据审查其是否有"倒签"等虚构事实行为。

2. 涉案房产的占有情况

占有是租赁权公示的一般表现形态，因此是否占有涉案房产是认定虚假租赁的重要依据。若案外人能够提供其缴纳物业、水电煤等费用，以及装修协议等证据证明其实际占有涉案房产，则租赁协议的真实性较高。需要特别注意的是，案外人实际占有应在抵押权等优先受偿权设立或者法院查封之前，防止其在抵押或查封后占有涉案房产再"倒签"租赁协议。

3. 租金支付情况

实际支付租金是租赁关系真实存在的重要判断依据。一是案外人主张租金已经一次性支付的应当提供支付证明；支付金额超过 5 万元的应当提供银行转账等第三方凭证。二是案外人主张租金抵债的，不仅需证明基础债务关系真实存在，尚需证明该基础债务关系发生在法院向其送达冻结租金裁定和协助执行通知书之前。抵销金额超过 5 万元的应当提供银行转账等第三方凭证。

4. 其他相关情况

法院需审查的其他相关情况主要包括：一是租赁期限，虚假租赁一般租赁期限较长，多为《民法典》规定的最长期限 20 年或者接近 20 年；二是租金金额，虚假租赁的租金金额大多长期固定不变或者显著过低。

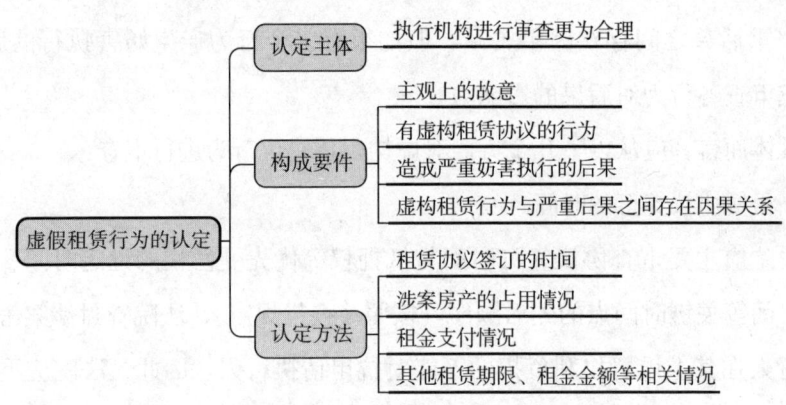

思维导图 2：虚假租赁行为的认定

（三）对虚假租赁行为的惩处

1. 惩处依据

依据《解答》第 17 条的规定，经执行审查、执行异议之诉等确认被执行人与案外人虚构租赁关系对抗执行的，执行法院应当依据《民事诉讼法》第 113 条的规定对相关责任人进行处罚。

2. 惩处方式

对于恶意串通、虚构租赁协议的行为，法院可对相关责任人采取罚款、拘留以及移送追究刑事责任等处罚方式。由于案件具体情况不一，法院应当根据个案相关责任人的恶意程度、对执行的妨害程度、被执行人（案外人）的获益程度或者申请执行人的损失程度等综合判断采用何种处罚措施。

3. 惩处程序

法院惩处应遵循以下程序：一是由执行合议庭参照前述方法审查认定案件事实，并经执行机构专业法官会议等讨论通过，同时注重与执行裁判机构的协调统一；二是严格履行审批程序；三是对相关责任人追究刑事责任的，应按照刑事法律相关规定处理。

涉有限责任公司股权执行案件的办理思路和执行要点

汤兵生　叶煜楠[*]

有限责任公司的股权是执行案件中较为常见的处置财产。在处置过程中，由于有限责任公司的人合性特征、案涉股权价值难确定、评估费用较高等导致股权变现困难。为有效提高执行规范化水平和执行效率，体现"应执必执"的价值取向，实现处置财产价值最大化，本文结合司法实践中的典型案例，对此类执行案件的办理思路和要点进行梳理、归纳和总结。

⊙ 典型案例

案例一：涉及法院责令目标公司履行协助义务

A 公司与 B 公司融资租赁合同纠纷案件的执行过程中，法院拟对被执行人 B 公司所持有的 C 公司 90.96% 的股权进行拍卖。评估过程中，目标公司 C 公司以材料遗失等理由拒绝提供评估必需材料，在法院要求其限期提交并警示相关法律后果后仍不予配合。法院遂依法作出对 C 公司罚款 3 万元、C 公司主要负责人罚款 1 万元的处罚决定，并责令 C 公司立即履行协助义务。最终 C 公司在接受处罚后，根据法院要求按时提交了评估所需材料。

案例二：涉及法院依法处置评估价值为负值的股权

某刑事财产刑执行案件中，被告人张某持有 D 公司 100% 的股权。因全部资产被依法裁定追缴，D 公司严重资不抵债、负债经营，其股权最终评估价值为负 170 亿元。后该刑事案件被害人申请拍卖上述股权并同意垫付相关

---

[*] 汤兵生，执行局局长，法学硕士；叶煜楠，执行局法官助理，法学硕士。

费用，法院决定在估算委托评估价、拍卖辅助费用、执行费用等执行必要成本总额的基础上，以高于执行必要成本的60万元价格作为拍卖保留价启动司法网络拍卖，最终拍卖顺利成交。

案例三：涉及申请人拒绝垫付评估费使股权无法处置

E公司与F公司仲裁执行案中，被执行人F公司所持有的G公司40.23%的股权，是其名下唯一可供执行的财产。E公司申请对该股权进行拍卖。法院依法告知申请人E公司需事先垫付股权评估所产生的费用，并根据评估内容初步估算垫付费用为10万元。若后续股权拍卖成功，则该笔费用从拍卖所得款中受偿；若拍卖不成功，申请人无权要求返还该笔垫付费用，不足部分尚需足额补交。后E公司拒绝垫付评估费，G公司相关股权未进入司法拍卖程序。

案例四：涉及当事人协议确定股权处置参考价

H公司与J公司仲裁执行案中，法院拟对被执行人J公司所持有的K公司49%的股权进行拍卖。处置过程中，因评估所需材料欠缺等导致评估久拖未果。后法院根据《最高人民法院关于人民法院确定财产处置参考价若干问题的规定》，依法采用当事人议价的方式确定案涉股权处置参考价。在法院的协调下，双方当事人同意以540万元为底价启动拍卖。后案涉股权经过43次竞价，以680余万元溢价成交。

⊙ 办理难点

（一）股权处置参考价难以确定

一是确定股权处置参考价方式少。股权因其特殊性，仅能选择委托评估或当事人议价方式确定处置参考价，一般不宜采用询价方式。二是股权评估所需资料不齐全。股权评估所需资料包括财务报表、会计凭证、对外重要负债依据等，均由目标公司内部掌握，通常不具有公开性。实践中，目标公司受制于股东或出于信息保护等考虑，多以资料遗失等为由不予配合，使股权评估缺少必要资料，股权价值难以确定。在缺乏有效证据证明目标公司存在故意拖延或拒不提供的情况下，法院难以对其不配合行为采取强制措施。

（二）股权价值难以固定

在符合法律规定、公司章程的情况下，公司作为独立法人享有自主经营权。因此，法院冻结目标公司的股权后，既不能干预目标公司的经营活动，也不能直接对其资产进行查控。即使确定了股权处置参考价，待拍卖过程中的目标公司仍可进行资产运作、对外担保等，由此可能导致案涉股权的价值下降，直接影响拍卖成交。

（三）持股比例较低的股权拍卖启动率低

实践中，申请执行人对持股比例较低的股权提起处置申请的相对较少，导致该类股权拍卖启动率相对更低。主要原因在于：一是争取对目标公司的控制权是影响股权拍卖成交率的重要因素，故持股比例较低的股权竞买人相对更少，拍卖成交率亦相对更低；二是申请执行人需先行垫付委托评估费用，法院方可启动股权处置程序。股权拍卖的低成交率使该类股权的申请执行人普遍更不愿承担委托评估费用以及无法受偿的风险，故对于持股比例较低的股权提起处置申请的意愿也相对更低。

（四）评估费用较高加重申请人负担

股权评估由于审查资料多、评估工作量大、评估专业性强，因此评估费用往往较高。部分案件中目标公司以股权投资的方式建立全资或控股子公司或子公司再对外投资的公司，评估该目标公司股权的价值需层层调取其名下各公司的相关资料，导致股权评估内容更为复杂，由此产生的评估费用也更高。《最高人民法院关于人民法院确定财产处置参考价若干问题的规定》第33条明确委托评估费用由申请执行人先行垫付，这无疑加重了申请执行人的财务负担。

⊙ 办理思路与要点

涉有限责任公司股权执行案件中，法院依法享有处置权是前提，判断股权具有处置价值是关键。在执行过程中，法院应选择适当的确定处置参考价方法，加大执行力度提高目标公司配合度，注重保护目标公司其他股东的优先购买权。

（一）依法冻结案涉股权

申请执行人提供的股权线索经审查属实的，法院应制作协助公示执行信息需求书、协助公示通知书及强制执行裁定书，至目标公司注册地的市场监督管理局办理股权冻结并要求协助公示，同时向目标公司送达冻结裁定，通知其协助冻结相关股权。

若多家法院拟对被执行人所持有的同一股权采取冻结措施，并先后向目标公司和市场监督管理局发送协助冻结法律文书的，首先向市场监督管理局送达协助公示通知书的法院冻结为生效冻结，其余均为轮候冻结。需要注意的是，是否先向目标公司发函要求协助冻结不影响公示效力，但公示冻结在先的法院应与最先向目标公司发函要求协助冻结的其他法院沟通，防止产生执行冲突。

（二）确定法院依法享有处置权

确定法院对案涉股权享有处置权是启动处置程序的首要步骤。若法院属于首先冻结法院，则其当然享有处置权。若法院属于轮候冻结法院，但申请执行人对案涉股权享有质押权等优先受偿权，且首先冻结法院自股权冻结之日起60日内未就案涉标的发布拍卖公告或者进入变卖程序的，则该轮候冻结法院可以向首先冻结法院发函要求其移交处置权再进行拍卖。拍卖所得款项优先清偿申请执行人后，若有剩余则退还首先冻结法院。

(三)判定案涉股权具备处置条件

涉案股权具备处置条件是后续处置程序正常开展的前提。具体包括：一是目标公司现实存在，即目标公司除注册登记地外，实际存续且能找到住所地；二是评估所需资料齐全。

实践中，目标公司住所地难找、评估资料难提取将直接导致委托评估程序终止，无法进入司法处置程序。若双方当事人均申请议价确定处置参考价，法院也应对目标公司的经营状况尽到形式审查义务，防止案外人利益受损。

(四)判断案涉股权是否具有处置价值

判断案涉股权具有处置价值是法院启动处置程序的必要条件。对于不具有处置价值的股权，法院原则上不启动司法处置程序，防止当事人滥用司法处置程序浪费司法资源。

在司法处置程序启动前，法院应依法如实告知申请执行人股权拍卖的成交风险，以及因处置股权所产生的评估费用，并询问申请执行人若两次拍卖均流拍，其是否同意就案涉股权接受抵债。

申请执行人拒绝垫付委托评估费用的，案涉股权视为无处置价值；申请人不同意接受流拍后的抵债方案但同意垫付相关评估费用的，股权评估价值在去除经初步估算优先支付的委托评估费、拍卖辅助费、执行费用后，申请执行人无法受偿或受偿金额过少的，则法院可判断此次拍卖为无益拍卖，案涉股权不具有处置价值。同理，若案涉股权上有其他人的质押权等优先受偿权，且优先受偿金额明显大于或接近于股权初步估算价值的，则法院原则上亦不予启动司法处置程序。

(五)选择确定处置参考价方法

根据《最高人民法院关于人民法院确定财产处置参考价若干问题的规定》，法院确定财产处置参考价可以按照当事人议价、定向询价、网络询价、委托评估等方式进行。因为股权价值的确定需要专业人员通过分析目标公司各种材料综合得出,并无统一的计税基准价、政府定价或政府指导价,所以不适用定向询价或网络询价的方式。法院应采用"委托评估为首选、当事人议价为补充"的原则。

1. 委托评估

通过委托评估确定案涉股权价值是法院的优先选择。虽然该方式耗时耗力,但因股权不同于不动产,且其权利负担和涉及的第三人利益亦不具有公开性,故非通过专业机构评估、鉴定难以直观知晓。因此,为确保股权价值的客观真实性,法院更适宜采取委托评估的方式来确定股权价值。

首先,判断股权能否进行评估。实践中常存在目标公司住所地难找、目标公司不配合等导致股权评估不能的情况,直接使后续司法处置程序无法进行。此时,法院不宜采取委托评估方式。其次,通知目标公司协助执行。目标公司有明显拖延或阻碍评估行为的,法院应依法向目标公司送达协助执行通知书,要求其限期提供评估资料,并对其法定代表人进行谈话,告知协助执行单位的义务和不履行的法律后果,督促其尽快完成评估协助工作。再次,送达评估报告。评估报告完成并经法院审查基本信息无误后,法院须在3日内向双方当事人及利害关系人分别送达,并给予5日的异议期。没有有效送达地址的,法院应当在中国执行信息公开网上予以公示,公示满15日即视为送达。异议期满均未提出异议或异议不成立的,法院应启动拍卖程序。最后,以评估价值确定处置参考价。根据《最高人民法院关于人民法院网络司法拍卖若干问题的规定》,在无其他特殊规定的情况下,法院以拍卖方式处置财产的均应实行网络司法拍卖。依据该规定第10条、第26条规定,网络司法拍卖应当确定保留价,拍卖保留价即为起拍价;起拍价不得低于评估价的70%;再次拍卖的起拍价降价幅度不得超过前次起拍价的20%。

2. 当事人议价

资料不全导致股权价值难以通过评估确定的,在被执行人同意议价且法院根据案情进行形式审查后,认为自主议价不会损害第三人利益的前提下,法院可以依当事人申请采用议价的方式确定处置参考价。首先,组织双方当事人进行协商。法院需明确告知双方自行议价的程序、利弊及法律后果,确认议价系双方真实意思表示。其次,指定期限提交议价结果。双方当事人同意自行协商确定股权拍卖价格的,法院应设定合理期限要求当事人提交议价结果;当事人未在指定期限内提交或议价不成的,法院可自行确定采用其他方式确定处置参考价。当事人提交价格一致且无利害关系人就议价提出异议的,法院将议价结果作为第一次拍卖保留价。

如案例四中,在欠缺评估所需资料导致评估久拖未果的情形下,若坚持以委托评估的方式确定处置参考价,不仅可能长期无法得出评估结论,而且还将产生较高的评估费用。法院最终采用当事人议价的方式,有利于尊重双方当事人的意思自治,缩短传统股权处置的程序步骤,解决评估难、评估周期长的弊端,提高处置效率,并且减少评估费用的支出,避免案涉财产的减损。

(六)股权处置执行要点

1.加大对目标公司的执行威慑

在选择委托评估方式的操作过程中,目标公司拖延提供材料等不配合行为,导致评估过程严重受阻、评估周期变长、评估价值不真实,对执行程序造成负面影响。此种情况下,法院应加大对目标公司的执行威慑。

法院应先对目标公司送达协助执行通知书,要求其限期提交相关资料并警示相关法律后果;协调沟通无效后,除目标公司确因客观原因无法提供评估所需材料的情形外,法院对其予以训诫、罚款,情节严重者,对其法定代表人或主要负责人进行拘留,并责令立即配合评估。具体罚款数额及拘留期限,应根据《民事诉讼法》第115条的规定予以确定。目标公司拒绝配合评估股权价值的应视为隐匿被执行人财产,法院有权对目标公司进行搜查,根据评估机构资料需求强制提取相关文件。如案例一中,针对目标公司的拒不配合行为,法院通过采取司法强制措施,使目标公司主动提交评估材料,取得良好执行效果。

针对目标公司恶意处置资产导致股权价值贬损的问题，法院可在冻结股权时即对其送达协助执行通知书，要求目标公司在经营过程中不得故意作出损害股权价值的行为，并约谈目标公司法定代表人或主要负责人明示法律规定及相应后果。若目标公司不予配合，法院应立即采取相应强制措施。

若目标公司住所地不在本市区域内，法院系统内部应加强协作。由目标公司住所地法院配合执行法院，对故意不配合或以不作为方式暗中阻碍评估的目标公司予以惩戒。

2. 查明并充分披露股权权利负担

在部分执行案件中，目标公司全体股东事先对被执行人的股东权利作出相应限制，如限制投票权、将公司有偿托管等。此类约定作为当事人的意思自治受到法律保护，不仅对股权评估价值产生重大影响，而且司法拍卖的买受人亦须受此类约定的约束。需要特别指出的是，法院应在拍卖公告中对此类约定予以充分披露。因此，对待处置股权是否存在权利负担，法院应做到事先查明、事中统筹、事后披露。

3. 加强对申请执行人的释明

《最高人民法院关于人民法院民事执行中查封、扣押、冻结财产的规定》第31条明确，查封、扣押、冻结的财产流拍或者变卖不成，申请执行人和其他执行债权人又不同意接受抵债的，法院应当作出解除查封、扣押、冻结裁定。据此，执行过程中，申请执行人申请对股权进行拍卖或变卖的，除明确要求预先缴纳委托评估费用外，法院对申请执行人不接受以物抵债方案的应加强释明，避免申请执行人要求对明显不具有市场价值的股权进行处置，减少司法资源的浪费。涉案股权流拍或变卖不成，且申请执行人和其他执行债权人不同意接受抵债的，根据《最高人民法院关于人民法院民事执行中查封、扣押、冻结财产的规定》第31条的规定，法院应当作出解除冻结的裁定，并送达申请执行人、被执行人或者案外人。

4. 审慎处置评估价值为负值的股权

如案例二中，实践中部分目标公司除负债外已无其他可变现资产且严重负债经营，其股权价值经依法评估为负值。对于此类情形，法院应把握两大处置原则：一是处置程序启动时，原则上对评估价值为负值的股权不予处置，但申请执行人或刑事被害人要求处置并垫付相关费用的除外。二是确定股权处置后，不得作无益拍卖，处置参考价的确定须高于包括委托评估费、拍卖辅助费、执行费等在内的执行成本。

5. 保障优先购买权

出于对有限责任公司人合性的考虑，《公司法》第72条规定法院依法强制执行股权时，应当尽到通知义务以保障其他股东的优先购买权。具体而言，根据《最高人民法院关于人民法院网络司法拍卖若干问题的规定》第12条、第16条规定，股权拍卖应当在拍卖30日前公告，拍卖公告发布3日前应以书面或者其他能够确认收悉的合理方式，通知已知优先购买权人。因此，法院应在拍卖公告发布3日前向目标公司发函，告知其股权将被强制拍卖的具体情况，要求目标公司通知全体股东及时向法院书面表明优先购买权的行使，并至拍卖辅助机构进行登记，否则即视为放弃。目标公司应及时通过召开股东会等方式向全体股东传达法院的通知，并做好会议记录或送达证据固定。

根据法院发布的拍卖公告信息，其他股东意欲参与竞拍的应在参加拍卖前实名交纳保证金，经法院确认后取得优先竞买资格及优先竞买代码、参拍密码，并以优先竞买代码参与竞买。优先购买权"同等条件"以拍卖公告披露事项为准。

6. 合理确定评估、拍卖费用

根据《最高人民法院关于人民法院民事执行中拍卖、变卖财产的规定》第32条的规定，拍卖机构收取辅助费用的比例受到严格限定，上海市高级人民法院出台了《关于司法拍卖收费标准等工作的通知》，将上海市拍卖机构最高收费金额限定在人民币45万元以内；由于评估工作存在特殊性，评估机构的收费暂未规定硬性上限。如案例三中，申请人不愿垫付高额股权评估费用导致处置程序终止的情形在实践中较为常见。

针对部分案件中存在委托评估费、拍卖辅助费用过高而增加申请执行人负担的情况,法院一方面要主动加强审查,剔除评估、拍卖机构的不合理收费,同时要考虑评估工作的复杂性,严格把控特殊情形下的委托评估费用、拍卖辅助费用;另一方面要做好对股权处置的审查,对股权本身明显不具有市场价值或仅能清偿小额债权的,应事先明确告知申请执行人,不予启动无益拍卖。

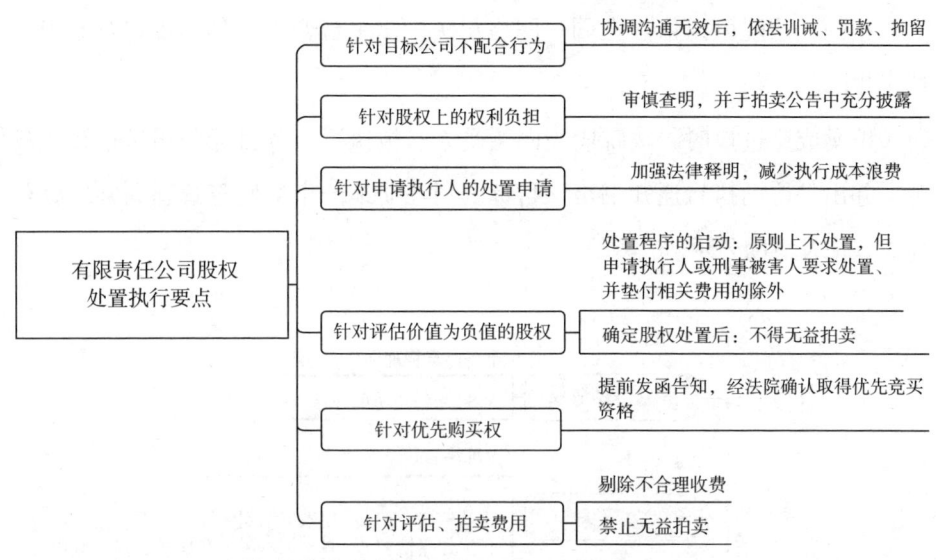

思维导图1:有限责任公司股权处置执行要点

(七)对案外人执行异议的处理

当案外人对被执行人所持股权提出异议或存在隐名股东的情形时,法院应告知案外人通过执行异议程序进行救济。依据《最高人民法院关于适用〈中华人民共和国民事诉讼法〉执行程序若干问题的解释》第16条、《最高人民法院关于适用〈中华人民共和国民事诉讼法〉的解释》第465条的规定,在案外人异议审查期间以及驳回裁定送达案外人之日起15日内,法院不得对执行标的进行处分,但申请执行人提供充分、有效的担保请求继续执行的除外。

(八)拍卖及过户

有限责任公司股权的具体拍卖程序与其他类型财产的拍卖程序大体并无差别。对于股权上的权利负担,法院应在拍卖公告中予以充分披露。若第一次拍卖流拍的,根据《最高人民法院关于人民法院网络司法拍卖若干问题的规定》第26条的规定,法院应当在30日内在同一网络司法拍卖平台再次拍卖,再次拍卖的起拍价降价幅度不得超过前次起拍价的百分之二十;再次拍卖流拍的,法院可以依法在同一网络司法拍卖平台变卖,具体规定及流程与拍卖相同。

拍卖成交过户时,法院应当向买受人、被执行人及目标公司送达转让裁定,并出具协助执行通知书至该目标公司注册地的市场监督管理局办理股东变更登记及协助公示。

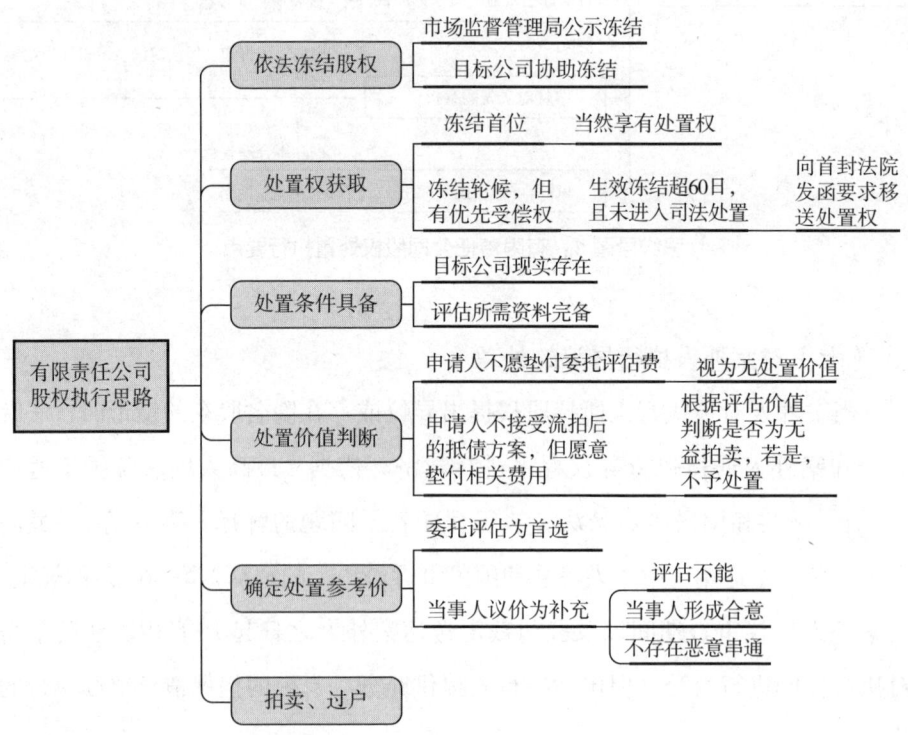

思维导图2:有限责任公司股权执行思路

变更、追加执行当事人案件的审理思路和裁判要点

吉顺祥 徐林祥宇[*]

变更、追加执行当事人案件,是指根据当事人或第三人的申请,法院依法审查是否对生效法律文书确定的申请执行人、被执行人予以变更、追加的案件。该类案件往往涉及执行当事人和第三人的重大利益,案件审查过程中程序法与实体法交错,法律关系复杂,司法实践中时有争议。为保障执行当事人和第三人的合法权益,确保执行的公正和效率,本文结合司法实践中的典型案例,对常见的几类变更申请执行人、追加被执行人案件的审理思路和裁判要点进行梳理、归纳和总结。

⊙ 典型案例

案例一:涉及生效法律文书确定的债权转让而变更申请执行人

执行程序中,申请执行人 A 公司将生效民事判决确定的债权转让给 B 公司。后 B 公司向法院申请变更为申请执行人。经查,B 公司是 A 公司的股东之一;A 公司已成立清算组,目前处于清算程序;B 公司未支付债权转让的对价。

案例二:涉及被执行人的股东抽逃出资而追加被执行人

C 公司股东张某、王某均已缴足出资。后生效判决判令 C 公司向 D 公司支付货款,D 公司在执行程序中发现 C 公司的注册资金已由验资账户全部转至 E 公司。张某、王某对此辩称系因 C 公司与 E 公司之间存在业务关系,但

---

[*] 吉顺祥,民事庭审判员,军事学硕士、法律硕士;徐林祥宇,民事庭法官助理,法律硕士(法学)。

未提供有效证据。D公司向法院申请追加张某、王某为被执行人。

案例三：涉及被执行人公司未经依法清算而追加被执行人

执行程序中，被执行人F公司成立清算组进行清算，并在报纸上刊登清算公告，要求债权人申报债权。清算组对公司的债权债务全部清理完毕后注销F公司。在F公司的注销登记申请书中，股东承诺"公司债务已清偿完毕，若有未了事宜，股东愿意承担责任"。后债权人向法院申请追加作为保结责任人的股东为被执行人。

案例四：涉及依行政命令无偿接受被执行人财产而追加被执行人

因公司改制需要，被执行人G公司的部分财产被国资委划拨至H公司，作为J公司对H公司的出资。执行程序中，G公司的债权人以无偿接受财产为由申请追加H公司为被执行人。

⊙ 审理难点

执行程序中变更、追加第三人为执行当事人，属于生效裁判文书执行力的扩张。《最高人民法院关于民事执行中变更、追加当事人若干问题的规定》（以下简称《民事执行中变更、追加当事人规定》）中的相关规定较为原则，如何确保变更、追加执行当事人的程序公正和实体公正，在实践中存在较大困难。

（一）债权转让是否损害第三人利益认定难

因债权转让而变更申请执行人有利于提升不良资产转化为流动资产的处置效率，但部分申请执行人因其尚处清算程序或存在未结诉讼，债权转让存在转移资产、损害第三人合法权益的可能。实践中，对债权转让行为是否损害第三人利益难以认定。

（二）股东是否承担补足出资义务及责任范围认定难

在公司财产不足以清偿债务时，债权人通常在执行程序中以公司股东违反出资义务为由，申请追加瑕疵出资的股东为被执行人。对公司股东是否存在出资瑕疵的认定，不仅要结合证据审查股东是否履行出资义务，还要综合考虑认缴制下股东出资期限利益保护与债权人利益的平衡。

（三）作为被执行人的公司是否依法清算认定难

作为被执行人的公司被注销意味着公司法人主体资格的灭失，公司将无需再对其债务承担责任，但前提是公司已进行依法清算。在执行程序中，如何认定被执行人公司是否依法清算，以及登记文件中关于"未了事宜"的认定与理解存在分歧。

（四）追加依行政命令无偿接受被执行人财产的主体认定难

被执行人的财产依行政命令无偿划拨给第三人，第三人以此作为出资设立新的公司并登记为股东。由于对接受被执行人财产的主体是该第三人还是新设立的公司存在分歧，实践中对被追加主体的认定易发生混淆。

⊙ 审理思路与裁判方法

（一）变更、追加执行当事人案件审查的基本原则

变更、追加执行当事人案件中，法院既要保障债权人利益的实现又要保护第三人的合法权益，确保执行的公正和效率。法院在审查时应遵循以下三项基本原则：

1. 变更、追加事由法定原则

法院对变更、追加执行当事人的程序应当是依当事人或第三人的申请而启动。申请变更、追加执行当事人的事由须符合《民事执行中变更、追加当事人规定》中的法定事由。当事人不得突破该司法解释而直接援引实体法的相关规定向法院提出申请。如当事人不得直接以夫妻共同债务为由向法院申请追加配偶为被执行人，或者在非一人有限责任公司案件中直接以股东与公

司财产混同为由申请追加股东为被执行人。

2. 公开听证为主、书面审查为辅原则

该类案件涉及执行当事人重大的权利义务变动，法院一般应当公开听证以保障当事人、第三人陈述事实、举证质证以及辩论的程序权利。对于事实清楚、权利义务关系明确、争议不大的案件，法院可以采用书面审查的方式，以提升执行效率、节约诉讼成本。

3. 形式审查与实质审查兼顾原则

在执行实施权和执行裁判权深化内分改革的基础上，法院对法律关系清晰、有法定证据、争议不大的案件进行形式审查；对法律关系复杂、事实认定和法律适用争议较大以及当事人提供充分相反证据的案件进行实质审查，以减少后续进入执行异议之诉的案件数量，防止相关当事人利用周期较长的诉讼程序拖延和规避执行。

（二）变更申请执行人案件的审查思路及要点

司法实践中，变更申请执行人案件主要包括以下两种情形：一是作为申请执行人的公民死亡，继受其权利的继承人申请变更为申请执行人；或是作为申请执行人的法人或其他组织终止、合并、分立，继受其权利的法人或者其他组织申请变更为申请执行人。二是申请执行人通过债权转让的方式将生效法律文书确定的债权转让给第三人，且书面认可第三人取得该债权，该第三人可依法向法院申请变更为申请执行人。

1. 因权利继受而变更申请执行人案件的审查要点

根据《民事执行中变更、追加当事人规定》第2条至第8条规定，审查要点主要包括：

（1）审查权利继受方的主体资格。法院应审查申请人是否系生效法律文书确定的权利继受主体、是否存在其他权利继受主体。如果存在其他权利继受主体，法院应审查该主体是否放弃继受权利；如果该主体未放弃继受权利，则变更申请应由所有继受主体共同提出。

（2）审查发生权利继受的事实。法院应审查原申请执行人死亡或依法终止、合并、分立等法律事实。

2. 因债权转让而变更申请执行人案件的审查要点

生效法律文书确定的债权转让后，债权受让人能否在执行程序中直接申请变更为申请执行人是长期困扰司法实践的难点。《民事执行中变更、追加当事人规定》第9条首次将因生效法律文书确定的债权转让作为变更申请执行人的法定情形，审查要点主要包括：

（1）审查生效法律文书确定的债权在执行程序中的受偿情况。法院应审查申请执行人对外转让的债权是否已受偿。如该债权已完全受偿，则不存在继续变更申请执行人的必要。

（2）审查转让的标的债权。法院应审查债权转让协议中转让的标的债权与生效法律文书确定的债权是否一致。同时，为了维持正常的执行秩序，防止引发新的纠纷，法院还应审查申请执行人与被执行人之间是否存在互负义务的情形，以确保所转让债权属于无其他负担的单纯债权。如申请执行人在对被执行人享有金钱债权的同时，还负有协助被执行人办理股权过户等义务，申请执行人与被执行人之间实际互负给付义务，申请执行人转让的债权亦不属于无权利负担的债权，一般不予变更申请执行人。

（3）审查债权转让协议的真实合法性、是否存在损害第三人利益的情形。法院首先应审查债权转让的真实性，申请执行人需向法院书面确认债权转让且对债权转让无异议；其次应审查申请执行人转让的债权是否存在法律禁止的情形，是否存在损害第三人利益的情形，包括申请执行人通过转让债权减少自身责任财产、逃避债务、规避执行等。法院应结合债权转让的方式（协议转让、公开市场挂牌转让等）、受让方是否支付合理对价、申请执行人是否处于破产清算程序、申请执行人是否存在其他未决诉讼等情形进行综合判断。申请执行人在对外负有尚未清偿的债务且已进入执行程序的情形下，将生效法律文书确定的债权转让给第三人会损害其他债权人的利益，法院对债权受让人的变更申请不予支持。

如案例一中，申请执行人 A 公司在已进入清算程序的情形下，违反清算程序且未经清算组织确认，将其享有的生效民事判决确定的债权转让给股东 B 公司，以抵销其对 B 公司的其他债务，损害 A 公司其他股东的利益，故法院对 B 公司的变更申请不予支持。

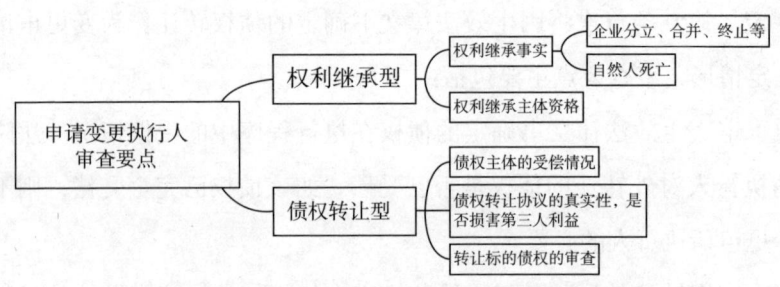

思维导图 1：申请变更执行人的审查要点

（三）追加被执行人案件的审查思路及要点

执行程序中追加被执行人的法定情形集中在《民事执行中变更、追加当事人规定》第 10 条至第 25 条，追加的对象主要包括被执行人的遗产继承人、个人独资企业的投资人、合伙企业的合伙人、法人或其他组织分立合并后存续或新设的法人、其他组织等；承担责任的范围主要包括补充赔偿责任、连带清偿责任、承诺范围内的清偿责任等。该类案件的审查思路主要包括：一是确定追加申请是否属于法定情形；二是审查被执行人名下财产是否足以清偿债务；三是审查被追加人主体是否适格、是否存在承担被执行人债务的义务；四是审查被追加主体承担责任的范围是否存在减轻或者免除责任的事由。

1. 被执行人的财产不足以清偿债务的审查要点

申请追加被执行人的前提是"被执行人的财产不足以清偿生效法律文书确定的债务"。实践中，被执行人的财产是否足以清偿债务主要审查：（1）法院是否已因被执行人无可供执行财产作出执行程序终结的裁定；（2）在存在多个被执行人的案件中，被执行人财产是否均不足以清偿债务。

2. 追加未出资或未足额出资股东为被执行人的审查要点

（1）审查股东的出资期限是否届满。股东的出资期限是否届满，主要依据公司章程中对股东出资期限的约定。如股东的出资期限已届满，法院则需审查股东是否存在未缴纳出资或未足额缴纳出资的情形。在公司注册资本认缴制的背景下，一般不宜将出资期限未届满的股东追加为被执行人。然而，作为被执行人的公司经法院穷尽执行措施后，确无可供执行的财产，且申请执行人能够提供证据证明公司已具备破产法规定的破产情形的，如当事人经法院释明后不申请破产，则法院可对该股东是否需要承担补充赔偿责任作进一步审查。在审查过程中，如发现被执行人存在多个债权人，债权金额大于出资金额，且被执行人的财产不足清偿债务的，则法院应对申请执行人的追加申请予以驳回，并向其释明可通过"执转破"程序另行主张权利，以保障各债权人地位平等和公平受偿。

（2）审查股东是否在出资期限届满后恶意延长出资期限。在公司不能清偿债务的情形下，如股东未履行已到期的出资义务，而通过股东大会决议或其他方式延长出资期限，致使债权人利益受损，属于恶意延长出资期限，有悖于诚实信用原则。该情形下，法院对申请执行人的追加申请应当予以支持。

（3）审查未出资或未足额出资股东承担责任的范围。此类案件中，股东承担责任的范围应当是在未足额出资范围内承担补充赔偿责任。如股东在应承担责任的范围内已承担相应责任，法院不得责令其重复承担责任。

3. 追加抽逃出资股东为被执行人的审查要点

根据《公司法司法解释（三）》第12条的规定，法院对于抽逃出资的认定需在结合证据规则、日常经验法则和价值标准的基础上，审查公司在完成验资后，股东能否证明公司注册资金全部或部分转出的正当性。审查要点主要包括：

（1）审查申请执行人的初步举证责任。申请执行人应当提供股东在完成出资义务后将注册资本抽回的初步证据，如公司账户资金转出的金额、时间、资金转入方的信息等。

（2）审查公司注册资金转出的正当性。法院应结合公司注册资金的转出时间和金额、接受资金一方的身份、是否存在与资金转出相关联的合法有效并实际履行的合同等，对公司注册资金转出的正当性进行审查。此外，股东对该资金转出还应承担合理性说明的义务。如在公司完成注册后的较短时间内，公司将注册资本从公司账户全部转入股东账户或第三人账户，且无法合理说明资金转出事由的，可初步认定属于抽逃出资。

如案例二中，申请执行人 D 公司提供了 C 公司的注册资金已由验资账户全部转至第三人 E 公司的证据。法院通过合理的举证责任分配，查明被划转的资金未用于公司实际经营，属于通过虚构债权债务关系将出资转出，从而认定 C 公司股东构成抽逃出资。

（3）审查抽逃出资股东应承担财产责任的范围。抽逃出资的股东应当在抽逃出资范围内对公司债务承担补充赔偿责任。如股东在其他案件中已承担补足出资责任并实际履行的，则法院不得要求该股东重复承担责任。

4.追加公司注销后保结责任人为被执行人的审查要点

作为被执行人的公司未经依法清算即办理注销登记的，申请执行人可以申请追加在登记机关办理注销登记时，书面承诺对被执行人债务承担清偿责任的保结责任人为被执行人。对于公司是否已进行依法清算，审查要点主要包括：一是公司是否成立符合法律规定的清算组；二是是否有效通知作为债权人的申请执行人；三是清算报告中是否列入债权人的债权；四是如果债权人在公司清算程序中已申报债权但公司未破产时，清算组是否作出相应的债务清偿处理，债权人对清算组的债务清偿处理方案是否认同等。

如案例三中，F 公司虽然形式上履行了清算手续，但并未通知已知的债权人即申请执行人，也未对申请执行人的债权进行清偿，属于未经依法清算。法院最终认定保结责任人应按照办理注销登记的书面承诺对 F 公司债务承担清偿责任，故依法追加其为被执行人。

5.追加一人有限责任公司股东为被执行人的审查要点

根据《民事执行中变更、追加当事人规定》第 20 条的规定，当一人有限责任公司的财产不足以清偿生效法律文书确定的债务时，股东不能证明公司财产独立于自己财产的，应对公司债务承担连带责任。审查要点主要包括：

（1）举证责任分配。申请执行人需提供被执行人公司财产不足以清偿债务、被执行人公司与股东财产混同的初步证据；相关股东应举证证明个人财产与公司财产相互独立。

（2）审查公司财产与个人财产是否混同。法院应从公司是否建立独立规范的财务制度、财务支付是否明晰等方面进行审查。根据《公司法》第62条规定，一人有限责任公司应在每一会计年度终了时编制财务会计报告，并经会计师事务所审计。在执行程序中，如股东不能提供符合上述法律规定的相

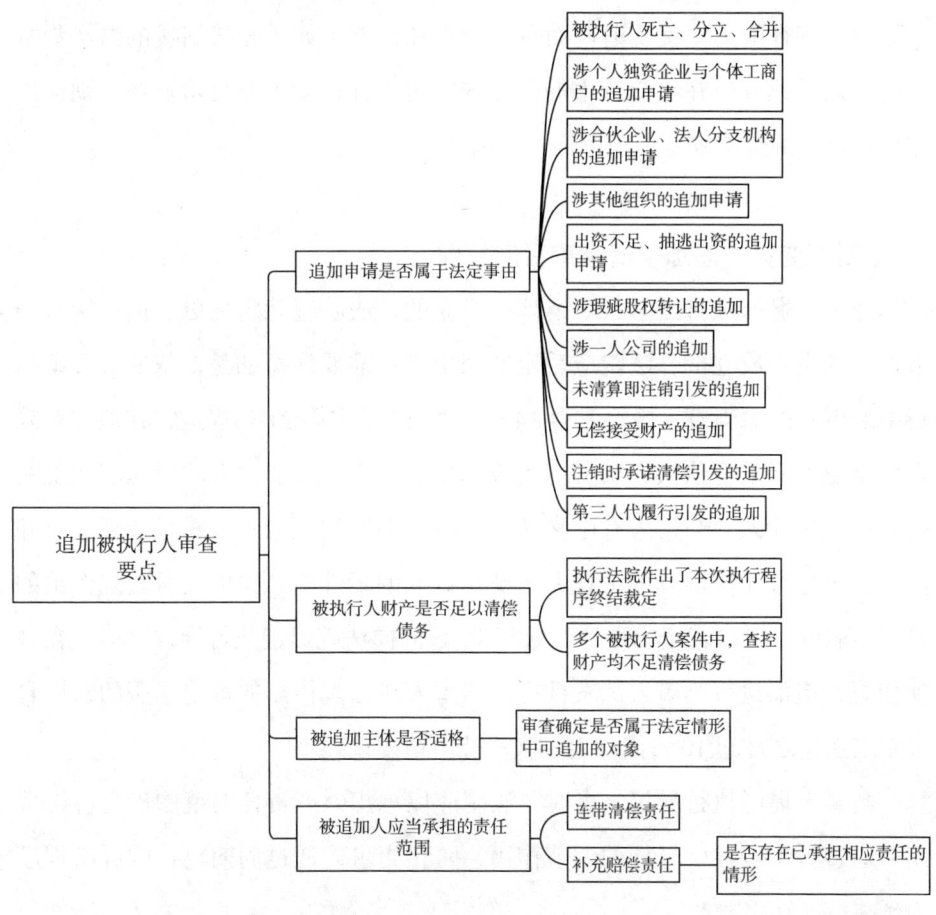

思维导图2：追加被执行人审查要点

关年度财务报告等初步证据,法院即可作出股东与公司财产混同的初步判断。如股东能够举证证明个人财产与公司财产独立,则法院对追加申请不予支持。

6. 无偿接受被执行人财产的第三人为被执行人的审查要点

执行程序中,对于申请执行人以因行政命令无偿取得被执行人财产为由申请追加第三人为被执行人的,法院应主要审查第三人是否因行政命令实际无偿取得被执行人财产。审查要点主要包括:

(1)明确追加主体。申请执行人应查明无偿取得被执行人财产的主体身份。如依行政命令发生多次流转的,应当确定最终无偿接受财产的主体。如案例四中,被执行人G公司的财产作为股东J公司的出资划入H公司,最终接受财产的主体应为J公司。

(2)审查因无偿接受财产而承担的责任范围。如被无偿划拨的财产为货币的,则受让方应在接受货币的范围内承担责任;如为非货币财产,则应以非货币财产的价值确定承担责任的范围。

(四)变更、追加申请审查后的处理

变更、追加执行当事人申请理由成立的,法院应裁定变更、追加执行当事人;理由不成立的,法院应裁定驳回申请。需要注意的是,依照《民事执行中变更、追加当事人规定》第14条、第17条至第21条规定,在追加有限合伙企业的有限合伙人、出资不实或者抽逃出资的企业法人的股东、瑕疵股权转让的出让人、与一人有限责任公司财产混同的股东、不履行清算义务即注销公司导致无法清算的责任人为被执行人的案件中,当事人对法院作出的裁定不服的,可自裁定书送达之日起15日内向法院提起执行异议之诉;在其他变更、追加执行当事人的案件中,当事人对法院作出的裁定不服的,可自裁定书送达之日起10日内向上一级法院申请复议。

当事人提起执行异议之诉时,法院应以承担财产责任的范围确定诉讼费用。通过诉讼费经济杠杆的调节作用,防止当事人通过周期较长的诉讼程序拖延执行、转移财产。

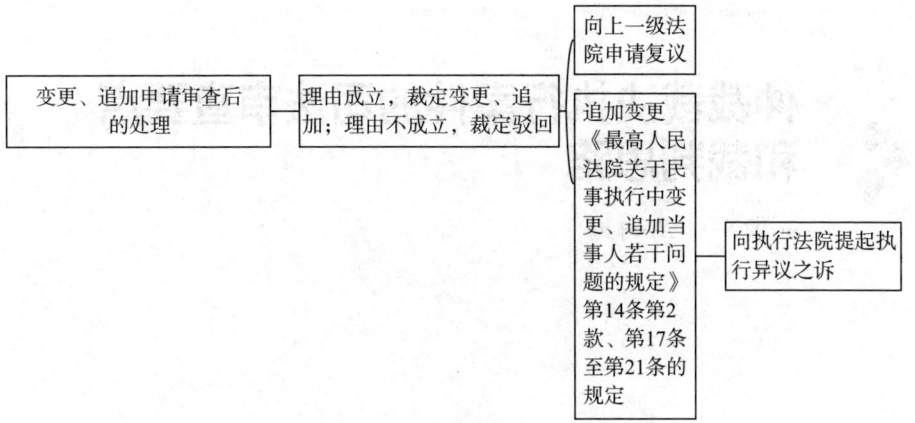

思维导图3　变更、追加申请审查后的处理

⊙ 其他问题

在变更、追加执行当事人案件的审查过程中，法院可以借助审判执行管理系统、最高人民法院执行信息公开网、全国企业信用信息公示系统等对当事人的涉诉涉执行等情况进行查询，便于全面了解当事人情况、提高审查效率。

仲裁裁决执行案件的司法审查要点和裁判思路

阮国平 马姗姗[*]

仲裁裁决执行案件的司法审查，是指在仲裁当事人向法院申请执行过程中，对被执行人或案外人申请不予执行该仲裁裁决或仲裁调解书时的依法审查行为。为规范仲裁裁决执行案件的司法审查，保障当事人的合法权益，防止虚假仲裁、损害案外人合法权益等情况的发生，依照《仲裁法》及《最高人民法院关于人民法院办理仲裁裁决执行案件若干问题的规定》（以下简称《规定》），结合司法实践中的典型案例，对仲裁裁决执行案件的司法审查要点和裁判思路进行梳理、归纳与总结。

典型案例

案例一：涉及仲裁裁决执行内容不明确

某仲裁机构裁决：A公司继续履行与B公司的股权转让协议。B公司向法院申请执行该仲裁裁决，A公司提出执行异议。在执行过程中，法院认为仲裁裁决执行的内容不明确，经向该仲裁机构征询，其仍未对当事人双方继续履行股权转让协议的具体内容作出明确说明。后A公司向执行法院申请不予执行该仲裁裁决。

案例二：涉及仲裁程序违反法定程序

某仲裁机构对许某与C公司网络借款合同纠纷作出缺席裁决：许某向C公司偿还借款本金2万余元及相应的利息、违约金等。C公司向法院申请强

---

* 阮国平，民事庭审判长，法律硕士；马姗姗，民事庭法官助理，法学硕士。

制执行。许某收到执行通知后向法院提供了借款协议签署前其身份证已遗失的相关证据,以仲裁程序违反法定程序为由申请不予执行该仲裁裁决。

案例三:涉及仲裁裁决损害案外人合法权益

某仲裁机构对秦某与吴某签订的房屋买卖合同纠纷作出裁决:吴某向秦某支付购房款。秦某向法院申请执行该仲裁裁决。案外人谢某以秦某与吴某涉嫌虚假仲裁、损害其合法权益为由,申请不予执行该仲裁裁决。经审查,在仲裁过程中,谢某作为房屋第一购买人已向法院请求确认秦某与吴某就该房屋签订的买卖合同因恶意串通损害谢某利益而无效,且法院支持了谢某的诉讼请求。

⊙ 基本原则与审查要点

法院对仲裁裁决执行案件进行司法审查的过程中,应当遵循有限审查原则。有限审查原则,是指法院应当在法律限定的范围内进行审查,而不应当对仲裁裁决进行实体审查,确保仲裁裁决的确定性和稳定性。《民事诉讼法》第237条第2款、第3款规定了法院裁定不予执行的法定情形,法院应当据此围绕被执行人申请的事由、案外人的申请进行审查,对被执行人超出法定情形或没有申请的事由一般不予审查。同时,对于有瑕疵可补正的仲裁裁决,法院一般不轻易驳回仲裁裁决执行申请,且法院一般不轻易依职权认定执行该裁决违背社会公共利益而裁定不予执行。

(一)申请执行仲裁裁决内容不明确的处理

对于申请执行的仲裁裁决或仲裁调解书中具体权利义务等内容不明确的,法院不宜简单地裁定驳回,应当审查仲裁裁决书的全文,可以补正或说明的应当书面告知仲裁机构补正或说明,或者向仲裁机构调阅仲裁案卷查明。仲裁机构对相关具体权利义务等内容仍无法明确导致无法执行的,法院可以裁定驳回执行申请。如案例一中,仲裁机构作出"继续履行协议"的仲裁裁决,但仲裁裁决的具体内容不明确,经向该仲裁机构征询,其仍未对继续履行的具体内容作出明确说明，故法院裁定驳回执行申请。

（二）仲裁违反法定程序的认定

仲裁程序应当遵守正当程序原则。如当事人主张仲裁机构未按照《仲裁法》或仲裁规则规定的方式送达法律文书导致其未能参与仲裁，可能影响公正裁决，经审查属实的，法院应当裁定不予执行。如案例二中，仲裁机构按照其网络仲裁规则，仅根据网络借贷格式合同约定项下的内容，在许某未经有效送达的情形下径行作出缺席裁决。在该案司法审查中，许某提供了借款协议签署前其已向公安机关报案遗失身份证的相应证据，而C公司未能举证证明仲裁所依据的网络借款协议为许某本人签署。该仲裁机构的仲裁裁决违背正当程序原则，故依法裁定不予执行。

（三）以对方当事人隐瞒证据为由申请不予执行的认定

法院首先应当审查仲裁机构的举证责任分配，若发现同时符合以下条件，则应当认定为"对方当事人向仲裁机构隐瞒了足以影响公正裁决的证据的"情形：该证据属于认定案件基本事实的主要证据；该证据仅为对方当事人掌握，但未向仲裁机构提交；仲裁过程中知悉存在该证据，且要求对方当事人出示或者请求仲裁机构责令其提交，但对方当事人无正当理由未予出示或者提交。

（四）仲裁裁决损害案外人合法权益的处理

案外人认为仲裁裁决损害其合法权益的，需提供证据证明案件当事人存在恶意申请仲裁或者虚假仲裁等情形。如案例三中，法院已确认秦某与吴某就涉案房屋签订的买卖合同因恶意串通损害谢某利益而无效，谢某以此为由请求认定秦某与吴某恶意串通、虚假仲裁损害其合法权益，法院对此应予支持。

司法实践中不乏案外人与被执行人恶意串通提出不予执行申请以拖延执

行的情形。例如，案外人与被执行人为关联公司，且案外人提交的证据不足以证明申请执行人与被执行人存在虚构法律关系、捏造案件事实且损害案外人权益的情形，法院应当驳回案外人的不予执行申请。

⊙ 审查步骤

（一）对仲裁裁决或仲裁调解书申请执行的审查步骤

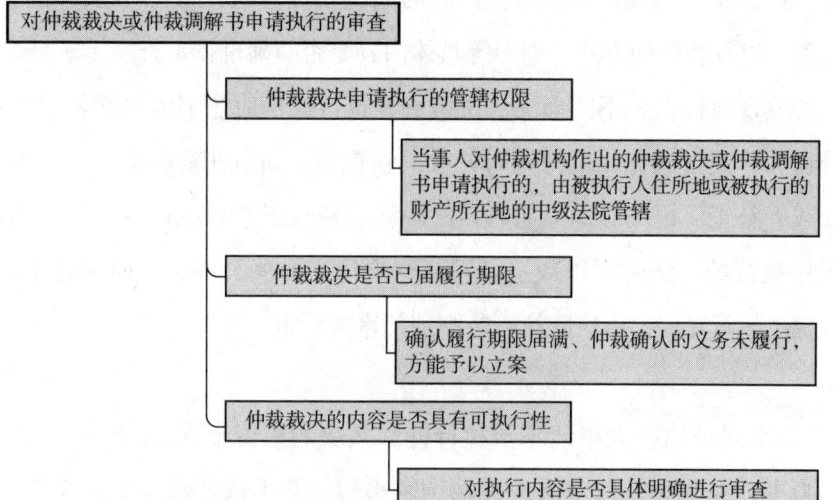

思维导图1：对仲裁裁决或仲裁调解书申请执行的审查

法院对当事人申请执行仲裁裁决或仲裁调解书的，在立案环节仅进行形式审查，只要符合相关规定的，一般应当立案受理。法院不应当主动援引时效抗辩拒绝立案。

1.审查仲裁裁决申请执行的管辖权限

当事人对仲裁机构作出的仲裁裁决或仲裁调解书申请执行的，由被执行人住所地或被执行的财产所在地的中级人民法院管辖。中级人民法院依法指定基层法院管辖的，被执行人、案外人对仲裁裁决执行案件申请不予执行的，由负责执行的中级人民法院另行立案审查处理。

2. 审查仲裁裁决是否已届履行期限

法院应当对仲裁裁决或仲裁调解书主文中的履行期限进行审查，确认履行期限届满、仲裁确认的义务未履行，方能予以立案。

3. 审查仲裁裁决的内容是否具有可执行性

法院受理仲裁裁决或仲裁调解书执行申请时，应当对执行内容是否具体明确进行审查。主要包括：仲裁确定的权利义务主体是否明确；金钱执行的具体数额和计算方法是否明确；交付的特定物是否明确；行为履行的标准、对象和范围是否明确。如果裁决内容为继续履行合同，则应对继续履行的权利义务，以及履行的方式、期限等具体内容是否明确进行审查。

若发现执行内容不明确无法执行的，执行机构应当书面告知仲裁机构补正或说明，或者向仲裁机构调阅仲裁案卷查明。如果仲裁机构不补正也不说明，或者补正、说明后仍不明确，法院调阅仲裁案卷后执行内容仍不明确导致无法执行的，法院可以裁定驳回执行申请。当事人不服驳回执行申请的，可以提出执行异议，由法院执行裁判部门审查裁定。

（二）对被执行人申请不予执行仲裁裁决的审查步骤

当事人在收到仲裁裁决或仲裁调解书后，既不按仲裁确定的义务履行，也不申请撤销仲裁，而在执行过程中申请不予执行仲裁裁决是较为常见的。除依照《民事诉讼法》第237条、第274条规定对国内仲裁、涉外仲裁分别进行审查外，法院执行裁判部门在审查被执行人不予执行仲裁裁决的申请时，还应当审查以下内容：

1. 审查被执行人申请不予执行仲裁裁决的期限

《规定》第8条对被执行人申请不予执行仲裁裁决的期限作出新的限定。被执行人申请不予执行仲裁裁决的，应当在法院执行通知书送达之日起15日内提出书面申请。当存在"裁决所依照的证据是伪造的"或"仲裁员在仲裁该案时有贪污受贿，徇私舞弊，枉法裁决行为"两种情形时，应当自知道或者应

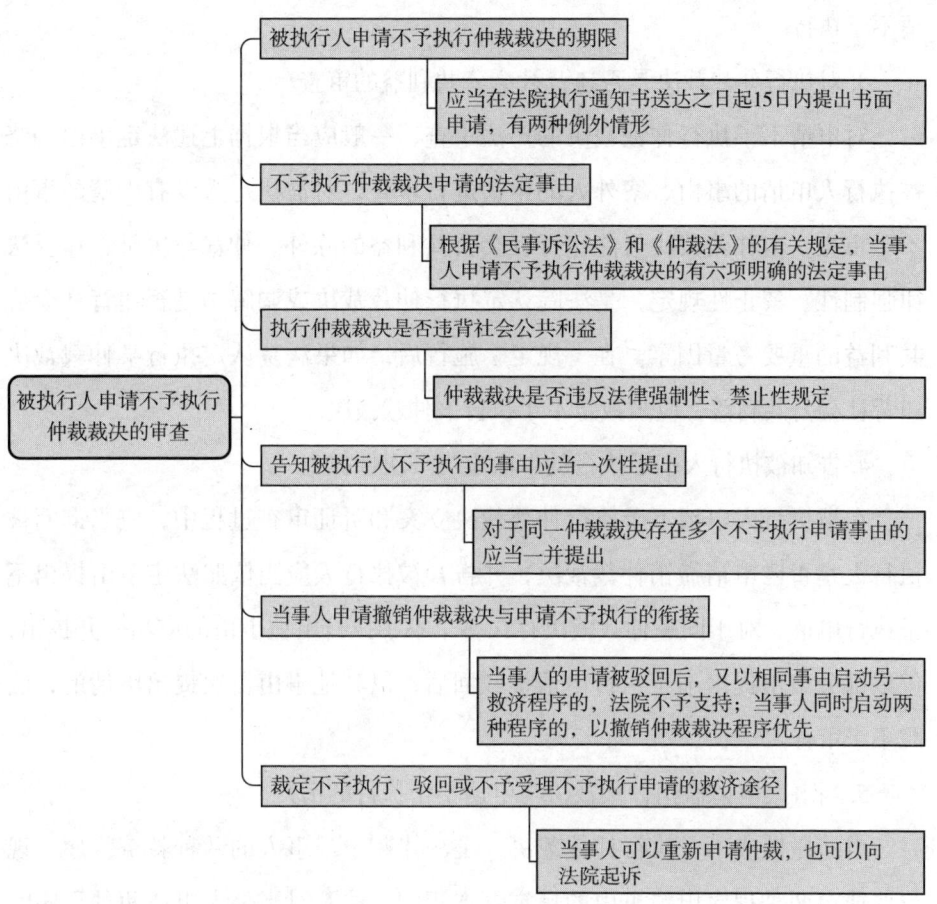

思维导图2：被执行人申请不予执行仲裁裁决的审查

当知道有关事实或案件之日起15日内且执行程序尚未终结前提出书面申请。

2. 审查不予执行仲裁裁决申请的法定事由

根据《民事诉讼法》和《仲裁法》的有关规定，当事人申请不予执行仲裁裁决的法定事由包括：（1）当事人在合同中没有订立仲裁条款的；（2）裁决的事项不属于仲裁协议的范围或者仲裁机构无权仲裁的，包括涉及婚姻、继承等人身法律关系争议和行政争议；（3）仲裁机构的组成或者仲裁的程序违法的；（4）裁决所根据的证据是伪造的；（5）对方当事人向仲裁机构隐瞒了足以影响公正裁决的证据的；（6）仲裁员在仲裁该案时有索贿受贿，徇私舞弊，枉法裁决行为的。按照禁止反言原则，被执行人对仲裁调解书不得申请不予执行。

3. 对执行仲裁裁决是否违背社会公共利益的审查

对申请不予执行仲裁裁决的司法审查，一般应当根据上述法定事由围绕被执行人申请的事由、案外人的申请进行审查，对被执行人没有申请的事由不予审查，但仲裁裁决可能违背社会公共利益的除外。仲裁裁决是否违反法律强制性、禁止性规定，是法院认定执行仲裁裁决或调解书是否违背社会公共利益的重要考量因素。在《规定》施行后，如果法院认定执行某仲裁裁决违背社会公共利益，应当裁定不予执行该仲裁裁决。

4. 告知被执行人不予执行的事由应当一次性提出

在被执行人申请不予执行仲裁裁决立案和听证审查过程中，应当询问被执行人是否已申请撤销仲裁裁决，并告知被执行人应当依照法定事由提出不予执行申请。对于同一仲裁裁决存在多个不予执行申请事由的应当一并提出；仅以部分事由提出不予执行申请被驳回后，以其他事由再次提出申请的，法院不予审查。

5. 当事人申请撤销仲裁裁决与申请不予执行的衔接

申请撤销或不予执行仲裁裁决，是法律赋予当事人的两种救济程序。现行法律对两种程序申请事由的规定基本相同，法院对当事人申请两种程序的情况应按以下规则处理：第一，在申请撤销或不予执行仲裁裁决审查中，当事人的申请被驳回后，又以相同事由启动另一救济程序的，法院不予支持。第二，当事人同时启动两种程序的，以撤销仲裁裁决程序优先，受理不予执行申请的法院应中止审查。如果仲裁裁决被撤销或决定重新仲裁的，法院应当裁定终结执行，并终结对不予执行申请的审查；如果撤销仲裁裁决申请被驳回或申请执行人撤回撤销仲裁裁决申请的，法院应当恢复对不予执行申请的审查，但可适度简化审查程序；如果被执行人撤回撤销仲裁裁决申请的，法院应裁定终结对不予执行申请的审查，但案外人申请不予执行仲裁裁决的除外。

在仲裁裁决执行案件司法审查期间中止执行的，是指中止处分性执行措施而非控制性执行措施，以防止当事人通过上述两种救济程序规避、拖延或阻碍执行。

6. 裁定不予执行、驳回或不予受理不予执行申请的救济途径

法院裁定不予执行仲裁裁决、驳回或者不予受理不予执行仲裁裁决申请后，当事人对该裁定提出执行异议或者申请复议的，法院不予受理。法院裁定不予执行仲裁裁决的，当事人可以根据双方达成的书面仲裁协议重新申请仲裁，也可以向法院起诉。

（三）案外人申请不予执行仲裁裁决的审查步骤

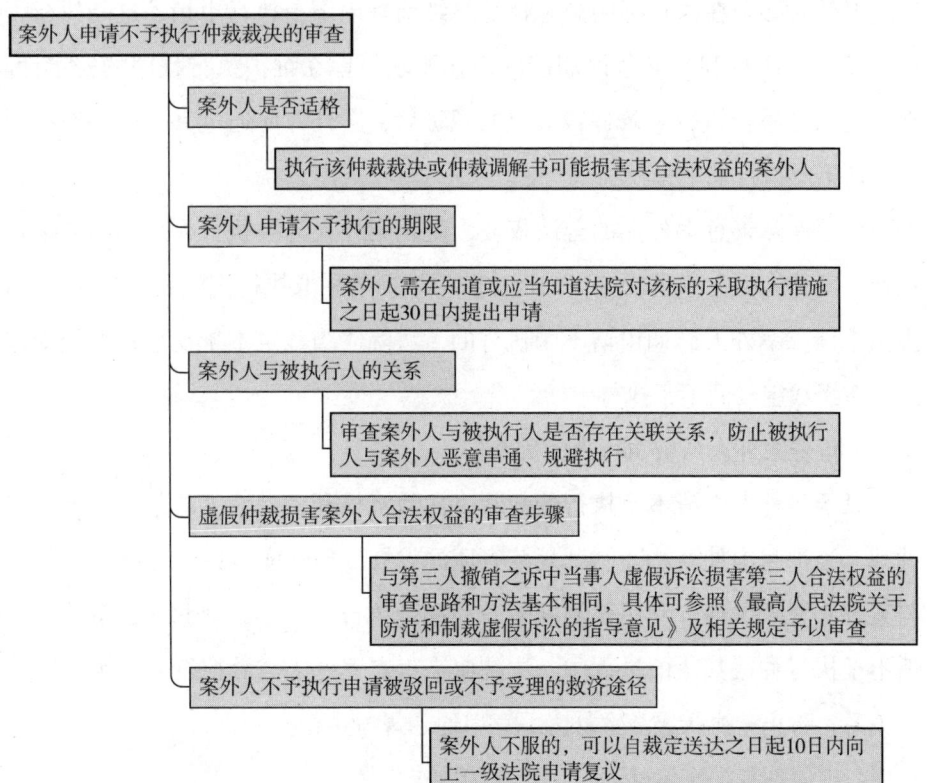

思维导图3：案外人申请不予执行仲裁裁决的审查

《规定》根据第三人撤销之诉的法理基础创设了案外人申请不予执行仲裁

裁决制度。当案外人有证据证明仲裁案件当事人恶意申请仲裁或者虚假仲裁，损害其合法权益，且案外人主张的合法权益所涉及的执行标的尚未执行终结的，可以在法定期限内向法院申请不予执行仲裁裁决或仲裁调解书，法院应从程序和实体两方面依法严格审查。

1. 审查案外人是否适格

并非所有案外人均可申请不予执行仲裁裁决，适格的申请主体应该是与仲裁裁决执行案件权利义务的相关人，简而言之，就是执行该仲裁裁决或仲裁调解书可能损害其合法权益的案外人。

2. 审查案外人申请不予执行的期限

案外人必须在执行标的尚未执行终结前提出不予执行申请，这是执行程序不承担解决权利义务争议职能的内在要求，旨在维护执行程序的安定性。在法院已经履行执行生效仲裁裁决的职责后，案外人应通过其他救济途径而非申请不予执行来主张权利。

为了保障善意案外人的合法权益，防止案外人与被执行人恶意串通拖延执行，案外人需在知道或应当知道法院对该标的采取执行措施之日起30日内提出申请。案外人逾期申请不予执行的，法院应当裁定不予受理；已经受理的，应当裁定驳回不予执行申请。

3. 审查案外人与被执行人的关系

赋予案外人申请不予执行仲裁裁决的救济权利，是为了防范当事人虚假仲裁、维护我国仲裁法律制度规范有序的发展。但在实践中也存在被执行人与案外人恶意串通，利用该制度阻碍和拖延执行的情形。因此，在案外人申请不予执行仲裁裁决的过程中，法院应当审查案外人与被执行人是否存在关联关系，防止被执行人与案外人恶意串通、规避执行。

4. 虚假仲裁损害案外人合法权益的审查步骤

虚假仲裁损害案外人合法权益的审查步骤与第三人撤销之诉中当事人虚假诉讼损害第三人合法权益的审查思路和方法基本相同，具体可参照《最高人民法院关于防范和制裁虚假诉讼的指导意见》及相关规定予以审查。

5.案外人不予执行申请被驳回或不予受理的救济途径

法院裁定驳回或者不予受理案外人提出的不予执行仲裁裁决、仲裁调解书申请，案外人不服的，可以自裁定送达之日起10日内向上一级法院申请复议。

法院对案外人不予执行仲裁裁决申请所作出的裁定属于程序性裁定，本身并不对当事人之间的实体权利作出评判与处理，当事人和案外人有权另行提起诉讼解决纠纷。

⊙ 其他问题

涉及申请认可和执行港澳台仲裁裁决案件，申请承认和执行外国仲裁裁决案件，以及劳动争议仲裁、农村土地承包经营纠纷仲裁等案件，分别适用特别法的相关规定。

民商事管辖权异议案件的审理思路和裁判要点

乔林 胡哲[*]

民商事管辖权异议案件,是指当事人对民商事一审案件是否由受诉法院管辖而提出异议的案件,具有专业性较强、法律规定较分散、法律适用分歧较多的特点。实践中该类案件一般由审理案件的合议庭处理,并非专门合议庭集中处理,如此便给该类案件的适法统一带来了一定困难。我们以常见的典型案件为基础,对该类案件的审理情况进行归纳总结,形成审理思路和步骤,并对裁判要点予以提示,以期提升裁判水平,促进适法统一。

⊙ 典型案例

案例一:

原告彭某与被告A公司商品房预售合同纠纷一案中,A公司以其并非本案适格被告为由提出管辖权异议,请求驳回原告起诉。一审法院认为本案被告是明确的且具备主体资格,因此根据管辖规定认定本院享有管辖权。A公司关于其被告主体不适格的主张,与本案管辖权确定无关,裁定驳回A公司管辖异议。

案例二:

原告B公司与被告C公司、第三人D公司金融借款合同纠纷一案中,D公司向一审法院提出异议认为本案应由其住所地法院管辖。一审法院认为,本案被告住所地位于本院管辖范围,故本院有权管辖,裁定驳回D公司异议。

---

[*] 乔林,立案庭副庭长,法学硕士;胡哲,立案庭法官助理,法学硕士。

案例三：

靳某向其住所地法院起诉王某、孙某和柴某，要求王某、孙某承担因违约而需支付的违约金，柴某承担连带责任，四人住所地均不相同。被告王某对管辖提出异议认为应当由其住所地法院管辖。一审法院认为，王某异议成立，遂裁定将案件移送至王某住所地法院。

案例四：

E 公司向其住所地法院起诉要求 F 公司支付货款。F 公司提出异议认为，根据法律规定本案应由被告住所地和合同履行地法院管辖，本案被告住所地和实际交货地点都在 F 公司所在地，故应裁定移送管辖。E 公司则认为，本案合同履行地即为其住所地，故一审法院有管辖权。一审法院认为，E 公司未能证明其在本院管辖的地域范围内履行交货义务，裁定异议成立。

⊙ 审理思路和步骤

结合民商事管辖权异议案件审理中常见的问题，我们认为可以遵循以下思路及步骤进行具体研判。

（一）审查判定是否为管辖异议

实践中当事人提出的异议有多种，其中管辖异议是指当事人认为受诉法院不享有管辖权而提出的异议。故法院收到当事人异议申请后，首先应对异议的性质进行审查，根据异议的具体内容判断是否为管辖异议。实践中尤需注意与受理异议相区分，有些异议形式上为当事人对法院管辖提出异议，但其实质系对法院受理提出异议。

案例一的关键在于异议性质的识别认定，一审法院对此疏于审查。二审法院认为，A 公司以其并非本案适格被告为由提出管辖异议，不属于民诉法规定的管辖异议情形，A 公司是否系本案适格被告应由法院实体审理进行确定，故一审法院不应以管辖异议受理并作出裁定，而只需向当事人释明上述异议非管辖异议即可。

（二）审查管辖异议的受理条件

在异议性质明确为管辖异议后，法院应依据管辖异议的受理条件，从异议申请的主体、时间、客体等方面，对管辖异议作进一步合规性审查，主要有以下三点：

1. 异议申请人是否具有申请资格

收到管辖异议申请后，法院应判定处于该诉讼地位的申请人是否具有提出管辖异议的主体资格，尤需重点关注异议申请人是否为第三人。

案例二的关键在于如何处理第三人提出的管辖异议。二审法院认为，根据《最高人民法院关于适用〈中华人民共和国民事诉讼法〉的解释》（以下简称《民诉法解释》）第82条的规定，D公司处于无独立请求权第三人地位，无权提出管辖异议。故一审法院不应受理该管辖异议，并向当事人释明告知。

2. 异议申请是否超过期限

民诉法规定当事人对管辖权有异议的，应当在提交答辩状期间提出，即当事人需在收到起诉状副本之日起15日内提出管辖权异议。当事人超过法定期限提出管辖异议的，法院应不予受理。

3. 本案管辖权是否已有生效裁定予以确定

管辖裁定生效后即已确定案件管辖效力，法院不应再受理管辖异议。常见于存在多名被告的案件中，其中一名被告先收到诉状副本并提出管辖异议，法院审查后作出了生效裁定，其他被告因送达等原因较晚收到诉状副本，但也提出管辖异议。该情形下由于案件的管辖已有生效裁定确认，故在后的异议申请应不再处理。

（三）审查认定法律关系

案件法律关系的认定直接关系管辖规则的适用，故受理管辖异议后应先明确案件的法律关系。实践中立案时确定的案由不一定准确，案件移送到合议庭后，法官应对案由进行重新审查以确保法律关系认定正确。重新审查时有以下两点应加以注意：

1. 注意相似法律关系的区分

某些法律关系本身具有相似性，在特定情形下容易混淆，如股东出资纠纷与公司增资纠纷，承揽合同纠纷与建设工程合同纠纷，名为担保实为借贷的纠纷等。若未能对相似法律关系作出正确识别，则会导致审查管辖异议的法律依据适用错误。

2. 注意多重法律关系的选择

在多重法律关系交错的案件中，原告对案件所适用的法律关系享有选择权。因此，在处理该类案件管辖异议时，要根据当事人的选择认定法律关系，但虚构法律关系恶意规避管辖的例外。

（四）审查异议是否成立并作出裁定

法律关系确定后，在此基础上准确适用对应的管辖规则，并据此判断管辖异议是否成立。异议成立的，裁定将案件移送有管辖权的法院；异议不成立的，裁定驳回。

实践中需注意裁定移送时应保障原告的选择权。法院在审理后认为被告管辖异议成立但存在多个法院有权管辖时，应尊重原告对管辖法院的再次选择权。法院应主动询问原告对于管辖法院的意见并根据原告选择作出裁定，不应径行移送案件。

案例三中，一审法院没有尊重原告的选择权，靳某上诉认为，其在法院谈话时已提出要求将本案移送至孙某住所地法院，但一审法院未予采纳。二审法院认为本案被告住所地法院均有管辖权，靳某选择由孙某住所地法院管辖合法有效，故本案应裁定移送孙某住所地法院。

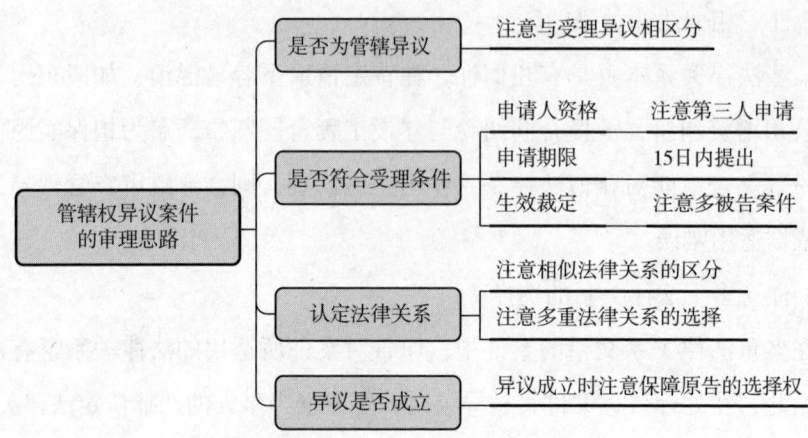

思维导图1：管辖权异议案件的审理思路

⊙ 裁判要点

管辖异议涉及的案件事实和法律关系一般都相对清晰，审理难度并不大，但目前管辖规定较为分散，部分规则仅由高级人民法院指导意见确立。对于并非专门办理管辖异议案件的法官来说，容易在某些特定概念或规则的理解与适用方面出现偏差，主要体现在地域管辖方面。我们在对审判实践调研的基础上，归纳总结以下裁判要点：

（一）一般地域管辖

一般地域管辖的原则是原告就被告，其裁判要点在于住所地的认定。法律对公民和法人的住所地认定有着不同的证明标准，导致公民经常居住地和法人主要办事机构所在地的认定在审判实践中较易出错。

1. 公民经常居住地的认定

《民诉法解释》第4条已对如何认定公民经常居住地作出明确规定。在实践中，公民经常居住地的认定问题主要体现在对经常居住地证明标准的把握上。当事人一般提交居委会或者物业公司证明、街坊邻居出具的居住证明等。此类证据一般均可作为经常居住地的认定依据，但当证明材料出现冲突时，法院应主动加以查明。在无法查明的情况下，应以公民的户籍所在地和其他有效身份登记记载的地址确定管辖。

2. 法人主要办事机构所在地的认定

《民诉法解释》第3条规定法人的住所地是其主要办事机构所在地。对此上海市高级人民法院意见认为法人住所具有特定法律含义且具有唯一性，不能将法人实际办公地点、生产经营地点、销售地点、联系地点等场所与之混淆，应采用注册登记地标准来认定法人住所地。当事人主张主要办事机构所在地与注册登记地不一致的，应提供相关工商登记材料等予以证明，不能仅依据营业场所照片、租赁合同等证据材料对主要办事机构所在地作出认定。

（二）特别地域管辖

《民事诉讼法》及其司法解释对合同、侵权、劳动争议、离婚、公司、保险、票据等特定纠纷类型案件有特别规定的，应优先适用。其中，合同纠纷中合同履行地的认定在实践中较易出错，此种情形占被改判管辖异议案件的近半数。

1. 是否约定合同履行地

根据上海市高级人民法院意见，只有合同中明确约定"合同履行地"或"履行地"的，才能认定合同约定了履行地。仅约定特征义务履行地的，不能视为约定了合同履行地，如买卖合同中对交货地、收货地的约定等，不视为对合同履行地作出约定。

2. 合同履行地没有约定或约定不明时如何处理

尽管《民诉法解释》对此有详细规定，但在实践中对该规定的理解有所偏差：一是误认为合同履行地约定不明则意味着无法确定合同履行地，进而判定应当由被告住所地法院管辖。二是在约定不明时误将合同实际履行地作为管辖依据，进而判定应由合同实际履行地法院管辖。这里需要说明的是合同履行地的概念在诉讼法与实体法中有所不同，诉讼法中合同履行地的认定规则是有约定从约定，没有约定或约定不明则根据《民诉法解释》第18条等相关规定确定管辖法院，法院不应以合同实际履行地确定管辖。

3.对争议标的为给付货币的理解

关于合同履行地的认定,《民诉法解释》对争议标的为给付货币的合同作了特别规定。根据上海市高级人民法院的意见,首先,应确定原告诉请的类型;其次,需将原告的诉请与其在合同中的实体权利义务进行对照;最后,当原告在诉请与合同中所享权利一致时,方可适用该条款。"争议标的为给付货币的,接受货币一方所在地为合同履行地"并不限于合同标的仅为货币的借款合同,其他合同亦可适用。"接受货币一方"要依据合同的实体内容确定,不能仅凭在诉请中有给付货币的请求,就将原告确定为接受货币方,还需要原告在合同中也是接受货币方。

案例四的关键在于合同履行地没有约定或者约定不明时应如何认定。一审认为应当由E公司提供证据证明合同实际履行的地点,此处即是将诉讼法上的合同履行地等同于实体法上的合同实际履行地。对此二审认为,在未约定合同履行地的情形下,应根据《民诉法解释》第18条的规定确定合同履行地,E公司作为接受货币一方,其住所地就是合同履行地,故应由一审法院管辖。

(三)专属管辖

专属管辖异议案件的裁判要点在于纠纷范围的认定,其中建设工程施工合同纠纷范围的认定在实践中较易出错。《民诉法解释》第28条规定,建设工程施工合同纠纷适用不动产专属管辖。实践中常因将建设工程施工合同纠纷仅限于《民事案件案由规定》"建设工程合同纠纷"项下的"建设工程施工合同纠纷",从而导致管辖规则适用错误。根据最高人民法院的意见,建设工程施工合同纠纷应当包括"建设工程合同纠纷"项下的建设工程施工相关案件:建设工程施工合同纠纷、建设工程价款优先受偿权纠纷、建设工程分包合同纠纷、建设工程监理合同纠纷、装饰装修合同纠纷、铁路修建合同纠纷、农村建房施工合同纠纷。上述纠纷均适用不动产专属管辖,由不动产所在地法院管辖。

(四)协议管辖

当事人对管辖法院的约定复杂多样,管辖协议效力的认定一直是该类案件的裁判要点,需要根据个案实际情况作出具体判断。

1. 协议约定是否明确

《民诉法解释》规定,管辖协议可以约定两个以上与争议有实际联系地点的法院管辖。这里的约定地点必须明确具体,不可以是推断的地址。因此,诸如"当地法院管辖""上海法院管辖""守约方住所地法院管辖"等原则上均视为约定不明。

2. 对管辖协议拘束力范围的认定

根据合同相对性,管辖协议的效力范围仅限于合同当事人。实践中,当案情复杂涉及多份合同时,实践中常因对管辖协议的效力范围疏于全面审查,不当扩大了管辖协议的拘束力范围。

3. 管辖格式条款的效力认定

经营者在与消费者订立合同时,往往会以格式条款的形式对管辖进行约定,实践中对此类约定的效力认定存在较大争议。关键在于经营者是否采取合理方式提请消费者注意,这不仅要求条款本身应当明确、突出,还需有证据证明消费者对该条款的存在具有明确清晰的认知。

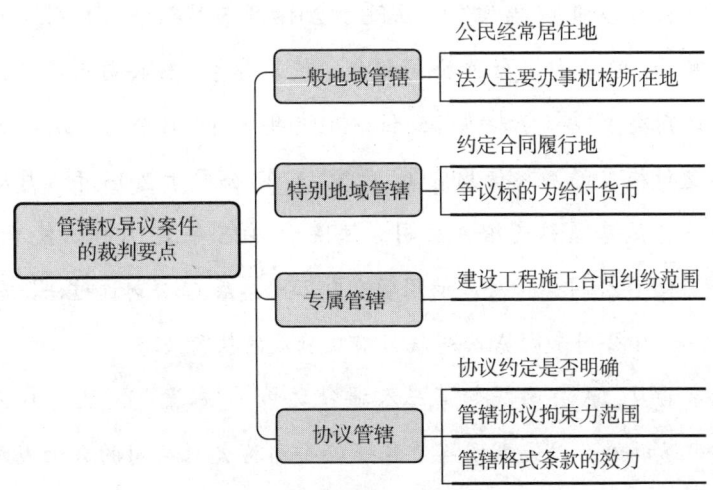

思维导图 2:管辖权异议案件的裁判要点

第三人撤销之诉中虚假诉讼认定的审理思路和裁判要点

宋赟 董健*

2012年修订的《民事诉讼法》确立了第三人撤销之诉制度,赋予第三人独立提起撤销诉讼的权利,意在遏止当事人通过虚假诉讼侵犯第三人合法权利的现象。为更好地实现此项诉讼制度的立法目的和功能,我们以个案研判为基础,对此类案件的审理思路和方法进行总结与提炼。

⊙ 典型案例

案例一:

2009年3月,A公司与B公司签订租赁协议,B公司取得案涉房屋租赁权。后B公司将涉案房屋转租给C公司。2012年3月,A公司起诉B公司要求解除双方租赁合同("前案")。法院于2014年5月判令A公司与B公司之间的租约解除;B公司支付A公司租金、使用费等。B公司未履行,法院强制执行但该判决金钱部分未执行到位。2015年3月,B公司向法院起诉C公司要求其支付拖欠的房屋使用费("后案")。C公司于2015年6月从案涉房屋搬出,并将该房屋移交给A公司。法院于2015年12月作出民事调解书,确认C公司向B公司支付房屋使用费200万元,后C公司通过法院转付方式完成支付,但B公司未向A公司履行前案确定的执行义务。

2016年6月,A公司提起第三人撤销之诉("本案"),认为B公司与C公司恶意串通诉讼,以民事调解为名将C公司拖欠B公司的数千万元房屋使

---

* 宋赟,民事庭审判员,法学硕士;董健,民事庭法官助理,法学硕士。

用费以200万元协商了结，严重损害A公司对B公司的债权实现，请求撤销后案民事调解书。

案例二：

2014年5月，甲区法院作出判决（"前案"）：D公司向E公司支付工程款2000余万元，E公司对D公司名下包含系争厂房在内的5幢房产享有建筑工程价款优先受偿权。同月，乙区法院作出调解书（"后案"）确认：D公司返还F公司800万元及利息，F公司对D公司名下的系争厂房享有抵押优先受偿权。

F公司在申请执行过程中，因其上述抵押权与E公司的建筑工程价款优先受偿权相互冲突导致其未能受偿，故向甲区法院提起第三人撤销之诉（"本案"），请求该院撤销前案民事判决。

⊙ 审理难点

对于案例一，实践中存在两种分歧意见：一是认为后案不构成虚假诉讼。原因在于C公司未能按时迁出所产生的使用费等应由B公司基于前案生效判决向A公司承担责任。后案中B公司与C公司之间的民事调解是基于双方之间的转租合同，与A公司并无直接法律关系，因此A公司虽未参加后案诉讼，但调解结果未损害A公司的合法利益。二是认为后案构成虚假诉讼。B公司明知其与A公司的租赁关系已经解除，且前案执行未到位时，通过后案与C公司达成调解协议套取钱款并转移，B公司有虚假诉讼的动机和客观事实。C公司明知其转租合同因A公司与B公司之间租赁合同被解除而无法继续履行，在与A公司续租协商不成后一方面向A公司交付房屋，另一方面就涉案房屋使用费与B公司达成调解，以低价了结其拖欠的巨额房屋使用费，达到阻碍A公司向其主张权益的目的。据此足以认定B公司与C公司之间的后案构成虚假诉讼。

对于案例二，实践中也存在两种分歧意见：一是前案构成虚假诉讼。认为F公司提出的证据足以证明前案认定E公司对案涉厂房享有建筑工程价款优先受偿权确有错误,损害了F公司的抵押优先受偿权,前案判决构成虚假诉讼。二是前案不构成虚假诉讼。认为F公司提供的证据尚无法证明前案系虚假诉讼,且在前案判决中,案涉工程款尚未支付,即使E公司在与D公司的诉讼中存在过错,也不足以导致F公司丧失优先权。

综上,以虚假诉讼为由提起的第三人撤销之诉案件在审理中存在以下共性的难点问题:一是对于存在疑点的诉讼应当采取何种审理方式;二是如何认定相关诉讼构成虚假诉讼;三是如何确定虚假诉讼相关当事人之间的法律责任。

⊙ 审理思路与裁判方法

虚假诉讼,是指行为人为谋取不正当利益或加害他人,恶意启动一个没有合理根据的诉讼或在诉讼过程中滥用诉讼权利,给相对人造成损害的违法行为。以虚假诉讼为由提起的第三人撤销之诉是司法机关主动审查、遏止虚假诉讼的重要途径。对该类案件的审理可以坚持以下审理思路:

(一)第三人撤销之诉中虚假诉讼审理的识别方法

1. 坚持当事人举证和法院依职权调查相结合

案件审查中,原告应举证并初步证明系争诉讼为虚假诉讼且侵害其合法权益,法院需要根据案件审理视情况依职权调取当事人是否存在恶意串通的证据。

2. 坚持充分沟通和听取意见相结合

第三人撤销之诉中涉虚假诉讼的审查涉及对原审生效裁判的评价,审理中应注意听取相关审判业务条线的意见,尤其是审判监督部门以及原生效裁判承办法官和审判业务条线的意见,以充分了解作出生效裁判的依据。

3. 坚持主客观相一致

对虚假诉讼的认定需要对主观要件与客观要件进行综合评判:从主观上来看,虚假诉讼的当事人在心态上有明显的加害性追求,明知诉讼行为不具有正当性却利用诉讼活动谋求非法利益。从客观上来看,当事人的诉讼行为在客观上具有违法性,可以通过当事人是否存在伪造证据、诱导证人作伪证等情节判断其是否存在恶意串通。

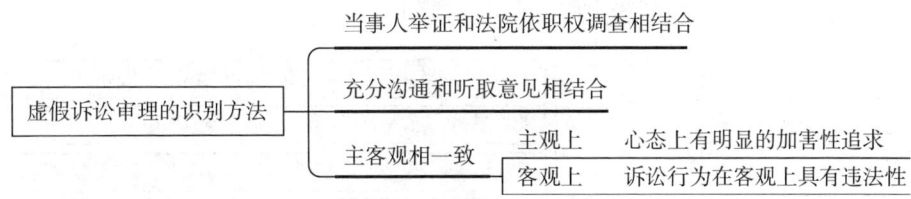

思维导图1:虚假诉讼审理的识别方法

(二)第三人撤销之诉中虚假诉讼的识别要点

对以虚假诉讼为由提起的第三人撤销之诉的审理,需重点审查被申请撤销诉讼的双方是否存在恶意串通以及是否侵害第三人权益的情形,可以从三个方面进行甄别:

1.审查当事人到庭情况、当事人之间关系及案件调解情况

(1)应当出庭的当事人是否存在无正当理由拒不到庭参加诉讼,或者故意不配合司法机关调查的情况;(2)原告与被告之间是否存在控股、同乡等关联关系;(3)当事人调解意愿是否异常迫切或调解协议的达成是否异常容易;(4)当事人是否自愿以明显不合理价格的财产折抵债务;(5)其他明显不合理的情形。

2.审查案件的诉讼请求和证据事实是否存在异常

(1)原告诉请是否存在明显不合情理之处,被告是否怠于抗辩;(2)原告起诉所依据的事实、理由是否符合常理;(3)影响案件裁判的关键证据是否存在伪造、变造的可能。

3.对存疑案件采取的审查措施

如发现存在上述异常情形,可采取以下审查措施:(1)通知当事人提交原始证据或要求证人出庭作证;(2)严格公民代理的审查程序,对不符合法定条件的代理人一律不准予代理;(3)向案件利害关系人调查并通报相关情况，必要时通知其参与诉讼；(4)调取工商登记内档资料等，对当事人进行背景调查；(5)调查实际侵害结果是否存在等关联事实。

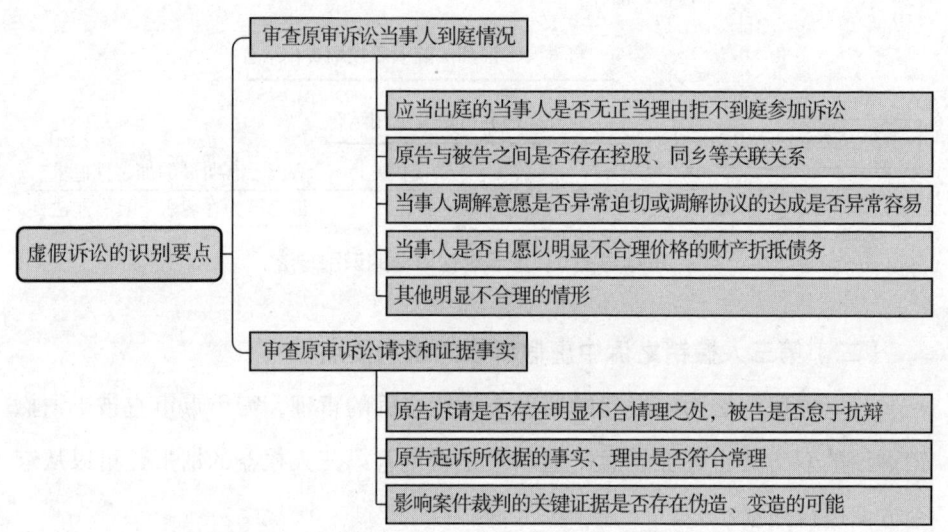

思维导图2：虚假诉讼的识别要点

(三) 虚假诉讼的认定标准

对于是否构成虚假诉讼，可以结合最高人民法院相关规定，从以下五个方面进行判断：

1. 双方是否以规避法律、法规或者国家政策谋取非法利益为目的

虚假诉讼行为人企图获取的非法利益通常表现为逃避合法债务、逃避法律文书确定的义务、独占或多分遗产、离婚时独占或多分夫妻共同财产、骗取保险理赔款、规避法律法规政策等。

2. 双方在诉讼中是否存在恶意串通

双方存在共同故意是虚假诉讼的常见情形。法院应着重审查双方是否存在虚假诉讼的通谋，是否均处于明知其行为会发生侵害国家、集体或他人的合法权益及妨害诉讼秩序、侵害司法公信力的后果，仍实施虚假诉讼行为的心理状态。双方当事人恶意串通常见于调解程序，如上海市第一中级人民法

院自 2016 年 7 月以来审结的 15 件第三人撤销之诉中，认定为虚假诉讼的案件共 5 件，这 5 件案件中撤销的法律文书均为调解书。

3. 双方在诉讼中是否存在虚构事实或隐瞒真相

客观上双方以虚构事实或隐瞒真相（或两者兼而有之）的方式向法院提起民事诉讼，骗取法院裁判文书，导致生效法律文书存在错误。虚构事实或隐瞒真相的虚假诉讼，应当包括无中生有型虚假诉讼和通过伪造证据企图谋取利益远超合法利益的部分篡改型虚假诉讼。

4. 双方借用合法民事程序提起诉讼

虚假诉讼中提起的诉讼应当限定为民事诉讼，包含提起民事诉讼程序、提起民事非诉程序、提起民事执行程序和提起民事复议程序等，但不包含提起行政诉讼、申请公证、申请仲裁等程序。需要明确的是，虽然获得生效裁判文书是虚假诉讼行为的终端和行为人的目标，但是行为人是否实际上取得生效文书并不影响虚假诉讼的成立。

5. 虚假诉讼损害国家、集体或他人的合法利益

虚假诉讼损害了国家利益、社会公共利益或者案外人的合法权益。通常情况下，虚假诉讼一旦被实施便产生了妨碍司法秩序、损害司法公信力的后果。

如案例一中，C 公司与前案被执行人 B 公司通过后案调解，意图规避前案的执行；在诉讼过程中，C 公司一方面将案涉房屋向 A 公司交付，另一方面却又与 B 公司达成房屋使用费调解协议，将数千万元的房屋使用费以 200 万元达成调解，据此足以认定 B 公司与 C 公司之间存在恶意串通；后案诉讼中，B 公司与 C 公司向法院隐瞒前案判决，存在虚构事实及隐瞒真相的行为；C 公司支付 B 公司租金 200 万元后，B 公司未缴付执行法院履行前案的执行义务，客观上侵害了 A 公司向 C 公司主张房屋使用费的权益。据此，法院认定后案构成虚假诉讼并予以撤销。

如案例二中，F 公司提出的证据无法证明前案中双方当事人存在恶意串通的情形，且前案相关工程款尚未支付，E 公司对 D 公司名下系争厂房的工

程价款优先受偿权并未得到实现，F公司没有丧失对该栋房屋的抵押优先受偿权。据此，F公司申请将前案认定为虚假诉讼的主张，法院未予支持。

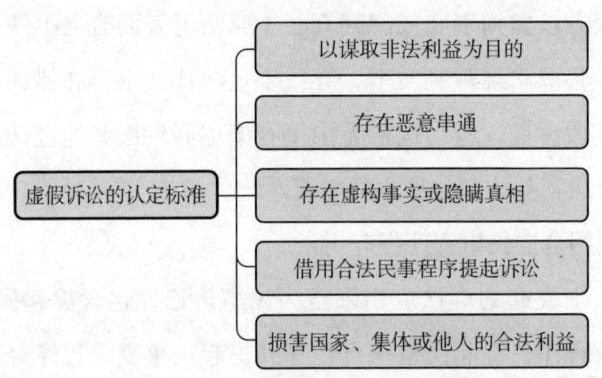

思维导图3：虚假诉讼的认定标准

（四）虚假诉讼中相关当事人的法律责任

根据《民事诉讼法》第112条的规定，在诉讼过程中发现当事人之间恶意串通的，人民法院应当驳回其请求。《民事诉讼法》第113条规定，被执行人与他人恶意串通的，人民法院应当根据情节轻重予以罚款、拘留等。根据上述法律规定，恶意串通是违法行为，虚假诉讼可以成为第三人撤销之诉可撤销的法定事由。在第三人撤销之诉中发现虚假诉讼的，需根据上述法律规定确定相关当事人的民事责任和应采取的强制措施。

第三人撤销之诉中，人民法院依法审查后足以认定生效法律文书涉虚假诉讼的，人民法院应当依法撤销该生效法律文书。如案例一中，B公司与C公司之间存在恶意串通的情形，意在逃避执行义务；后案民事调解书侵害了A公司的合法权益，故应判决撤销该民事调解书。

对于情节严重，符合《刑法》第307条之一的规定，构成虚假诉讼罪的，还应当根据《刑法》及相关司法解释的规定，追究当事人的刑事责任。

民商事申请再审案件要素式审查要点

姚夏海　董礼洁　陈　曦　詹志雄　沈俊翔[*]

民商事申请再审案件的实质审查，主要依据《民事诉讼法》针对生效裁判再审事由的第200条和针对生效调解书再审事由的第201条。其中，依据申请再审事由性质不同，针对生效裁判再审事由的审查可分为对原审证据问题、对原审法律适用、对原审诉讼程序及其他法定再审事由的审查。

⊙ 对原审证据问题的审查

（一）对新证据的审查

民商事申请再审案件针对新证据的审查主要依据《民事诉讼法》第200条第（1）项的规定，即"有新的证据，足以推翻原判决、裁定"。结合《民事诉讼法》相关司法解释的规定，审查内容包括以下几点：

1. 明确新证据的类型

本项所指"新证据"主要有以下五类：（1）原审庭审结束前已存在，因客观原因于庭审结束后才发现的证据；（2）原审庭审结束前已经发现，但因客观原因无法取得或者在规定的期限内不能提供的证据；（3）在原审庭审结束后形成，无法据此另行提起诉讼的证据；（4）原审庭审结束后新出现的证据，如原作出鉴定意见、勘验笔录者重新鉴定、勘验，推翻原意见的证据等；

---

[*] 姚夏海，一级调研员，法学硕士；董礼洁，行政庭副庭长，法学博士；陈曦，申审庭法官助理，法学硕士；詹志雄，申审庭法官助理，法学硕士；沈俊翔，研究室法官助理，法学硕士。

（5）原审中已经提供，原审法院未组织质证且未作为裁判根据的证据，但原审法院依照《民事诉讼法》第65条规定不予采纳的除外。

2. 原审中未能提供新证据的理由是否正当

当事人无正当理由，在举证期限届满后提供的证据不是新证据。法院必须审查当事人在原审中未能提出新证据是否具有正当理由，如因非当事人的过错未能参加原审诉讼的，应当认可其具有正当理由。对于因客观原因无法取得或在规定期限内无法提供的新证据，法院应当审查当事人所主张的理由是否成立。

案例一：

贺某向叶某借款并出具《借条》，后因贺某到期未还款，叶某诉至法院。一审法院判决贺某归还叶某借款本息。经审查，根据贺某新提供的鉴定意见，涉及《借条》《收条》和电子回单的银行开户申请资料中，"贺某"的签名和指印非其本人所签所捺。贺某的再审请求符合《民事诉讼法》第200条第（1）项的规定。

3. 确定当事人发现新证据的时间

当事人申请再审，应当在判决、裁定发生法律效力后6个月内提出。但当事人以新证据为由申请再审的，应当自知道或者应当知道该新证据之日起6个月内申请再审，逾期提交则不再审查该新证据。

4. 新证据针对案件实体性事实而非程序性事实

本项新证据是指针对案件实体性事实的证据，而非针对程序性事实的证据。如当事人提出证明法院送达程序违法的证据，应当按照《民事诉讼法》第200条第（9）(10)项的规定申请再审，不能适用新证据申请再审的期限规定。

（二）对原审证据的实体审查

民商事申请再审案件针对原审证据的实体审查主要依据《民事诉讼法》第200条第（2)(3)项的规定，即"原判决、裁定认定的基本事实缺乏证据证明""原判决、裁定认定事实的主要证据是伪造的"。审查的内容应包括以下几点：

1. 审查系争事实是否属于基本事实

案件事实分为基本事实、次要事实、辅助性事实、背景事实等，只有基本事实缺乏证据证明才构成再审事由。依据《最高人民法院关于适用〈中华人民共和国民事诉讼法〉审判监督程序若干问题的解释》第 11 条的规定，基本事实，是指对原判决、裁定的结果有实质影响、用以确定当事人主体资格、案件性质、具体权利义务和民事责任等主要内容所依据的事实。

2. 审查是否缺乏证据证明

结合案件当事人的听证陈述，查明案件的基本事实是否缺乏证据证明，要明确原审的定案证据和基本事实之间的证明关系以及逻辑联系，判断证据的内容或者根据证据进行推断能否形成高度盖然性的结论。

3. 审查案件主要证据是否伪造

主要证据，是指具有足够证明力，并且对于案件基本事实认定必不可少的证据。伪造应当从广义理解，包括对主要证据进行涂改、撕毁、截取等变造方式。

4. 确定当事人发现证据系伪造的时间

与当事人以新证据为由申请再审相同，当事人应当自知道或者应当知道主要证据系伪造之日起 6 个月内申请再审。

（三）对原审证据收集认定的程序审查

民商事申请再审案件针对原审证据的程序审查主要依据《民事诉讼法》第 200 条第（4）(5）项的规定，即"原判决、裁定认定事实的主要证据未经质证的""对审理案件需要的主要证据，当事人因客观原因不能自行收集，书面申请人民法院调查收集，人民法院未调查收集的"。审查的内容应包括以下几点：

1. 对原审质证程序的审查

"原判决、裁定认定事实的主要证据未经质证"的认定,主要通过对原审庭审笔录等材料的审查来判断。当事人对原裁判认定事实的主要证据在原审中拒绝发表或放弃发表质证意见的,不属于《民事诉讼法》规定的未经质证的情形。

2. 对原审法院依申请调取证据的审查

认定"对审理案件需要的主要证据,当事人因客观原因不能自行收集,书面申请人民法院调查收集,人民法院未调查收集的",应当审查以下内容:

(1) 判断是否属于主要证据。

构成本事由的证据必须是认定案件基本事实必须的主要证据。对于次要证据、补强证据或者与案件事实并无关联性的证据材料,即使未予收集亦不构成本项事由。

(2) 明确可以申请法院调查收集的证据范围。

当事人可以申请法院调查收集的证据主要有以下三类:一是申请调查收集的证据属于国家有关部门保存,当事人及其诉讼代理人无权查阅调取的;二是涉及国家秘密、商业秘密、个人隐私的;三是当事人及其诉讼代理人确因客观原因不能自行收集的。前两类证据由于证据本身的特性导致当事人只能通过法院来收集,第三类证据是一般性条款,不仅包括由于证据本身的特殊性导致当事人无法收集的情况,也包括由于自身条件限制致使当事人在客观上无法收集等情形,如当事人年迈或者身患重疾导致无法异地取证的情况。需要注意的是,对于当事人能够自行收集的证据,即使当事人曾向法院提出书面申请,但法院驳回申请或者未予收集的,不属于本项规定之列。

(3) 当事人是否提交书面申请。

当事人提交书面申请是本项规定的形式要件。提交的书面申请应当载明需要调查主要证据的名称、证据类型、待证事实等,以便法院审查并精准有效地调查收集证据。一般情况下,当事人的口头申请不符合本项的规定,但是当事人确无能力书写的,经过当事人的申请,并且办案人员以书面形式记录在案的情况，可以视为提出书面申请。

（4）法院是否未收集上述证据。

"法院未收集上述证据"主要包括以下两种情形：一是法院在接到当事人要求对证据进行调查收集的书面申请后未予答复的，二是法院认为该证据并非案件主要证据不予调查收集的。

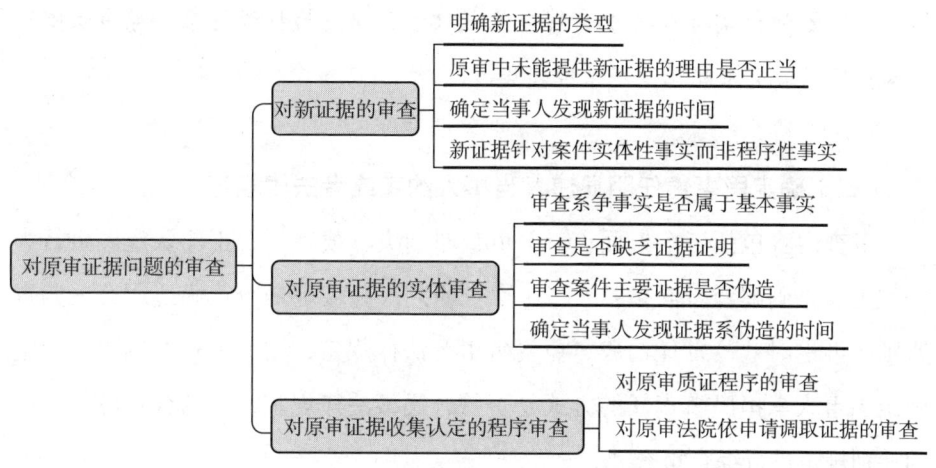

思维导图1：对原审证据问题的审查

⊙ 对原审适用法律的审查

民商事申请再审案件针对原审裁判适用法律的审查主要是依据《民事诉讼法》第200条第（6）项的规定，即"原判决、裁定适用法律确有错误"。根据《民诉法解释》第390条的规定，主要情形有以下六种：

（一）适用的法律与案件性质明显不符

案件性质即当事人之间的法律关系，需要结合案件事实和证据综合认定。如果法官在认定法律关系时出现偏差，就会导致法律适用和裁判结果出现错误。

案例二：

周某、艾某与 A 公司签订《协议书》，约定 A 公司将某分店 10% 的股份转给周某、艾某，周某不参与店内管理，双方共同承担公司的一切费用、损失等。后周某、艾某提起诉讼要求解除协议。原审法院认为，当事人对彼此之间法律关系认识错误，双方法律关系应为民间借贷关系。后 A 公司认为原审认定法律关系错误申请再审。经审查，周某与 A 公司共同承担费用并共担损失，且在协议实际履行中获得分红，双方之间应为投资关系，原审法院认定为民间借贷关系属于适用法律错误。

（二）确定民事责任明显违背当事人约定或者法律规定

审查内容包括三个方面：（1）审查原判决、裁定是否正确认定民事行为的效力、正确解释合同条款；（2）审查原判决、裁定是否正确适用有关归责原则、诉讼时效、责任构成、免责事由等法律规定；（3）审查原判决、裁定确定当事人承担民事责任的方式是否符合民事法律规定，并结合相应单行法的特别规定进行综合审查。

（三）适用已经失效或者尚未施行的法律

本项主要是指法律适用中对法律时间效力的认识错误。法律失效通常有四种情形：（1）新法取代旧法，旧法终止生效；（2）法律完成其历史任务自然失效；（3）有权机关颁布特别决议、命令宣布废止；（4）法律本身规定了终止生效的日期，期限届满且无延期规定的自行终止生效。

（四）违反法律溯及力规定

法律溯及力的一般原则是法不溯及既往，但在特定情况下，立法者可在法律中作出法律具有溯及力或者一定溯及力的规定。

（五）违反法律适用规则

法律的适用规则一般包括：上位法优于下位法、特别法优于普通法、新法优于旧法、强行性规范优于任意性规范、属地法优先等。违背上述适用规则的，应当认定为违反本项规定。

（六）明显违背立法原意

在法律对某一事项或者某一领域只有原则性规定，缺乏具体规定的前提下，法官适用原则性法律条文时需要考量立法原意。本条款的适用范围较窄，应当注意避免被滥用。

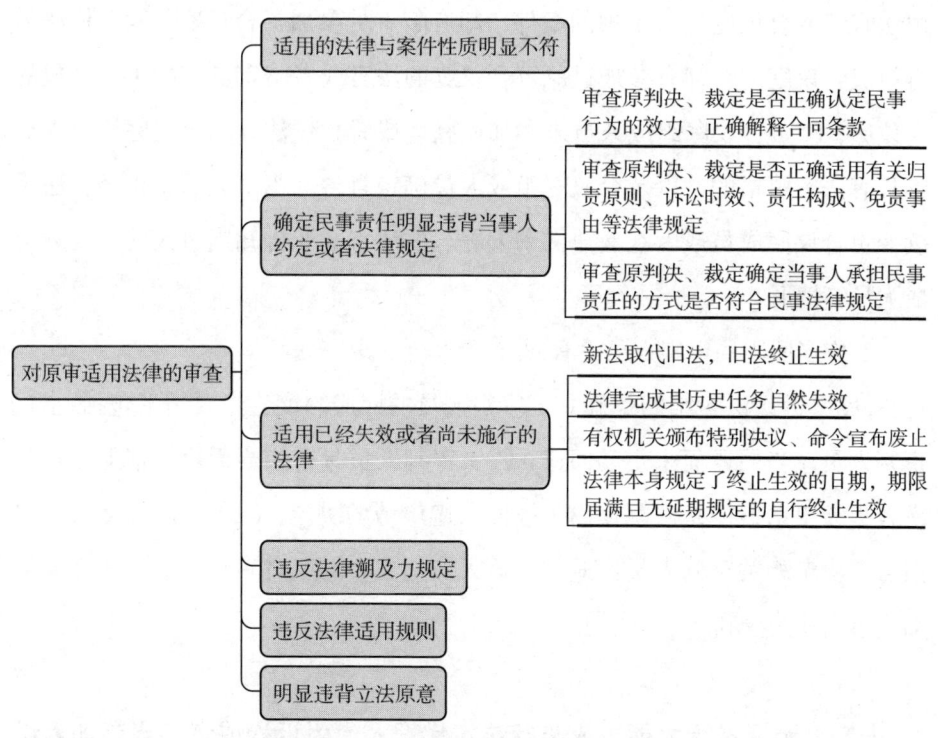

思维导图2：对原审适用法律的审查

⊙ 对原审诉讼程序的审查

对原审诉讼程序的审查主要依据《民事诉讼法》第200条第（7）项至第（10）项规定，包括：

（一）审判组织的组成不合法或者依法应当回避的审判人员没有回避

1. 审判组织的组成不合法

《民事诉讼法》确定了独任制和合议制两种主要的审判组织形式。"审判组织的组成不合法"的主要情形包括：（1）陪审员进行了独任审判；（2）应当组成合议庭进行审理的案件，由法官一人进行了独任审判；（3）应当全部由法官组成合议庭进行审理的案件，却有陪审员参加了合议庭；（4）依法另行组成合议庭的，却有参加过原审合议庭的法官或者陪审员参加了新组成的合议庭；（5）合议庭组成人员未参加原庭审或者独任法官、合议庭组成人员不具有法官资格，以及合议庭组成人员确定且告知当事人后，未经合法手续变更合议庭成员或者在法律文书上署名的法官并非告知当事人的合议庭组成人员等情形。

2. 应当回避的审判人员没有回避

《民事诉讼法》第四章确立了审判人员的回避制度，主要情形包括：（1）审判人员应当回避而未主动回避；（2）审判人员具有应当回避的情形且经当事人提起申请，但是法院作出了驳回回避申请的决定；（3）法院经当事人申请后，决定相关审判人员回避的，该人员仍然参与案件审理；（4）法庭未告知当事人相关权利。

（二）无诉讼行为能力人未经法定代理人代为诉讼或者应当参加诉讼的当事人，因不能归责于本人或者其诉讼代理人的事由，未参加诉讼

1. 无诉讼行为能力人未经法定代理人代为诉讼

主要审查以下要点：（1）当事人是否为无诉讼行为能力人；（2）该无诉

讼行为能力的当事人是否有诉讼代理人；（3）该诉讼代理人是否是适格的法定代理人或其授权的代理人。

2. 关于应当参加诉讼的当事人，因不能归责于本人或者其诉讼代理人的事由，未参加诉讼

"应当参加诉讼的当事人"源自诉讼法上的必要共同诉讼，是指基于法律的规定当事人必须一并参与诉讼，相关当事人未参加诉讼的，法院必须依职权或者依申请予以追加的当事人。违反本项规定的情形主要包括：（1）对于必须共同进行诉讼的当事人没有参加诉讼的，法院有义务通知其参加诉讼但未履行通知义务；（2）当事人向法院提出追加必要共同诉讼申请，但是法院裁定驳回申请错误的。需要注意的是，如果当事人向法院明确表示放弃自己的实体权利，或者是由于当事人本人或其诉讼代理人的过错导致未能参加诉讼的，不构成本项规定的再审事由。

案例三：

曹某向B公司租赁钢管等物资，C公司为该租赁合同的承租人提供担保。后B公司起诉曹某和C公司要求支付租赁费用。原审法院依据《租赁合同》支持了B公司的诉请。C公司认为依据该《租赁合同》，原审遗漏另一名设备租赁人成某作为当事人，程序违法，遂申请再审。经审查，B公司提供《租赁合同》承租方除了曹某外，还列有承租方"成某"并签字。原审法院未将成某追加为本案被告显属不当。

（三）违反法律规定，剥夺当事人辩论权利

剥夺当事人辩论权利的具体情况，应参照《民诉法解释》第391条的规定进行判断，主要包括：

1. 不允许当事人发表辩论意见

在法庭审理中，法官应当公正合理地分配时间，使当事人充分发表辩论意见，如确实无法当场陈述的应当允许当事人庭后通过书面方式补充。如果庭审中法官不允许一方当事人发表辩论意见，或者对当事人发表辩论意见的

次数、时间作出极为明显的区别对待，应当认定为不允许当事人发表辩论意见。

2. 应当开庭审理而未开庭审理

一审民商事案件，除当事人庭前达成调解协议或者原告撤回起诉的，均应当开庭审理。二审民商事案件经过阅卷、调查和询问当事人，对没有提出新的事实、证据或者理由，合议庭认为不需要开庭审理的，可以不开庭审理。违反上述规定不开庭审理的，应当认定为应当开庭审理而未开庭审理。

3. 违反法律规定送达起诉状副本或者上诉状副本，致使当事人无法行使辩论权利

法院应当在立案之日起5日内将起诉状副本发送被告。法院可以采用直接送达、邮寄送达、留置送达、电子送达、转交送达、委托送达以及公告送达等方式送达起诉状副本或者上诉状副本，但必须符合法律规定。违反法律规定采用不适当方式送达起诉状副本或者上诉状副本，致使当事人无法行使辩论权利，应当认定为违反法律规定，剥夺当事人辩论权利。

（四）未经传票传唤，缺席判决

法院审理民商事案件，应当在开庭3日前通知当事人和其他诉讼参与人。未经传票传唤，不得缺席判决。法院应当审查原审法院是否合法送达了传票，除直接送达外，采用其他送达方式是否符合法律规定。在判断公告送达合法性时，应着重审查原审法院是否已穷尽其他送达方式。

案例四：

D公司与E公司签订《融资租赁合同》，由徐某、周某提供连带保证，后因E公司无法支付拖欠租金，D公司诉至法院。原审法院依法缺席判决徐某、周某二人承担连带保证责任。经审查，徐某收到过原审法院的诉讼材料和开庭传票，后原审法院未在传票载明的时间开庭，第二次开庭前未向徐某寄送传票，径直采用公告送达方式送达传票，徐某未能参加庭审。原审法院未能依法传唤徐某且公告送达程序违反法律规定，显属不当。

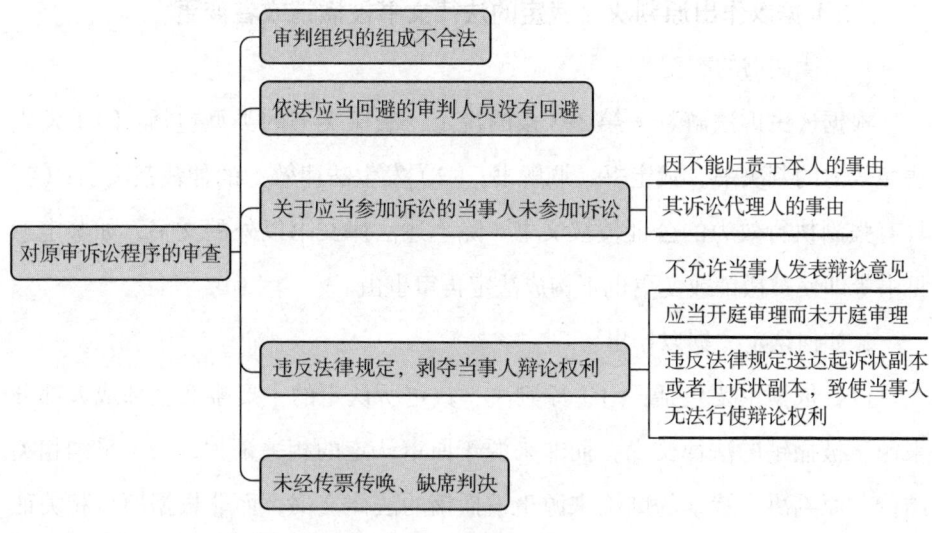

思维导图 3：对原审诉讼程序的审查

其他法定再审事由的审查

民商事申请再审案件的其他法定事由审查主要包括以下几点：

（一）原判决、裁定遗漏或者超出诉讼请求

当事人的诉讼请求在原审审理过程中可能会发生变化，应当根据当事人在起诉状和庭审中的陈述确定当事人的诉请。在判决中，应当对当事人的诉讼请求逐一列明，说明是否支持以及阐述理由。针对该项申请再审事由，法院应当首先明确原审中当事人诉讼请求的项目、内容和范围，并核对原审判决是否作出回应，如有遗漏或者超出应当认定符合申请再审法定事由。

案例五：

F 银行与 G 公司签订网贷通循环借款合同、最高额抵押合同各一份，G 公司以其名下厂房提供抵押担保，赵某、马某对该笔债务承担连带保证责任。后因 G 公司、赵某、马某未清偿上述债务，F 公司诉至法院。原审法院缺席判决 G 公司归还借款本息，赵某、马某承担连带清偿责任。经审查，原审法院判决未支持逾期利息且未释明不予支持的理由，属遗漏当事人诉请。

（二）据以作出原判决、裁定的法律文书被撤销或者变更

1. 法律文书的类型

根据《民诉法解释》第393条的规定，法律文书的类型包括：（1）发生法律效力的判决书、裁定书、调解书；（2）发生法律效力的仲裁裁决书；（3）具有强制执行效力的公证债权文书。除上述法律文书以外的文书，如鉴定意见书等即使被撤销或变更也不构成法定再审事由。

2. 如何认定"据以作出"

审查依据主要包括：（1）原判决、裁定所认定的主要事实全部或者部分来源于被撤销的法律文书，而非来源于原审认定的相关证据；（2）采纳相关结论，原判决、裁定的结论来源于被撤销的法律文书，而非根据原审相关证据论证得出。

案例六：

在一件房屋所有权纠纷案件中，前案生效判决确认房屋产权归王某、包甲、包乙、包丙共同共有；原审判决根据前案判决确定的共有状态对房屋产权进行分割；后上级法院通过审判监督程序撤销了前案判决。现包甲以原审判决所依据的前案判决被撤销，申请对原审判决进行再审。经审查，因原审判决依据的生效判决被撤销，符合《民事诉讼法》第200条第（12）项的规定。

（三）审判人员审理该案件时有贪污受贿，徇私舞弊，枉法裁判行为

审判人员违法行为的认定主要依据生效的刑事法律文书或者纪律处分决定，除此以外的其他文书不能作为提起再审的依据。同时，在生效的刑事法律文书或者纪律处分决定中必须确认审判人员在审理该案中存在贪污受贿，徇私舞弊，枉法裁判行为。

对生效调解书的审查

（一）调解违反自愿原则

自愿原则不仅要求调解程序的启动应依据当事人的自愿选择，更要求协议的内容是出自当事人真实意思表示。对于法人或者其他社会组织的调解，需审查其代理人是否适格。无权代理人签订调解协议是实践中违反自愿原则的常见情形。

（二）调解协议的内容违反法律

本项所指"法律"仅指全国人大及其常委会制定的规范性法律文件以及国务院制定的行政法规。这些法律和行政法规可分为强制性规范和任意性规范，仅在违反强制性规范的情况下，方才符合申请再审的法定事由。

案例七：

在一件房屋买卖合同纠纷中，当事人李甲患有精神分裂，其法定监护人为李乙。经原审法院主持，案件当事人之间达成调解协议，但未对李甲应享有的权益作出约定。后李甲、李乙认为该调解协议内容侵犯了李甲的合法权益，应认定无效。经审查，李甲系房屋的原始安置人、同住成年人，享有该房屋的一切合法权益。本案中，李乙只能代李甲作出纯受益的意思表示，而李乙代为放弃了李甲的实体权利，违反法律的相关规定。